R³

alteRevolution vol.3, 2010

맑스를
읽자

부커진 R 3호 : 맑스를 읽자

초판 1쇄 인쇄 2010년 6월 25일
초판 1쇄 발행 2010년 6월 30일

편집인 고병권
편집위원 이진경, 박정수, 정정훈
펴낸이 유재건 | **주간** 김현경
편집 박순기, 박재은, 주승일, 태하, 임유진, 강혜진, 김혜미, 김재훈, 김미선
마케팅 이경훈, 정승연, 황주희, 이민정, 박태하 | **디자인** 권진희
영업관리 노수준, 이상원, 양수연

펴낸곳 (주)그린비출판사
등록번호 제313-1990-32호
서울시 마포구 동교동 201-18 달리빌딩 2층
전화 702-2717 | **팩스** 703-0272

ISBN 978-89-7682-738-8 | **978-89-7682-979-5(세트)**

이 도서의 국립중앙도서관 출판시도서목록(CIP)은 e-CIP 홈페이지
(http://www.nl.go.kr/ecip)에서 이용하실 수 있습니다.(CIP제어번호: CIP 2010002193)

그린비출판사 **나를 바꾸는 책, 세상을 바꾸는 책**
홈페이지_www.greenbee.co.kr | 전자우편_editor@greenbee.co.kr

CONTENTS

편집인의 말

1.

맑스를 읽자. 1990년대 초 사회주의 국가들이 무너진 직후 창간된 잡지 『이론』은 '맑스로 돌아가자'는 특집호(1992. 2호)를 냈다. 사회주의 실패와 함께 너도나도 맑스를 내다 버리는 세태를 보며 편집자는 이솝우화 『여우와 신포도』를 꺼냈다. 맑스는 과연 신포도인가. 편집자는 신포도인가의 여부보다 심각한 문제는 그것을 시험해 보려는 노력의 포기라고 지적했다. 여우가 포기한 것은 포도가 아니라 포도에 대한 검증이었던 것이다. 경박하고 남루한 청산주의에 맞서(또한 검증 없이 맑스에 대한 신앙만을 고백하던 근본주의에 맞서) 『이론』은 '맑스로 돌아가자'고 외쳤다. 『이론』은 최소한 맑스가 그렇게 그냥 포기해도 좋은 신포도가 아니라는, 다시 말해 어떤 불완전과 한계가 있더라도, 자본주의를 읽는 잣대로서 맑스는 여전히 유효하다고 항변했다.

그로부터 10년 뒤 '맑스 코뮤날레'가 결성되었다. 사회주의가 비극적 종말을 고하고 자본에 대한 통제가 사라진 후, 세계 전체가 '자본의 천국'이 되었다는 일성으로 시작된 결성 취지문. 그 내용을 한마디로 요약하자면 '맑스로 돌아가자'였다. 대회 결성을 주도한 이들은 그 취지문을 통해 사회주의 몰락 이후 맑스 이론의 폐기가 얼마나 큰 문제를 낳았는지를 지적했다. 주춧돌로서 맑스 이론이 갖는 지위를 포기함으로써 진보이론은 방향을 잃었고 부르주아 학문에 종속되어 버렸다는 것이다. 그들은 맑스 이론이 진보이론의 부인할 수 없는 토대임을 재확인하고, 지구적 자본주의가 가져온 재앙에 대항하는 '맑스의 현재성'을 주장했다.

또 다시 10년이 지났다. 우리(『부커진R』)는 비슷한 슬로건을 다시 내건다. '맑스를 읽자'고. 이 역시 '맑스로 돌아가자'는 말이지만, 우리의 구호는 20년 전과도, 10년 전과도 다른 뉘앙스를 담고 있다. 사회주의 몰락이라는 수세적 국면에서 청산주의에 맞서 최소한 '맑스를 검증은 해보자'고 말했던 90년대. 자본주의 문제를 지적하며 조금은 적극적인 목소리로 '역시, 그래도 맑스가 주춧돌'이라고 외쳤던 2000년대. 과거 '맑스로 돌아가자'는 구호는 과학의 잣대로서 맑스를 방어하거나 진보이론의 토대로 승인해야 한다는 요구였다. 지금 우리도 맑스의 위대함을 승인함에 있어서는 주저하지 않는다. 다만 우리에게 맑스는 과학의 잣대도, 진보의 배후 성채도 아니다.

우리는 맑스에 근거해서가 아니라 맑스와 '더불어' 싸우기 위해 그에게 돌아가고자 한다. 우리가 맑스를 동료로서 발견하는 곳은 그가 굳건한 잣대로서 서 있는 지점이 아니다. 오히려 잣대 일반의 불가능성이 폭로되는 지점에서 우리는 그를 만난다. 또 우리가 동지로서 그와 함께 싸우는 곳은 이방인들의 출입이 제한된 성채가 아니라 그 성채가 무너지는 지점에서다. 선험적 잣대 없이 정의를 구축해야 하는 과제 속에서, 성채 없이 코뮨을 건설해야 하는 과제 속에서 우리는 그를 새롭게 읽는다.

맑스에게 돌아간다는 것, 아니 맑스를 불러온다는 것은 우리에게 그의 물음들, 자본주의를 사유하는 이에게 하나의 사명처럼 다가오는 그 물음들을 반복하는 일이지, 교리문답을 외듯 그가 내놓은 답변을 반복하는 일이 아니다. 지금 우리에게 프롤레타리아트는 누구이고 인터내셔널은 무엇을 의미하는가. 오늘날 자본은 어떻게 자신을 증식시키며 무엇을 어떻게 착취하는가. 우리에게 민주주의 혹은 코뮌주의의 과제는 지금 여기서 어떻게 정의될 수 있는가.

2.

첫번째 여는 글 「칼 맑스—혁명적 삶의 어떤 유형」(고병권)은 한편으로 맑스의 삶에 대한 간략한 소개이지만 다른 한편으로 맑스를 읽는 하나의 태도를 보여 준다. 맑스의 삶 전체를 요약해서 그를 혁명가로 규정하는 것이 아니라, 그의 삶 속에서 출몰했던 몇 가지 형상들을 혁명적 삶의 유형으로서 추출하는 시도라고 할 수 있다. 고병권에 따르면 "맑스라는 이름을 가진 어떤 혁명가는 복종과 예속, 한마디로 노예적인 것을 거부하며, 미래에 대해서 오직 공공연하게 선포된 음모만을 꾸미며, 비판에 있어 그 바닥까지, 아니 바닥 아래까지 내려가고, 소유와 소속에서 추방되면서 동시에 탈주하고, 삶의 변혁을 쉼 없는 물음의 대상으로, 공부의 대상으로 삼는다. 그 공부로부터 그는 현재의 배치가 품고 있으나 현실화하지 못한, 미래를, 희망을 발견하고 끌어온다." 즉 그는 귀족적이고, 공공연하며, 무자비하고, 소속 없는, 그리고 끊임없이 공부하는 자이다. 역사적 인물 맑스의 생애가 다시 돌아오지 못할 시간 속에 있다는 것은 분명하다. 그러나 그의 삶에 대한 독해를 통해 고병권은 역사적 시간에 속하지 않는, 그러기에 모든 시간대에 회귀하는 혁명적 삶이 존재한다는 것을 보이고자 한다.

여기 실린 여러 글들을 통해 독자들은 필자들이 맑스의 저작을 어떻게 읽었는지 못지않게, 그들이 지금 어떤 문제와 어떻게 대면하고 있는지를 읽어 낼 수 있을 것이다. 각각의 글들은 맑스의 텍스트를 읽는 시점과 장소가 지금 여기임을 뚜렷이 드러내고 있다.

먼저 「우리 시대 프롤레타리아트에 대한 물음」에서 고병권은 『코뮌주의자 선언』의 유명한 마지막 문장, "만국의 프롤레타리아트여 단결하라"를 화두 삼아 '프롤레타리아트'는 누구이며 '만국적 단결', 즉 '인터내셔널'은 무엇을 의미하는지를 현재의 시점에서 따져 묻고 있다. "대공장의 생산직 노동자들이 아니라 고용 자체가 불안정한 비정규직, 더 나아가 중고생, 여성, 철거민, 장애인, 이주자들, 심지어 네티즌이라 불리는 사이버 공간의 주체들까지 투쟁의 주체가 되고 있는 오늘날 한국의 현실에서 프롤레타리아트라는 이름은 어떤 의미를 갖는가."

고병권은 프롤레타리아트가 '각 시대에 고유한 시대와해의 요소', 즉 '시대적 비시대성'으로 간주되어야 하며, 특정한 사회학적 정체성을 가진 단일 집단이 아니라, 다양한 차이를 가진 복수의 존재들이 함께 구성한 공동행동, 특이적 다양체로서 이해되어야 한다고 말한다. 그리고 인터내셔널은 이처럼 척도나 자격을 전제하지 않은 채, 어떤 "이음매가 어긋난" 상황에서 창출되는 연대라고 말한다. 가령 고용과 실업의 경계가 무화된 비정규직 노동자, 등록금을 벌기 위해 불안정 저임금 노동시장을 전전하는 학생, 한국에서 비한국인으로서 계속 살고자 하는 외국인 노동자의 급증은 '노동자와 실업자', '노동자와 학생', '한국인과 네팔인'의 연대를 외치기 이전에 '노동자인 실업자', '학생인 노동자', '한국의 네팔인'이 하나의 현실이며, 이들의 투쟁이 이미 인터내셔널임을 보여 준다고 하겠다.

「맑스의 코뮨주의적 인간학」(박정수) 역시 한편으로는 『경제학 철학 초고』를 새롭게 독해하고 있지만 다른 한편으로는 "여기 사람이 있다"는 2009년 용산의 외침을 새롭게 독해하고 있다. 철거민들이 설치한 망루에 경찰특공대가 투입되고 큰 화염이 타올랐을 때 누군가 "여기 사람이 있다"고 외쳤다. 박정수는 이 외침 속 '인간'은 근대적 인간, 다시 말해 휴머니즘의 인간, 법적 권리 주체인 인간, 소유자인 인간, 개인인 인간을 넘어섬으로써만, 그런 근대적 인간을 해체함으로써만 발화가능한 '인간'이라고 말한다. 그리고 그런 발상을 가능케 해주는 자원을 맑스의 '유적 존재'라는 개념에서 찾고 있다.

사실 이러한 독해는 그 자체로 아주 독특한 것이다. 왜냐하면 많은 맑스주의자들이 '유적 존재'라는 개념 속에서 어떤 본질주의 냄새를 맡기 때문이다. 그런데 박정수는 그 개념이 특정한 인간 본질을 불가능하게 한다고 생각한다. 인간이 발가벗겨진 채, 그저 '날인간'으로서 적나라하게 되는 순간 유적 존재로서 인간은 오히려 존재하지 않게 된다. 맑스는 인간이 고립된 존재이기를 멈추어야 한다는 것, 다시 말해 타자와의 공동신체를 구성함으로써 자기를 넘어서야만 한다는 것을 말하기 때문이다. 따라서 박정수는 건물을 점거한 빈민들이 "여기, 사람이 있다"고 말했을 때, 그것은 자격과 조건을 내세우며 철거와 추방을 자행하는 권력에 맞서, 공동체적 존재, 코뮨적 삶을 선언한 것이라고 이해한다. 이번호에 함께 실린 박채은의 보고서 「용산, 폐허의 땅에서 희망을 만든 사람들」을 보면, 박정수가 말한 '코뮨주의 인간학'이 어떤 것인지를 더 음미해 볼 수 있을 것이다.

정정훈의 「민주주의와 공안통치」 역시 어떤 이에게는 매우 '시대착오적인' 독해로 비춰질 수 있을 것이다. 박정수가 2009년 용산과 1844년의 『경제학 철학 초고』를 곧장 연결시킨 것처럼, 정정훈은 이명박 정부의 독재행태를 1840~50년대 프랑스의 계급투쟁을 다룬 맑스의 텍스트들, 「1848년에서 1850년까지 프랑스에서의 계급투쟁」, 「루이 보나파르트의 브뤼메르 18일」,

그리고 1871년 파리코뮨을 다룬 「프랑스 내전」과 연결시키고 있다. 정정훈은 소위 '프랑스 혁명사 3부작'으로 알려진 이들 텍스트에 대한 독해를 통해, 근대 민주주의에는 억압적 공안통치가 내재하고 있음을 보이고자 한다. 이는 이명박 정부의 독재행태가 87년 이후 민주주의로부터의 이탈이기보다는, 하나의 가능한 귀결일 수 있음을 보여 주는 의미가 있다.

맑스가 분석한 1848년 이후 프랑스의 혁명 상황은 언뜻 보기엔 근대 민주주의 정상적 궤도로부터 이탈하여 하나의 예외적 독재체제가 수립되는 것으로 보이지만, 정정훈에 따르면 사실 이 예외성은 정상으로부터의 이탈이 아니라 정상을 떠받치고 있는 요소의 출현이다. 그래서 그는 "보나파르트 제정의 등장은 부르주아 통치원리로부터의 이탈이 아니라 그 원리의 귀결이었다"고 말한다. 흥미로운 점은 부르주아 민주주의가 예외상태, 비상사태를 선포함으로써 공안통치를 정당화하는 것에 반해, 1871년 파리의 프롤레타리아트는 그 급박한 비상사태 속에서도, 답답할 정도로(!) 공안통치를 거부하고 민주주의를 지향했다는 사실이다. 전략적인 상황 판단을 접어 둔다면 파리코뮨을 통해 우리는 공안통치에 근거하고 있는 부르주아 민주주의와는 전혀 다른 형식의 민주주의를 생각해 보게 된다. 비상사태에 대한 공포 속에서 계급적 노모스(nomos)를 관철하는 민주주의와는 다른, 자기 삶의 운영원리로서 '아우토노미아'(autonomia)가 그것이다. 고병권의 '인터내셔널'

과 박정수의 '코뮨주의 인간학'이 공명하는 지점이 또한 여기일 것이다.

현재의 금융위기를 논의의 실마리로 삼은 조정환의 「절대지대에서 절대민주주의로」는 맑스의 『자본』, 특히 3권의 '지대론'을 새롭게 읽어 내려는 시도이다. 조정환 역시 다른 글들과 마찬가지로 한편으로는 맑스의 '지대론'을 다시 읽어 내면서 동시에 현재의 금융자본의 문제를 새롭게 읽어 내고 있다. 조정환에 따르면 오늘날 금융자본은 산업자본이 생산한 잉여가치 일부를 이자의 형태로 받는 고전적 모델로는 이해하기 어렵다. 금융자본은 노동력의 가치와 노동력이 생산한 가치의 차이 중 일부를 전달받기보다, 부채·통화조작·이자율 등의 통제를 통해, 더 나아가서는 지식과 정보, 에너지, 커뮤니케이션, 신용 등 삶의 공통 자원들에 대한 독점력을 통해 잉여가치를 뽑아낸다. 따라서 오늘날 금융자본은 삶의 형식을 명령하는 일반 권력으로 간주되어야 한다.

이 점에서 조정환은 맑스의 '절대지대' 개념이 현 상황을 이해하는 하나의 열쇠가 될 수 있다고 본다. 제 아무리 열등한 토지에 대해서도 '지대'를 내놓아야 한다는 '절대지대' 개념은 자본의 내적 생산 논리에서가 아니라 외적인 독점을 통해서만 설명가능하다. 그런데 곰곰이 따져 보면 '절대지대'만이 아니라 토지의 비옥도 차이에 따른 '차액지대' 역시 기본적으로는 '절대지대'에 기반함을 알 수 있고, 더 나아가서는 노동자가 노동을 수행하고 잉여가치를 생산하는 메커니즘 역시 사회적 관계를 지배하는 권력과 관계있음을 알 수 있다. 다만 현재의 자본주의는 삶의 공통 자원에 대한 자본의 독점이 훨씬 포괄적이고 일반화되었음을 의미할 뿐이다. 이런 상황 속에서는 임금도 이윤도 이자도 지대화되는 양상을 띤다.

하지만 이런 상황이 반드시 우울한 결론으로 이어지지는 않는다. 자본의 금융자본화 경향이 다중의 저항에 대한 회피 속에서 나타났다는 점도 이유가 되겠지만, 금융자본이 독점하려는 삶의 공통 자원들이 다중의 삶이 생산한 것이고 무엇보다 다중의 공통 존재를 표현하고 있기 때문이다. 자본이 점차 공통된 것의 지배로 추상화되어 가는 것과 함께 다중의 '공통되기' 또한 실재화될 것이다. 조정환은 금융자본이 위기를 겪고 있는 지금이야말로 '절대지대'에서 '절대민주주의'로, '자본의 코뮤니즘'에서 '다중의 코뮤니즘'으로의 이행을 가속화할 때라고 말한다.

3.
이번호 R을 읽은 독자들은 모든 글들이 기본 논지나 논조가 조금씩 다름에도 불구하고 전체적으로 공통된 것의 생산, 코뮨적 관계의 구성에 깊은 관심을 갖고 있음을 알 수 있을 것이다. 이번호 제2부 격으로 실린 몇 편의 글들, 즉 사쿠라이 다이조에 대한 인터뷰나 이진경의 백남준론, 우카이 사토시의 강연, 다니가와 간의 짧은 두 편의 글은 본래 〈예술과 정치〉라는 주제로, 다른 호 R에 게재될 예정이었다. 그럼에도 이렇게 〈맑스를 읽자〉는 기획 아래 함께 묶은 것은, 독립된 호를 발행하기 위해 필요한 몇 가지 요건들을 갖출 수 없었기 때문이기도 했지만, 무엇보다 맑스에 대한 독해를 통해 이른 결론들과 〈예술과 정치〉라는 이름으로 묶일 원고들이 크게 합류하고 있다는 느낌이 들었기 때문이다.

우카이 사토시(鵜飼哲)의 「해체와 정치」는 수유너머 국제워크숍(2009년 봄) 강연을 토대로 작성된 원고이다. 이 글은 데리다의 정치적 사유에 대한 탁월한 안내이기도 하지만, 현재의 정치적 상황에 대한 우카이 사토시의 깊은 통찰을 엿볼 수 있는 글이기도 하다. 그는 "이음매에서 어긋난 시간"(Time is out of joint), "서로 말을 주고받으면서도 시대감각이 아주 다름을 서로 확인해야만 하는 사람들" 사이에서 하나의 정치적 공간을 발명해야 한다고 말한다. 또 그것을 위해 우리의 이해와 계산을 넘어서는 정의를 향해 우리 자신을 개방해야 한다고 주장한다. 우리는 앞서 맑스로부터 읽어 낸 코뮤주의에 대한 고민이 여기서 다른 모습으로 반복되고 있음을 느낀다.

소통불가능하고 통약불가능한 것들의 소통을 꿈꾸었던 백남준의 퍼포먼스도 정확히 같은 의미가 아닐까 싶다. 이진경(「백남준: 퍼포먼스의 정치학과 기계주의적 존재론」)에 따르면, 백남준의 퍼포먼스는 "통상적으로 '소통불가능하다'고 가정된 존재자들 사이의 벽을 해체하고 그 경계를 넘어 단일한 존재론적 평면 위에서 공존하게 하는 것"이다. 백남준은 음악과 연극, 음악과 미술, 더 나아가 인간과 기계의 경계를 횡단하고 와해시켰다. 그의 퍼포먼스는 언뜻 소통과 이해를 방해하는 것처럼 보이지만, 사실은 양식화되고 코드화된 기존 소통의 통로들이 불가능하게 만든 소통에 도전하는 것이다. 그는 소통의 벽들을 깨부숨으로써 소통의 일반 평면을 열어젖힌다. 벽들에 의해 분할되어 보이지 않고 들리지 않던 것들은 이 평면 위에서 보이고 들리게 된다. 들뢰즈/가타리라면 '일반화된 기계주의'라고 부를 이 존재론적 공동 평면을 이진경은 '일반화된 코뮨주의'라 부르지 않을까 싶다.

일본의 시인이자 사상가인 다니가와 간(谷川雁)의 짧지만 강렬한 두 텍스트 「동양의 마을 입구에서」와 「환영의 혁명정부에 대해서」에서도 우리는 이 평면을 목격할 수 있다. 그가 말한 민중의 횡적 연대로서의 '동양의 마을', 연대의 왕국으로서 '변방의 소비에트'는 역사에 속하지 않기에 모든 역사에 존재하는 '선사적 공동체', '태곳적 코뮨'처럼 보인다. 맑스가 자술리치에게 보낸 편지에서 주의를 촉구하듯이 '태곳적'(archaisch)이라는 말에 놀랄 필요는 없다. 미래란 태고를 반복하는 것, 다만 더 고차적인 형태로 그것을 새로 낳는 일이므로.

다니가와 간의 말을 우리가 다시 확인하는 것은 연극인 사쿠라이 다이조(桜井大造)의 '텐트'에서다. 다니가와 간이 '전위와 원점'이 일순간 통합되는 장이라고 불렀던 것이, 사쿠라이가 '정치의 원점'이라고 부른 '텐트'에서 간혹 생겨나지 않았을까 생각해 본다. 사쿠라이 다이조는 1973년부터 지금까지 40년 가까이 텐트 연극을 해온 분이다. 유목민처럼 이동하면서 그는 텐트를 치고 연극을 한다. 그는 텐트에서 일어나는 반응을 '플라스마'에 비유했는데, 플라스마란 다니가와 간이 말한 플러스와 마이너스가 동시에 공존하는 상태이기도 하다. 사쿠라이가 자신의 텐트를 묘사한 표현들이 흥미롭다. 여러 차이들이 섞이면서도 합금되어 버리는 것은 아닌 플라스마의 공간, 또한 각 언어의 문법 바깥에서 작업해야 하는 번역의 공간, 세계 속에서 창출된 '반(反)세계'의 공간, 새로운 집단성이 발명되는 정치의 원점 등등. 통상 예술은 정치와 외재적 관계를 맺지만, 사쿠라이 씨가 자신의 작업을 통해서 발견한 그 공간은, 마치 데리다의 철학사에서 만들어 낸 개념 '해체'가 그렇듯이, 정치와 더 이상 구별되지 않는 현장이라고 할 수 있다.

'예술과 정치'라는 말 속에서 우리가 다루고자 했던 것이 바로 이것이다. 이는 예술이 정치 권력과 어떤 영향을 주고받느냐의 문제가 아니라 예술이 정치와 더 이상 구분되지 않는 영역까지 나아갈 수 있는지, 정치가 통약 불가능한 차이들을 엮는 연대의 예술을 발휘할 수 있는지의 문제이다. 사쿠라이와의 인터뷰는 적어도 그 가능성이 어떤 것인지를 예감케 한다.

4.

이번호에는 두 편의 에세이가 실려 있다. 두 글 모두 담담한 필치로 자기 생각을 써내려 갔지만 그 주제들은 모두 묵직하다. 우선 미디어 활동가 박채은의 글「용산, 폐허의 땅에서 희망을 만든 사람들」은 우리가 '용산'에서 기억해야 할 일이 비극적 참사만이 아님을 말해 준다. 2009년 1월의 참사와 2010년 1월의 장례 사이에, 가난한 투사들의 시신을 곁에 두고 지낸 지난 1년의 삶이 무엇이었는지를 생각해 볼 필요가 있다. 죽은 자들이 어떻게 죽었는지 못지않게 산 자들이 어떻게 살아냈는지, 그들이 어떻게 '복합투쟁문화공간'을 만들고 하나의 훌륭한 코뮨을 건설해 냈는지도 생각했으면 싶다.

현민이 쓴「다음 세대를 위한 병역거부 길라잡이」는 병역거부 소신을 피력하고 지금은 영등포 교도소에 갇혀 있는 그가 수감을 바로 앞둔 시점에 완성한 에세이다. 그는 평화니 인권이니, 생명이니 하는, 어떤 '대의'를 내세우고 싶지 않다고 말한다. 자신이 그런 대의를 내세울 삶을 살지도 않았고 어떤 결연한 신념이나 의지도 없는 것 같다고 말한다. 다만 군대로 상징되는 권력의 압박 속에서 '겁 많고 소심한 젊은이'로 지냈던 자신의 몰락을 기꺼이 택하는 방식으로 병역을 거부한다는 것이다. 이는 대의나 신념을 가진 이들을 폄훼하는 것이 아니다. 현민의 선택은 모두에게 병역을 강요하는 권력 아래서 순응하고 숨죽여 지낸 자신의 '찌질한 모습'에 안녕을 고하겠다는 결심이다. 이 글은 그런 개인 결심만으로도 병역을 거부할 충분한 이유가 될 수 있음을 보여 준다. 큰 대의와 결연한 의지를 밝힌 병역거부 소견서들도 있겠지만, 이 글이야말로 그 어떤 글보다 병영사회 한국에 대한 강력한 위협이 되지 않을까 싶다.

끝으로 생존의 기별을 전하듯 『부커진 R』 3호가 너무 오랜만에 나온 점 독자들께 사과드린다. 아무리 책 형식의 잡지라지만 1년에 한 번씩은 나와야 하는 것 아니냐는 질책을 많이 들었다. 일단 계절별로 찾아뵙겠다는 말은 지키지 못할 약속이 될 듯싶고 일 년에 한 번은 반드시 얼굴을 내밀겠다고 다짐해 본다.

특집:
맑스를 읽자

01

칼 맑스—혁명적 삶의 어떤 유형

고병권

1. 유형으로서의 삶

칼 맑스(Karl Marx). 인류 역사상 가장 많은 적과 동지를 가진 19세기 사상가의 이름이다. 그는 누구인가. 지난 2세기 동안 권력자들에게는 끔찍한 악몽이었고, 억압받는 자들에게는 영원한 동지였던, 그는 누구인가. 과연 그는 우리 시대의 동지일 수 있는가.

　맑스가 죽은 지 130년 가까이 되는 지금도 대한민국에서 그를 읽는 것은 어떤 위험을 감수하는 일이다. 누군가 국가보안법 위반으로 구속되었다면 검사는 그의 서가에 꽂힌 맑스의 책을 보고 '이적표현물 소지'라는 죄목을 추가하려 들 것이다. 그러나 다른 한편으로 그의 책들은 이제 고등학생들이 읽어야 할 '필수 고전'에 들어가기도 한다. 『자본』은 물론이고 이 사회에서 좀처럼 용납되지 않는 제목을 단 『공산당 선언』[1]조차 중요한 고전으로 추

---

1 '공산당 선언'이라는 낯익은 번역 대신 '코뮨주의자 선언'이라는 새로운 번역어를 사용하려고 한다. '공산주의'가 지나치게 '생산'의 문제, 그것도 '물질적 생산'에 초점을 맞춘 번역어라고 생각되기도 하고, 원래 말에서 '코뮨'이 갖는 의미를 부각시키기 위해서도 '코뮨주의'라는 말이 더 적절해 보이기 때문이다. 뿐만 아니라 'Kommunistischen Partei'에서 'Partei'는 기존 '정당'을 가리키는 말이 아니다. 책 내용을 통해 보건대 여기서 'Partei'는 분파 내지 일파 정도의 의미가 아닌가 싶다. 이 글에서는 『코뮨주의자 선언』 내지 『선언』이라고 줄여 표현할 것이다.

천된다. 사회주의도 망했고 맑스도 죽은 지 한 세기가 넘은 만큼 이제는 교양 삼아 그를 읽어도 좋다고 생각하는 걸까.

　　그러나 그 어느 경우든 지금 여기서 '불온한 맑스'를 만나는 것은 어렵다. 공안 검사는 여전히 우리로부터 '맑스'를 제거하려 하고, 아량 있는 우리의 교양인들은 '맑스'로부터 '불온성'을 제거하려 하기 때문이다. 요컨대 우리는 불온한 맑스를 만날 수 없고, 만나는 맑스는 도무지 불온하지가 않다! 불온한 맑스를 오늘날 우리 곁에 두는 일은 어떻게 가능한가. 역사의 인물이 아닌, 현재의 동지로서 우리가 그를 다시 만날 수 있을까. 그와 함께 싸우는 일이 여전히 가능할까. 그러나 먼저 물어보고 싶다. 도대체 그는 누구인가.

　　나는 이 글에서 '맑스'에 대해 말하려고 한다. 텍스트의 저자인 '그'를 다루는 게 아니라, '그'를 하나의 텍스트로서 다루려 한다. 니체도 말했듯이 작품을 음미하기 위해 작가를 알아야 하는 것은 아니다. 만약 우리가 작가의 삶을 다루어야 한다면, 그 삶 자체가 하나의 '작품'으로 평가될 수 있을 때이다. 평전의 영토는 거기에 있다. 하지만 이 글은 맑스의 삶에 대한 공정하고 고른 요약이 되지는 않을 것이다. 나는 다만 그의 삶에서 출몰하는 하나의 유형을 추출하고 싶다. 마치 특정 자본가가 아니라 유형으로서 한 익명의 자본가를 『자본』에서 발견하는 것처럼, 맑스의 삶에서 익명의 한 혁명가를 발견하는 것이 가능하지 않을까.

　　이는 맑스의 삶을 전체로 조명하면서, '그는 혁명가'였다는 규정을 끌어내는 것과는 다르다. 이 글에서 시도하는 것은 오히려 과감한 생략과 강조이다. 이를 통해 '칼 맑스'라는 이름 아래 공존하던 여러 '맑스' 중 하나를 드러내려 한다. 축소와 과장은 거짓과 사기만이 아니라 정교한 추출을 위해서도 필요하다. 오히려 삶 곳곳에서 출몰했던 독특한 형상들을 다 밀어 버린 채 도달한 '매끈한 맑스'야말로, 그의 삶에서 단 한 번도 존재한 적 없던 가짜 형상일 것이다. 그래서 평전이란 전체 인생의 요약본이 될 수 없다. 그 대신 그 삶이 품고 있는 권력의지들, 삶의 여러 장면에서 가면을 쓴 채 등장했던 힘들을 드러내는 일이라고 할 수 있다. 물론 이 글이 그러한 요구를 충족시킬 거라 장담하지는 않는다. 다만 이 글에는 그런 요구가 존재한다는 것을 말하고 싶을 뿐이다.

따라서 내가 맑스의 삶을 '혁명적 삶의 한 유형'으로 포착할 때, 그것은 맑스의 삶에 대한 요약적 발제가 아니며 혁명가 일반에 대한 정의도 아니다. 나는 맑스의 작품들을 다루듯이 그의 삶에 대해 질문을 던지고 싶다. 어떤 개념을 묻듯이 그의 삶에 대해 묻고 싶다. 혁명가의 한 유형으로서 그는 누구인가. 그의 삶은 무엇인가.

나는 잠정적이지만 맑스의 삶에서 볼 수 있는 혁명가의 한 유형을 이렇게 표현하려고 한다. 그것은 **귀족적이고, 공공연하며, 무자비하고, 소속 없는, 그리고 끊임없이 연구하는, 그래서 희망적인 삶이다.** 맑스라는 이름을 가진 어떤 혁명가는 복종과 예속, 한마디로 노예적인 것을 거부하며, 미래에 대해서 오직 공공연하게 선포된 음모만을 꾸미며, 비판에 있어 그 바닥까지, 아니 바닥 아래까지 내려가고, 소유와 소속에서 추방되면서 동시에 탈주하고, 삶의 변혁을 쉼 없는 물음의 대상으로, 공부의 대상으로 삼는다. 그 공부로부터 그는 현재의 배치가 품고 있으나 현실화하지 못한, 미래를, 희망을 발견하고 끌어온다.

2. 귀족적인 맑스

맑스의 삶은 확실히 '귀족주의'라 부를 만한 면모를 갖고 있다. 그러나 이 귀족주의는 그를 비난하는 자들이 떠올리는 것과는 아주 다른 것을 의미한다. "맑스는 귀족적 삶을 살았다." 맑스의 사상과 삶의 불일치를 고발하기 위해, 그와 프롤레타리아트의 관계를 이간질하기 위해, 비방가들은 맑스가 얼마나 사치스럽게 살았고 또 그렇게 살려 했는지를 떠들어 댔다. 가령 맑스는 귀족신분에 대한 선망 때문에 트리에르의 베스트팔렌 남작의 딸과 결혼하려 했고, 런던의 고급 주택가에서 살았으며, 딸들을 고급 사립학교에 보냈다는 식의 비방 말이다. 그들은 그렇게 맑스의 귀족주의를 고발했다.

그러나 맑스의 귀족주의는, 마치 니체의 귀족주의가 귀족명부에 등장하는 이들과 무관했듯이, 어떤 작위나 재산과는 무관한 것이다. 오히려 맑스의 귀족주의는 "권력과 부를 향해 기어오르는 원숭이들"(니체)로부터 거리를 두는, 그것으로부터 삶을 방어하려는 고상한 태도이며, 이는 프롤레타리아트의 해방의 이미지와 상반되기는커녕 그것에 상응하는 태도라고 할 수 있다. 자크 아탈리(Jacques Attali)가 쓴 전기에는 맑스의 이런 측면을 적절히 묘사한 대목이 있다. "맑스의 착취에 대한 고발 속에는 귀족에 대한 이상화가 나타나고 있다. 돈에 의한 착취에서 벗어나는 것은 부르주아처럼 돈을 버는 것을 통해서도 아니며 귀족처럼 그것에 대해 말하지 않는 것을 통해서도 아니다. 그것은 프롤레타리아처럼 돈의 권력과 싸움으로써 해방되어야 한다는 것이다."(아탈리, 73쪽)[2]

돈의 지배에서 어떻게 벗어날 것인가. 부르주아가 택한 길은 돈을 버는 것이다. 돈을 통해 지배자가 되는 것, 그러나 그것은 무엇보다 돈에 대한 적응, 돈에 대한 복종을 전제한다. 부르주아는 노예 중에서 첫번째 자리를 차지하려는 노예, 그래서 다른 노예들에게 주인 행세를 하려는 노예이다. 프랜시스 윈(Francis Wheen)의 전기에 따르면, "맑스는 부르주아적인 금전적 신중함을 경멸하여 자신이 설교하는 것을 그대로 실천했다. 집안에 돈이 없으면 숨고 피하고, 허세를 부리고, 거짓말을 하며 버텨 나갔다. 그러다가 돈을 한 움큼 움켜쥐게 되면, 내일 일은 생각하지 않고 무모하게 써 버렸다."(윈, 365쪽)

그에겐 젊은 시절부터 돈에 대한 경제적 관념이 없었던 것 같다. 예니의 어머니는 맑스가 돈 문제에 별 가망이 없음을 예감하고는 결혼 허락의 조건으로 재산 문제에 대한 서약서를 요구한 바 있다. 재산은 부부가 공동 소유하고 결혼 전에 진 채무는 각자가 알아서 갚아야 한다는 내용이었다(윈, 79쪽). 나이가 들어서도 맑스의 행태는 별로 달라지지 않았다. 『자본』을 집필할 때도 종이 살 돈이 없어 무언가를 전당포에 맡겨야 했다. 심지어 원고를 출판업자에게 전달하기 위해 가는 길에 입을 옷이 없어 엥겔스에게 돈을 부쳐 달라고 부탁했다. 외출복과 시계가 전당포에 있었기 때문이다. 그런데도 그

---

2 이 글에서 주로 참고한 주요 전기들은 다음과 같다. ① 자크 아탈리, 『마르크스 평전』, 이효숙 옮김, 예담, 2006. ② 이사야 벌린, 『칼 마르크스: 그의 생애와 시대』, 안규남 옮김, 미다스북스, 2001. ③ 프랜시스 윈, 『마르크스 평전』, 정영목 옮김, 푸른숲, 2001. ④ Franz Mehring, *Karl Marx: The Story of His Life*, trans. Edward Fitzgerald, The University of Michigan Press, 1962. ⑤ D. B. Riazanov, *Karl Marx and Friedrich Engels: An Introduction to Their Lives and Work*, trans. Joshua Kunitz, Monthly Review Press, 1973. 본문에서 인용은 괄호 안에 저자 이름과 쪽수로 표시한다. 가령 (아탈리, 73쪽).

는 돈이 들어오면 언제든 써 버렸다. 새 가구를 사고, 휴양지를 찾고, 좋은 집으로 이사를 했다. 빚쟁이들한테 시달리면서도 아이의 친구들을 불러 파티를 열어 주었다. 이 점에서는 예니도 마찬가지였다. 부부가 모두 "돈을 자잘한 데 찔끔찔끔 써서 없애는 것보다 이런 용도로 사용하는 것이 더 낫다고 생각했다."(원, 366~367쪽)

맑스의 돈 씀씀이를 보면 정말 이해할 수 없는 대목이 많다. 그는 분명 가난의 고통을 모르는 사람이 아니었다. 런던의 소호 시절 그는 스스로 '지옥'이라고 부른 상황을 여러 번 겪어야 했다. 예니는 당시 바이데마이어에게 보낸 편지에서 가족이 "죽음과 비참한 삶 사이를 떠돌고 있다"고 했다.[3] 집달리가 와서 침대, 이부자리, 옷가지 모두를 압류했고, 갓난아이의 요람까지 빼앗았기 때문이다. 집을 비워야 했고 아이들은 덜덜 떨었다. 맑스는 숙소를 구하기 위해 비오는 거리를 헤맸고, 약방, 빵집, 정육점, 우유가게 주인들은 그나마 집에 남은 것들을 챙겨 갔다. 이로부터 불과 2년 뒤에 맑스가 엥겔스에게 보낸 편지를 보면 이 지옥 같은 상황은 전혀 나아지지 않았음이 분명하다.[4] 아내도, 큰 딸도 아파 누워 있는데 약을 살 돈이 없어 의사에게 연락을 못하고 있었다. 맑스는 자기 가족이 빵과 감자를 구하는 것도 이제는 어렵다고 썼다.

그러나 맑스는 '가난'이라는 위협에 절대 굴하지 않는 사람처럼 보였다. 예니는 '아무리 무시무시한 순간'에도 명랑한 기분과 굳은 신념을 가진 남편에 감탄할 정도였다(원, 220쪽). 그는 여전히 돈을 꼼꼼히 계산하고 저축하는 일을 하지 않았다. 과연 이 '생각 없음'을 페리클레스가 칭송했던 아테네 시민들의 덕목으로 볼 것인가, 아니면 체면을 지키기 위해 분에 넘치는 소비를 불사하던 궁정귀족의 어리석음으로 볼 것인가. 확실한 것은 맑스의 '생각 없는' 씀씀이가 '생각을 넘어선' 씀씀이와 연결되어 있다는 사실이다.

가령 맑스는 1849년 자신이 반대했던 무장 봉기에 나선 친구들이 맨손으로 가는 것이 걱정되어 아버지가 물려준 유산의 거의 전부(6천 프랑 중 5천

---

3 「예니 마르크스가 요제프 바이데마이어에게 보낸 편지(1850.5.20)」(에리히 프롬, 『에리히 프롬, 마르크스를 말하다』, 최재봉 옮김, 에코의 서재, 2007, 195~203쪽).

4 Marx an Engels in Manchester(September 8, 1852), *MEW*, Bd. 28, S.128~129.

프랑)를 무기를 구해 주는 데 써 버렸다(아탈리, 228쪽). 『신라인신문』을 내기 위해 자기 재산의 상당액을 쓴 직후였는데도 말이다(원, 184쪽). 좀더 거슬러 올라가 보면 『독불연보』를 낼 때도 마찬가지였다. 맑스와 루게는 돈에 대해서 아주 상반된 태도를 보였다. 프란츠 메링(Franz Mehring)에 따르면 돈 문제에 무관심해 보였던 맑스와 달리 루게는 구멍가게 주인과 같은 쫀쫀함을 보였다. 그래서 맑스에게 약속한 급여를 주는 대신 『독불연보』 몇 권을 주는 식이었다. 루게는 자기 돈이 조금이라도 더 들어가야 하는 상황이 되면 자주 화를 냈다. "비슷한 상황에서 맑스는 자신의 돈을 걸었다. 그러나 루게에게 그것을 요구하지는 않았다."(Mehring, p.62)

맑스가 정말 참을 수 없었던 것은 부자나 빈자가 아니라 '노예'였다. 그가 '부'의 착취적 성격을 해명했다고 해서 '가난'을 찬양했다고 생각해서는 안 된다. 이사야 벌린(Isaiah Berlin)에 따르면 맑스는 "가난을 증오했고 이러한 가난에 노예근성만큼이나 끈질기게 따라붙는 부도덕한 굴종과 타락을 혐오"했다(벌린, 331쪽). 가난은 돈의 위협에 매우 취약한 상태이다. 빈자들이 가난을 이유로 돈에 굴복할 때 그들은 노예가 된다. 맑스의 저작에 자주 등장하는 쇠사슬은 노예적인 것의 상징이다. 물론 "로마의 노예가 두른 쇠사슬"은 이제 더 이상 보이지 않는다. 그러나 맑스가 『자본』에서 언급하듯, 그 쇠사슬은 이제 '보이지 않는 끈'으로 대체되거나 '금사슬'로 바뀐 것뿐이다.[5] 그 역사적 형태가 무엇이든 사슬은 항상 우리에게 노예일 것을 요구한다.

맑스의 귀족주의 ── 우리가 노예적인 것에 대한 그의 거부를 그렇게 부를 수 있다면 ── 는 이 점에서 빛난다. 그는 사슬에 묶인 채로, 사슬로 묶어 둘 수 없는 귀족주의가 어떤 것인지를 보여 주었기 때문이다. 그는 자신을 묶은 자들의 세계를 부러워하지 않았다. 그는 거기서 어떤 매혹도 느끼지 못했다. 부르주아들의 자본도, 국가도, 민족도, 가족도 그를 유혹하지 못했다. 『선언』에 나타난 것처럼, 그는 그것들을 원하기는커녕 없애려 한다. 돈과 권력, 가족, 박애에 대한 결핍감이 사실은 자신의 자유를 막는 사슬임을 알기 때문이다.

5 칼 맑스, 『자본론』 I(하), 김수행 옮김, 비봉출판사, 2001, 781쪽.

나는 이 독특한 귀족주의를 '프롤레타리아 귀족주의'라고 부르고 싶다. 부르주아가 그 어떤 재산으로도 구매할 수도 매수할 수도 없는 삶의 지향을 그렇게 부르고 싶다. 맑스가 좋아했던 '프로메테우스'나 '욥'은 그런 삶의 유형이라 할 수 있다. 프로메테우스는 제우스와의 거래를 넌지시 권유하는 헤르메스에게 말한다. "나는 이 불행을 너의 종살이와 바꾸지 않겠다." 이 말을 맑스는 자신의 박사논문(1841) 서문에 적어 두었다.[6] 1858년에는 자기를 진단한 의사들의 처방에 이런 푸념을 늘어놓기도 했다. "나는 욥처럼 신을 두려워하지 않지만 또한 욥처럼 핍박당하고 있다. 이 신사 양반들의 제안을 한마디로 요약하면, 나같이……가난한 악마가 되어서는 안 되고 성공한 고리 생활자가 되어야 한다는 것이다."(벌린, 331쪽)

맑스가 '생각 없음', '불행', '어리석음', '악마적임' 등을 기꺼이 자처하는 것은, '계산하고 영민한 자기만족적' 노예가 되지 않기 위해서일 것이다. 귀족주의란 이처럼 힘이나 부의 객관적 양과는 관련이 없다. 귀족주의는 권력과 부를 어떤 양 이상으로 가졌을 때가 아니라, 그것을 재는 척도의 노예이기를 거부하는 순간에 시작된다. 그가 딸들과 종종 즐겼던 '고백 놀이'에서 가장 좋아하는 영웅으로 '스파르타쿠스'를 꼽은 것은 잘 알려진 사실이다. 그는 '노예'를 영웅으로 꼽은 게 아니다. 스파르타쿠스는 '노예'가 아니라 '노예이기를 거부한 노예'이다.[7]

맑스는 노동자들에게 이렇게 권고했다. "사회 개혁은 절대 강한 자들이 약해짐으로써 이루어지지 않고, 늘 약한 자들이 강해짐으로써 이루어진다"고(원, 27쪽, 재인용). 하지만 약한 자들은 얼마나 강해져야 하는가. 최소한 그들은 부르주아 왕에게 '당신은 내게 줄 수 있는 게 아무것도 없다'고 말할 정도는 되어야 한다.

---

6 칼 맑스, 『데모크리토스와 에피쿠로스 자연철학의 차이』, 고병권 옮김, 그린비, 2001, 20쪽.

7 맑스가 적은 항목들은 그의 귀족주의적 성격을 압축해서 보여 주는 것 같다. 그는 자기의 행복이 '싸우는 것'에 있으며, 불행은 '굴복하는 것'에 있다고 했다. 또 '잘 속는 것'은 쉽게 용서할 수 있는 일이지만, '노예 근성'은 가장 혐오하는, 결코 용납할 수 없는 악덕이라고 했다. 프랜시스 윈의 『마르크스 평전』 부록(「후기2 : 고백」)에 실려 있다.

3. 공공연한 맑스

맑스는 지하 음침한 곳에서 음모를 꾸미는 사람이 아니었다. 비밀스러운 음모, 그것은 권력자들이 혁명가들에게 사악한 이미지를 덧씌울 때 곧잘 동원하는 수사였다. 물론 혁명가를 자처하는 이들 중에도 그런 그늘을 자랑스러워하는 이들이 있기는 하다. 하지만 비밀 음모가 혁명을 이끈다는 생각만큼 대중과 혁명가를 분리시키고 대중의 혁명적 열기를 꺾는 게 또 있을까.

그런데 맑스와 엥겔스는 흥미롭게도 『선언』의 마지막 단락을 이렇게 맺고 있다. "공산주의자들은 자신들의 생각과 의도를 감추는 일을 부끄러워한다. 그들은 자신들의 목적이 지금까지의 모든 사회 질서의 무력적 전복에 의해서만 달성될 수 있다는 것을 공공연하게 선언한다. 지배계급들로 하여금 공산주의 혁명 앞에 벌벌 떨게 하라."

혁명가의 이 천연덕스러운 공공연함을 어떻게 볼 것인가. 맑스와 엥겔스, 두 청년의 낭만적 치기와 호기(豪氣)가 발동된 것일까. 그렇지 않다. 맑스에게는 분명한 의도가 있었다. 당시 프랑스의 지하 분파들은 '신앙고백' 형식의 입문 의례를 즐겨했다. 그런데 원에 따르면 "맑스는 새로운 '코뮨주의자 동맹'을 그런 은밀하고 음모적인 전통에서 구해 내려 했다. 맑스는 의문을 제기했다. 왜 혁명가들이 자신의 견해와 의도를 감추어야 하는가?"(원, 165쪽) 엥겔스의 생각도 같았다. 그는 『선언』을 작성하기 전에 맑스에게 보낸 편지에서 자신이 쓴 『코뮨주의의 원칙들』(1847)에 대한 불만을 이렇게 전했다. "신앙고백(Glaubensbekenntnis)에 대해서 생각을 해보았으면 하네. 내 생각에 우리는 [그런] 교리문답의 형식을 버리고, 그것을 『코뮨주의자 선언』(Kommunistisches Manifest)이라고 부르는 게 좋겠네."[8] 즉 엥겔스는 '신앙고백'에서 사용되는 교리문답 형식의 『원칙들』 대신 공공연한 '선언'이 자신들의 운동에 적합하다고 본 것이다.

대중들 앞에서 공공연하게 할 수 없는 말이 혁명의 언어가 될 수 있을까. 혁명의 언어는 감추어져야 하는 게 아니라 공공연하게 드러나야 하지 않

---

8 Engels an Marx in Brüssel (Paris, November 23/24, 1847). *MEW*, Bd. 27, S. 107

을까. 맑스의 공공연한 태도는 퀼른 정부가 『신라인신문』의 폐간을 명했을 때 쓴 글에서도 일관된다. 그는 "『신라인신문』의 최근 호들이 현 정부에 대한 경멸, 폭력적 전복, 사회공화국의 실시 등에 대한 선동을 두드러지게 하고 있다"는 정부의 지적에 대해 어이없다는 듯 이렇게 대꾸하고 있다. "우리의 경향에 대해 정부는 몰랐다는 말인가? 우리가 배심원들 앞에서 오늘날 '신문의 임무는 현존하는 것들의 모든 토대를 파헤치는 것'이라고 말하지 않았다는 말인가? ……최근 호에 들어서야 비로소 말했다고? 유럽 운동에 대한 우리의 평가와 서술 방식 전체를 꿰뚫는 '붉은' 실, 그것을 보지 못하는 둔감한 사람들을 위하여, 우리는 솔직하고 확실한 언어로 말하지 않았던가?" 그러면서 맑스는 예전의 기사들을 환기시켜 주고는 말한다. "신사분들, 이제 확실해졌는가? 우리는 애초부터 우리의 견해를 숨기는 것을 쓸데없는 일이라고 간주했다."[9]

혁명이 공공연한 것이라면 거기에 대비되는 것이 테러리즘이다. 맑스는 동일한 글에서 자신의 공공연한 태도를 왕당파의 테러리즘과 비교했다. 혁명이 공공연한 것이라면 테러리즘은 은밀하고 표리부동한 것이다. "우리는 가차 없다. 우리는 당신들의 어떠한 선처도 요구하지 않는다. ……우리는 테러리즘으로 겉치레하지 않을 것이다. 그러나 왕당파의 테러주의자들, 하느님과 법의 은총을 입을 테러주의자들은 실천에서는 잔인하고 경멸할 만하고 천하며, 이론에서는 비겁하고 음흉하고 표리부동한바, 어느 점에서나 파렴치하다."[10]

이 점에서 맑스와 바쿠닌은 좋은 대비가 된다. 바쿠닌은 테러리즘을 통해 혁명을 달성할 수 있다고 믿었기 때문이다. 그는 비밀결사 위주의 폭동을 강조했다. 맑스와 바쿠닌의 대결은 나중에 국제노동자협회, 즉 인터내셔널(International)의 분열로 이어진다. 둘 사이의 이념적 차이도 간단히 무시할 수 있는 건 아니지만, 정작 두 사람이 부딪친 것은 운동의 조직 원리에 대한

---

9 칼 맑스, 최인호 옮김, 「전시 법규에 의한 『신라인신문』의 폐간(1849. 5. 19)」, 『칼 맑스·프리드리히 엥겔스 저작선집』(이하 『선집』) 1, 박종철판사, 1991, 574~575쪽.
10 맑스, 앞의 글, 『선집』 1, 575쪽.

것이었다.[11] 바쿠닌은 인터내셔널 총평의회의 권위주의를 비난했다. 맑스는 바쿠닌 일파의 음모와 계략을 폭로하는 데 비판의 많은 부분을 할애했다.[12]

국제노동자협회의 진실이 어디에 있었는지를 여기서 다루고 싶지는 않다. 다만 권위주의에 대한 바쿠닌의 비판은 그가 맑스보다 좀더 개방적이고 대중적이라는 느낌을 준다. 그러나 운동의 행태를 보면 바쿠닌의 대중주의에서는 엘리트주의 냄새가 풍기고, 맑스의 엘리트주의에서는 오히려 대중중심적 태도가 느껴진다. 가령 이사야 벌린의 다음 글을 보자.

맑스보다 먼저 브뤼셀에 도착해 외국인 급진주의자들뿐만 아니라 지역 상류계급에 속한 사람들과도 잘 어울렸던 바쿠닌은 맑스가 지식인들의 모임보다는 직공과 노동자들의 모임을 더 좋아하고, 착하고 단순한 사람들이 도저히 이해할 수도 없고 단지 그들을 우쭐거리게 만들 뿐인 추상적인 이론들과 모호한 경제적 학설로 그들을 망쳐 놓고 있다고 불평했다.

바쿠닌은 못 배우고 절망적일 정도로 어리석기 때문에 아무리 심혈을 기울여 상세히 설명을 해주어도 내용을 거의 이해하지 못하는 독일 직공들이라든가, 아무리 생각해 봐도 도저히 결정적인 투쟁의 국면에서 상황을 발전시킬 능력이 없어 보이는 영양실조 상태의 우중충한 존재들이 모여 있는 소집단들을 상대로 강연이나 조직화를 하는 것은 아무런 쓸모도 없는 일이라고 생각했다(벌린, 276쪽).

바쿠닌의 태도는 테러리즘이 얼마나 대중에 대한 냉소와 깊이 관련된 것인지를 잘 보여 준다. 그는 '절망적일 정도로 어리석은 대중'을 믿을 수 없는 엘리트주의자다. 그의 음모는 그의 불신의 산물이다. 반대로 '골치 아픈 이론들'을 대학이 아니라 대중 집회에서, 노동자들의 교육협회에서 강연했던 맑스야말로 대중에 대한 신뢰를 갖고 있는 것 같다. 그는 노동자들의 능력 ——그것이 설령 지적인 분야에서일지라도——을 믿었다. 런던 재단사 에

11 정운영, 「제1인터내셔널에서 마르크스의 투쟁」, 「이론」 3호, 까치, 1992, 25쪽.
12 맑스·엥겔스, 이수흔 옮김, 「인터내셔널의 이른바 분열」, 「선집」 4, 1991.

카리우스의 글을 정기간행물 『신라인신문 리뷰』에 발표하도록 하면서 맑스는 독자들에게 말했다. "이 글을 쓴 사람은 런던의 한 양복점에서 일하는 노동자다. 우리는 독일 부르주아지에게 묻는다. 당신들에게 이와 같은 방법으로 진정한 운동을 파악할 수 있는 저자가 몇이나 되는가?"(원, 380~381쪽, 재인용)

'1848년 혁명'이 패배하자 맑스와 바쿠닌은 아주 대조적인 길을 걷게 된다. 벌린에 따르면 "몇 년 후 바쿠닌은 비밀 테러 집단들을 조직화하는 것에 힘을 쏟은 반면, 맑스는 공인된 정치적 방법들에 따라 움직이는 공개적이고 공식적이며 혁명적인 정당을 설립하는 데 노력을 기울였다."(벌린, 278쪽) 혁명을 위해 한 사람은 대중으로부터 더 멀어진 반면, 다른 사람은 대중에게 더 다가가야 한다고 믿었던 것이다.

맑스의 공공연한 태도를 잘 보여 주는 재밌는 에피소드가 하나 있다. 대륙의 여러 국가들로부터 맑스와 인터내셔널을 조치하라는 요구를 받은 영국의 내무상 에이버데어가 비서에게 인터내셔널에서 나온 문건들을 구해 오라고 지시했다. 그런데 맑스는 여기에 기꺼이 협조해서 '개회연설', '임시규약', 『프랑스 내전』이 포함된 문서 보따리를 보냈다(원, 457쪽). 맑스가 인터내셔널 문건을 경찰에게 기꺼이 넘겼다는 소식을 들은 바쿠닌은 당장 맑스를 "비열하고 중상에 능한 경찰 첩자"라고 비난했다.

하지만 이는 맑스가 그동안 보여 준 공공연한 태도와 관련이 있다. 맑스는 대중에게, 심지어 그의 적에게도 거리낌 없이 행동했다. 그는 인터내셔널을 혁명의 '감추어진 손'으로 지목하는 것을 웃어넘겼다. 인터내셔널이 혁명과 무관하다는 뜻이 아니라, 인터내셔널은 혁명의 '감추어진' 손이 아니라는 뜻에서다. '혁명의 배후에 인터내셔널이 있고, 인터내셔널의 배후에 맑스가 있다'는 도식에 대해 맑스는 웃으며 말했다.

그 점에 대해서는 밝혀낼 수수께끼조차 없소. 우리 협회가 공적인 조직이라는 사실, 그 의사록이 완전히 공개되어 있기 때문에 읽고 싶은 사람은 누구나 읽을 수 있다는 사실을 끝까지 무시하려는 사람들이 있소. 수수께끼가 있다면 사람이 어떻게 그렇게까지 어리석을 수 있는지 그것이 수수께끼요. 1페니만 내면 우리 규약을 구입할 수 있소. 그리고 1실링만 내서 팸플릿들을 구입하면 우리가 우리 자신에 대해 아는 것만큼 우리를 잘 알 수가 있소.(원, 462쪽)

물론 맑스가 인터내셔널 회원들의 체포가 이루어지고 있는 상황에서 그들을 밀고하는 거나 다를 바 없는 조직의 공개에 동의할 정도로 순진한 사람은 아니었다.[13] 그러나 그는 최소한 어떤 경우에도 혁명적 이념과 방법이 대중에게 감추어져서는 안 된다고 보았다. 그가 걱정했던 것은 조직의 음모가 발각되는 일이 아니라 조직이 음모를 통해 운영되는 것이다. 적어도 그의 삶 속에서 혁명가는 동지들과 음모를 꾸미는 자가 아니라, 자기 믿음을 공공연하게 선언함으로써 혁명의 동지를 구하는 사람이라고 할 수 있다. 혁명가의 두번째 초상, 그것은 공공연함이다.

4. 무자비한 맑스

맑스는 종종 차갑고 무자비한 사람으로 그려진다. 특히 비판 대상에 대해 가차 없는 공격을 퍼부을 때 그런 느낌이 든다. 그는 분노를 담아 둘 내면이 없는 사람처럼 그것을 곧바로 터뜨렸다. 비유하자면 그는 부엉이처럼 반성하기보다 독수리처럼 공격하는 사람이었다. 사람들은 그의 공격성에 혀를 내둘렀다. 파벨 안넨코프(Pavel Annenkov)는 그를 이렇게 회상했다. "맑스는 사교상의 관례적 예의범절을 무시했다. 그의 태도는 오만했으며 거의 남을 깔보는 듯했다. ……그는 에너지와 불굴의 신념으로 형성된 사람이었다. 그는 언제나 그 어떤 반박도 허용하지 않는 단호한 방식으로 말을 하였다. 난폭하고 결정적이고 결코 돌이키지 않는 어조에는 자신의 사명이 모든 정신들을 지배하고 그것들에 법칙들을 제공하는 것이라는 확신이 배어 있었다. 나는 민주주의적 독재자의 실체를 앞에 두고 있었다."(벌린, 181쪽; 아탈리,

---

13 "총평의회는 1865년 회의나 매 대회의 운영회의의 선례에 따라 내부회의(interne Konferenz)를 소집하였다. 공개회의(öffentlicher Kongreß)는 불가능했으며, 다음과 같은 순간에 공개회의란 대륙의 대의원들을 밀고하는 것이나 다름없었을 것이다." (맑스·엥겔스, 「인터내셔널의 이른바 분열」, 『선집』, 4, 103쪽.)

187쪽, 재인용-)

　　그래도 이것은 맑스의 공격성에 대한 우호적인 묘사이다. 실제로 맑스의 독설을 맛본 사람들은 그를 '지적 깡패'라고 불렀다(윈, 65쪽). 어떤 이는 맑스의 '스타일'이 그 어원에 충실한 것이라고 했다. "맑스의 스타일은 원래 스틸루스(stylus)가 로마인들의 손에 쥐어져 있을 때의 모양 그대로였다. 즉 글을 쓰는 데 쓸 수도 있고 사람을 찌르는 데 쓸 수도 있는, 끝이 날카로운 강철 펜이었다. 스타일은 심장을 잘 겨냥하여 찌르는 데 사용되는 단검이다."(윈, 66쪽) '칼'과 '펜'을 비교하거나 비유하는 말들은 많지만, 스타일이라는 말의 어원에서 그 둘은 같은 것을 의미한다. 맑스의 스타일은 그것에 대한 입증인 것 같았다.

　　하지만 맑스가 당시 부르주아지의 상상처럼 냉혹하고 잔인한 인물이었던 것은 아니다. 맑스의 막내 딸 엘리노어(Eleanor Marx)는 냉혹한 주피터 같은 존재로 맑스를 그리는 것은 '부르주아 상상력이 만들어 낸 허구'라고 말한다. 그녀가 아는 아버지의 모습은 크게 달랐다. 맑스는 불같이 화를 내는 사람이기도 했지만 뺨에 눈물이 흐를 정도로 크게 웃는 사람이었다.

　　뭐니 뭐니 해도 칼 맑스를 알고 있던 이들에게 가장 우스운 것은 그를 음침하고 냉혹하며 완고하고 서름서름한 인물, 올림포스 산에 고고하고 고독하게 홀로 앉아 웃음이라고는 모른 채 벼락이나 내리치고 있는 주피터와 같은 사람으로 묘사하는 통상의 견해다. 생존했던 이들 가운데 가장 유쾌하고 명랑한 인물, 유머와 밝은 성품으로 가득 차 있던 사람, 그가 한껏 웃을라치면 전염성이 강한 그 웃음에 저항하기 힘들었던 사람, 더할 나위 없이 친절하고 온화하며 인정 넘치는 인물을 이렇게 묘사했다는 것 자체가 그를 알았던 이들에게는 언제나 놀랍고도 우스운 노릇이다. …… 나는 때로 노동자의 대의를 향한 그들[맑스와 예니—인용자]의 헌신만큼이나 강하게 그들을 묶어 준 것이 그들의 대단한 유머감각이 아니었을까 하고 생각한다. 확실히 이 두 사람만큼 농담을 즐긴 이들은 없었다. 나는, 특히 상황이 점잖은 예의범절을 요구할 경우에는 더구나, 그들이 눈물이 뺨을 타고 흘러내릴 때까지 웃어대서, 그렇게 경솔한 태도에 충격을 받기 십상인 이들까지도 그들

과 함께 웃지 않을 도리가 없게 되던 장면을 몇 번이고 보았다.[14]

    노년의 맑스를 만난 청년 베른슈타인의 기억도 크게 다르지 않다. "내가 상상하던 그림과는 정반대였다. 사실 나는 그의 적들이 퍼뜨린 이야기 때문에 아주 병적이고 짜증이 심한 노신사를 만나게 될 줄 알았다. 그러나 내 앞에 앉아 웃음을 터뜨리는 머리가 허연 노인의 검은 눈은 우정을 드러내고 있었고 말에는 온화함이 가득했다. 며칠 뒤 엥겔스를 만났을 때 맑스가 내 예상과는 많이 달랐다고 하자 엥겔스는 이렇게 대꾸했다. '글쎄, 그래도 맑스는 여전히 엄청난 폭풍을 몰아올 수 있는 사람이지.'"(원, 494쪽)

    만약 무자비함이 어떤 심리적 냉혹함이나 잔인함을 의미한다면 맑스를 무자비하다고 부를 수는 없을 것 같다. 그런데 나는 맑스가 전혀 다른 의미에서 무자비했다고, 그리고 혁명가란 무자비한 사람이라고 말하고 싶다. 여기서 무자비하다는 것은 어떤 급진적이고 발본적인 성격이다. 1843년의 한 편지에서 맑스는 자신이 생각한 무자비함에 대해 말한 바 있다. "실존하는 모든 것에 대한 무자비한 비판. 여기서 무자비하다는 것은 비판이 도달할 결과를 전혀 두려워하지 않는다는 의미에서, 그리고 존재하는 힘들의 투쟁을 두려워하지 않는다는 의미에서다."[15] 이는 '급진적'이라는 말에 대한 1844년의 정의와도 통한다. "래디컬하다(Radikal sein)는 것은 사태를 뿌리에서 파악하는 것이다."[16] 다시 5년 뒤에 맑스는 『신라인신문』의 임무가 "현존하는 것들의 모든 토대를 파헤치는 것"에 있다고 말한다.[17]

    어떤 비판이 '무자비하다'는 것은 비판 대상의 뿌리, 근거, 토대까지 내려가는 일이고, 그것을 파헤치는 일이다. 맑스가 말하는 비판은 근거나 전제에 입각한 것이 아니라 근거나 전제 자체에 대한 비판이다. 확고한 토대 위에 서는 것이 아니라 그런 토대 자체를 파헤치는 것이라고 할 수 있다. 이 점에서 맑스의 비판은 니체의 비판과 통한다. 니체에게 비판은 '근거를 제시하

14 엘리노어 맑스, 「카를 마르크스에 대한 단상」(『에리히 프롬, 마르크스를 말하다』, 205, 215~216쪽).

15 Marx an Ruge(Kreuznach, im September, 1843), Briefe aus den "Deutsch-Französischen Jahrbüchern", *MEW*, Bd.1, S.344.

16 맑스, 최인호 옮김, 「헤겔 법철학의 비판을 위하여」, 『선집』 1, 9쪽.

17 K. Marx, Der erste Preßprozeß der "Neuen Rheinischen Zeitung"(1849.2.14), *MEW*, Bd.6, S.234.

는 일'이 아니라 '근거들의 근거 없음'을 제시하는 일이기 때문이다.[18] 비판을 통해 근거(Grund)나 토대에 균열이 생겼을 때 심연(Abgrund)이 열린다. 심연에서는 모든 것들이 근거 없이 존재한다. 심연은 근거에 의해 배제되거나 매장되었던 모든 힘들이 돌아와 무시무시한 싸움을 벌이는 곳이다. 니체는 사람들에게 묻곤 했다. 그런 심연을 들여다볼 용기가 있느냐고. 그런데 맑스는 이미 답해 두었다. 무자비한 비판이란 그것을 두려워하지 않는 것이라고.

하나의 좋은 예가 『자본』에 있다. 노동일을 둘러싸고 자본가와 노동자가 갈등하는 대목이다. 자본가는 교환가치를 지불한 구매자는 상품 사용가치에 대해 전권을 가진다며 노동일을 얼마로 하든 그것은 자기 고유의 권한이라고 말한다. 소위 구매자의 권리이다. 이에 대해 노동자는 노동력이라는 상품이 지불된 가치 이상으로 사용되어서는 안 된다고 주장한다. 과도한 노동일은 자본가에게 그 사용을 맡긴 노동력이라는 상품 자체의 수명을 단축하거나 파괴한다. 정상적인 조건에서 30년 일할 수 있는 노동자가 과로로 10년밖에 일할 수 없다면, 자본가는 20년의 가치를 지불하지 않고 쓴 것이다. 노동자는 소위 판매자의 권리를 내세운다. 흥미로운 것은 상품교환의 법칙이 이 두 주장을 모두 승인한다는 사실이다. 대립되는 두 주장을 하나의 법칙이 모두 진리로 승인하는 상황이 벌어진 셈이다. 맑스는 이를 '이율배반'이라고 불렀다. 그러고는 이렇게 덧붙였다. "권리와 권리가 맞설 때는 힘이 문제를 해결한다."[19]

맑스가 말한 '무자비한 비판'이 도달하는 곳이 바로 여기 '힘이 문제를 해결하는 영역'이다. 그는 '1848년 혁명'을 그런 비판의 하나로 본 것 같다. '1789년 혁명'이 귀족의 특수주의에 대한 국민(nation)의 보편주의 혁명이었다면, '1848년 혁명'은 계급의 이름으로 그 보편성이 하나의 환상이었음을 폭로한 혁명이다. 그런데 1873년 맑스가 『자본』에 덧붙인 후기는 이 혁명이 '과학적 부르주아 경제학'에 미친 영향을 흥미롭게 언급하고 있다. 맑스

---

18 프리드리히 니체, 『아침놀』, 박찬국 옮김, 책세상, 2004, 358절.
19 맑스, 『자본론』 I(상), 310쪽.

는 계급투쟁이 전개되면서 "어떤 이론이 옳은가 옳지 않은가가 아니라, 그것이 자본에 유리한가 불리한가, 편리한가 불편한가, 정치적으로 위험한가 아닌가가 문제로 되었다"고 말한다. 그래서 프롤레타리아의 목소리를 더 이상외면할 수 없었던 밀(J.S. Mill) 같은 이들은 '절충주의'로 나아갈 수밖에 없었다고도 했다.[20]

맑스가 부르주아 과학은 사이비였고 프롤레타리아 과학만이 진정한 과학이라는 말을 하려던 것은 아닐 것이다. 그것은 너무나 순진한 독해다. 나는 '1848년 혁명', 그리고 맑스의 '정치경제학 비판'이 하나의 무자비한 '비판'으로서 도달한 곳은 '과학'이 아니라 그 '이전' 영역이라고 생각한다. 이 비판은 과학의 계급성, 진리의 권력의지를 묻게 만들었다는 데 의의가 있다.

과학은 한마디로 근거와 토대의 영역이다. 그러나 맑스는 그 아래에 힘들의 영역이 있음을 환기시킨다. 이 영역은 '계급투쟁'이 파생되는 영역일 것이다. 흥미롭게도 맑스는 1848년 혁명을 평가하는 다른 글에서, 이 영역을 '심연'이라는 단어로 명확히 표현하고 있다.

이른바 1848년의 혁명들은 빈약한 삽화들이었습니다─유럽 사회의 말라붙은 지각(地殼)의 조그만 틈과 균열들이었습니다. 그러나 그것들은 심연(abyss, Abgrund)을 보여 주었습니다. 그것들은 겉으로 견고해 보이는 지표 밑에, 팽창하기만 하면 견고한 암석질의 대륙들을 산산조각 내 버릴 유동물질[용암]의 바다가 있음을 드러내 보였습니다. 그것들은 굉음을 내고 혼란을 일으키면서 프롤레타리아 해방을, 즉 19세기와 그 세기 혁명의 비밀을 공표하였습니다.[21]

맑스가 사회구성체를 설명할 때 사용하는 '토대'와 '상부구조'라는 건축학적 비유는 널리 알려져 있다. 하지만 나는 그 '토대'보다 아래에 있는 영역이 맑스에게 더 중요하다고 생각한다. 힘들의 영역, 계급투쟁이 파생되는 심

20 맑스, 앞의 책, 12~13쪽.
21 맑스, 김태호 옮김, 「1856년 4월 14일 런던 『인민신문』 창간 기념 축하회에서의 연설」, 『선집』 2, 430쪽.

연 말이다. 이 근거가 없고 토대가 없는 힘들의 순수한 투쟁이야말로 모든 존재의 기반으로서 '정치'를 사고하게 하는 건 아닐까. 제도적이고 이데올로 기적인 차원에서 정의되는 상부구조의 정치와 달리, 토대보다 더 아래서 정 의되는 '정치'가 있는 게 아닐까. 나는 그것을 '원정치'(原政治)라고 부르고 싶다.

맑스의 무자비한 비판이란 토대(Grund) 아래의 심연(Abgrund), 다시 말해 '언더그라운드'(Untergrund)에 이르는 것이다. 맑스로부터 끌어내는 혁명가의 세번째 형상이 이런 무자비함이다. 혁명가란 근거를 문제 삼으며 근거 아래까지 내려가는 사람이다. 그는 아무런 보장 없이 토대 밑에서 작업 하는 언더그라운드의 사상가이다.

5. 국적 없는 맑스

맑스를 회고하며 엥겔스는 "인터내셔널이 없는 무어의 삶은 다이아몬드가 깨진 다이아몬드 반지와 같다"고 했다(원, 391쪽). 맑스는 '만국의 프롤레타 리아트여 단결하라'는 구호를 노동자계급에게 제시한 사람이며, 그 누구보 다도 프롤레타리아트 운동의 인터내셔널한 구성에 열의를 가졌던 사람이 다. 그는 '국제노동자협회' 즉 인터내셔널의 실질적 지도자였다. 하지만 여 기서 나는 '국제노동자협회'라는 특정 조직이 아니라 하나의 이념 내지 원리 로서 '인터내셔널'의 의미를 생각해 보고 싶다. 아울러 그것이 어떻게 혁명 적 삶을 특징짓는지를 살펴보고 싶다.

모두가 잘 알고 있듯이 유럽의 19세기는 국민[민족]주의의 세기였다. 내셔널리즘이 그 정점을 향해 치닫던 시절에 인터내셔널이 태어났다는 것 은 시사하는 바가 크다. 그 어느 때보다 '조국'이라는 단어가 사람들의 가슴 을 지배할 때, '조국'을 넘어설 것을, 더 나아가 '프롤레타리아트에게는 조국 이 없음'을 주창한 인터내셔널의 출현은 각별한 의미를 갖는다.

그런데 '조국이 없다'는 말만큼 맑스의 삶을 잘 묘사하는 단어도 드물 것이다. 독일만이 아니라 유럽 거의 모든 나라가 그의 존재를 불온시 했다. 그에게 영토(territory)를 허락한 나라가 없었기에 그는 항상 영토 바깥, 즉 치외법권지대(extra-territory)에서 살아가야 했다. 그는 추방된 자였고 잠입한 자였다. 설령 그의 체류 기간이 얼마가 된다 하더라도 그것은 임시적인 것이었다.

그의 유목민적 여정은 1843년에 시작되었다. 『라인신문』이 강제 폐간되면서 그는 반쯤은 추방, 반쯤은 이주의 형식으로 파리에 갔다. 그리고 2년 후 프로이센 정부의 압력으로 파리에서 추방되어 벨기에의 브뤼셀로 갔다. 다시 3년 뒤 그는 다시 브뤼셀에서 추방되었다. 그때 마침 '1848년 혁명'이 일어났고 프랑스에 제2공화국이 들어섰다. 그는 임시정부의 인사로부터 파리 체류를 권유받고 잠시 파리에 머물렀다. 곧이어 독일의 혁명을 위해 쾰른으로 가 『신라인신문』을 창간했다. 그러나 유럽에서 반혁명 세력이 다시 주도권을 잡으면서 그는 거기서 다시 추방된다. 파리로 갔으나 같은 해 8월에 또 추방되었고 결국 영국 런던으로 옮겨 가야 했다.

런던으로 이주한 몇 년 뒤 맑스가 엥겔스에게 보낸 편지에 눈에 띄는 구절이 있다. 그 편지는 맑스가 『인민신문』의 창간 기념식에 참석한 후 보낸 것이다. 맑스는 자신이 '망명자' 중 유일하게 초대를 받았으며, '모든 국가들에서 프롤레타리아트의 지배'를 기원하는 연설을 부탁받았기에 참석을 거절할 수 없었다고 말하고는 편지 말미에 이렇게 덧붙였다. "우리에게 있어 불길한 것은, 내가 미래를 내다볼 적에 거기서 '조국에 대한 배신'처럼 보이는 어떤 것을 보게 된다는 것이네. 우리가 그전 혁명 때처럼 마인츠클럽[22] 회원들과 비슷한 입장에 처하게 될지 어떨지는 베를린에서의 사태 전개에 의해 크게 좌우될 것이네."[23]

'조국에 대한 배신'을 언급하는 이 편지는 1856년에 쓴 것이지만 우리는 사실 그것을 훨씬 이전부터 예감할 수 있다. 1843년 『독불연보』에 게재한 「루게에게 보낸 편지」에서 맑스는 조국에 대한 두 개의 감정을 대치시키는데, 그것은 '애국심'과 '부끄러움'이다.

---

22 마인츠클럽은 1792년 프랑스 군대가 마인츠 시(市)를 점령했을 때 독일의 봉건질서를 폐지하고 공화국 설립을 요구함으로써 혁명 프랑스 정부에 호응했던 집단이다. 이들은 이후 독일의 봉건세력은 물론이고 부르주아들로부터도 "나라를 팔아먹었다"는 비난을 들었다.

23 맑스, 박기순 옮김, 「맑스가 맨체스터의 엥겔스에게」(1856년 4월 16일 편지), 『선집』 2, 512쪽.

나는 지금 화란을 여행하고 있네. 독일과 프랑스 신문들을 보고 판단하건대, 독일은 진흙탕으로, 그것도 점점 더 깊은 곳으로 빠져들고 있더군. 설령 민족적 자부심이 전혀 없는 사람이라 할지라도 정말 민족적 부끄러움을 갖게 되는군. 심지어 이곳 화란에서까지 말이야. …… 자유주의 망토를 내던지고 가장 구역질나는 전제주의가 발가벗은 제 몸을 온 세계에 드러내는 꼴이라니.

하지만 이것도 폭로라면 폭로네. 종류가 아주 다른 것이기는 하지만 말이야. 최소한 이것은 우리에게 애국주의의 공허함과 우리 국가 체계의 기괴함을 깨닫게 하고, 부끄러움에 우리 얼굴을 감추고 싶게 하니 말일세. 아마 자네는 웃으며 내게 말하겠지. 그런 걸로 무엇을 얻을 수 있겠냐고. 어떤 혁명도 부끄러움이 만들어 내는 건 아니라고. 그럼 나는 이렇게 답하겠네. 부끄러움은 이미 일종의 혁명이라고. 1813년 독일 애국주의는 프랑스 혁명을 물리쳤네. 그러나 이제 이 부끄러움은 독일 애국주의에 대한 프랑스 혁명의 승리인 셈이네. 부끄러움은 내부로 향한 일종의 분노일세. 만약 전체 민족이 부끄러움을 체험한다면 그것은 도약을 위해 몸을 웅크린 사자와 같다고 할 수 있을 걸세.[24]

맑스가 간혹 민족주의자처럼 보일 때도 있다. 그가 봉건적 잔재에 대한 강한 거부감을 보일 때가 특히 그렇다. 그는 독일의 통일을 강력하게 지지했다. 그러나 이는 벌린의 말처럼, 그가 낭만주의자나 민족주의자여서가 아니라 "독일 내의 수많은 소국들이 사회적, 경제적 진보를 방해하는 쓸모없는 낡은 유물이라고 보았기 때문이다."(벌린, 295쪽) 오히려 맑스의 민족주의나 애국심에 대한 반감은 말년까지 일관된다고 할 수 있다. 그는 아주 오랜 친구였던 시인 프라일리그라트가 1870년에 애국적 송시를 발표하자마자 그와 의절해 버릴 정도였다(벌린, 456쪽).

맑스는 코뮨주의자로 활동하던 시간 대부분을 국적 없이 지냈다. 1845

---

24 Marx an Ruge(Auf der Treckschuit nach D. im März 1843), Briefe aus den "Deutsch-Französischen Jahrbüchern", *MEW*, Bd.1, S. 337.

년 프로이센 국적을 포기한 후 그에게는 공식적으로 국적이 없다. 그는 잠입했고 추방되었고 탈주했다. 그는 어디에도 속하지 않았지만 어디에서도 살아갔다. 라파르그의 기억에 따르면 맑스는 곧잘 이렇게 말했다고 한다. "나는 세계 시민이다. 나는 어디든 내가 있는 곳에서 활동한다."[25]

국적과 관련해서 말년에 흥미로운 에피소드가 있다. 1874년, 의사는 건강이 몹시 좋지 않던 맑스에게 온천 도시 카를스바트에서 요양할 것을 권고했다. 하지만 카를스바트로 가기 위해서는 독일 영토를 통과해야 하는데 맑스는 독일 정부가 자신을 체포할지 모른다고 생각했다. 그때 그가 방편 삼아 떠올린 생각이 '귀화'였다. 당시 영국에서 1년 이상 거주한 망명자는 시민권을 얻을 수 있었는데 그 시민권이 자신을 지켜 줄 수 있다고 믿은 것이다. 그러나 귀화신청은 거부되었다. 맑스는 이유를 알 수 없었다. 하지만 그 이유는 사실 그도 알 만한 것이었다. 런던 경시청이 내무성으로 보낸 1874년 8월 17일자 비밀 서신에는 이런 내용이 있었다. "칼 맑스―귀화 건에 대하여. 그는 악명 높은 독일 선동가이며, '인터내셔널 협회'의 회장이며, 공산주의 원칙의 옹호자라는 사실을 보고합니다. 그는 자신의 왕과 국가에 충성한 적이 없습니다."(원, 489쪽, 재인용)

그런데 맑스의 '조국에 대한 배신'이나 '부끄러움'을 특정 국가에 대한 배신으로 이해해서는 안 될 것이다. 설령 그것이 일차적으로 프로이센을 겨냥했다 하더라도 말이다. 조국을 배신하는 프롤레타리아트의 운명이란 다른 조국으로의 투항을 의미하는 게 아니기 때문이다. 프롤레타리아트의 인터내셔널은 특정 조국이 아닌, 조국 일반에 대한 배신이다. 맑스가 『선언』에서 밝힌 것처럼 프롤레타리아트에게는 조국이 없다. 그는 '만국의 프롤레타리아트여 단결하라'고 외쳤지만, 그것은 국가와 민족을 대표하는 자들의 모임이 아니라, 그것을 상실한 자들, 그것을 해체한 자들의 연대라고 할 수 있다. 따라서 그가 촉구한 인터내셔널(International)은 네이션[국민]을 전제하고 있는 국제주의(internationalism)가 아니다.

이 점에서 맑스가 당시 유행하던 투쟁 구호였던 '모든 인간은 형제다'를

---

25 폴 라파르그, 「마르크스를 회상하며」(『에리히 프롬, 마르크스를 말하다』, 164쪽).

'만국의 프롤레타리아트여 단결하라'로 바꾼 것을 다시 생각하게 된다. 그는 부르주아적 박애주의와 인터내셔널의 정신을 구별하고자 했던 게 아닐까. 인터내셔널은 민족주의처럼 서로를 하나의 동질적 신체로 상상함으로써 얻어지는 게 아니라, 이질적 다양체를 함께 구성해 낼 수 있을 때 가능하기 때문이다.[26] 인종이나 지역, 민족, 성 등의 동질적 토대 없이 공동의 행동, 공동의 신체를 구성할 수 있는가. 인터내셔널이 던지는 질문은 바로 그것이다. 나는 이 질문이 '무자비한 비판'이라는 말로 맑스가 이르고자 했던 심연과 상응한다고 생각한다. 토대 없는 곳에서, 근거 없는 곳에서 우리가 하나의 연대를 만들어 낼 수 있을까.

이런 맥락에서 보면 제1인터내셔널로 불리는 '국제노동자협회'가 처음 구성된 계기는 '인터내셔널'에 반하는 면을 가지고 있었다. 당시 상대적으로 높은 임금 수준을 유지하던 영국 노동시장에는 프랑스, 벨기에, 독일의 이주노동자들이 몰려들었다. 영국노동조합 대표들이 프랑스노동자들에게 회담을 제안했을 때, 그들은 이 '불법이주를 저지하기 위한', 다시 말해 '국경을 강화하려는 속셈'을 가지고 있었다. 정운영의 표현을 빌리자면, "국경을 강화하려는 의도가 국경을 극복하려는 인터내셔널의 결성으로 낙착된 것은 대단한 역설"이 아닐 수 없다.[27]

사실 불법이주자를 제거하기 위해 노동조합이 결탁하는 일은 마치 아일랜드 토지 소유에서 나오는 이익 때문에 영국의 지주와 노동자들이 결탁해서 아일랜드 식민지 해방투쟁을 저지한 것과 다를 바 없을 것이다. 맑스는 이러한 '배제를 위한 결탁'을 신랄하게 공격했다. 인터내셔널은 이해관계의 접점에서 생기는 게 아니라 기존 이해관계의 해체를 통해서만 가능할 것이다. 이주자를 배제하기 위해 노동조합들이 연대하는 것이 아니라, 이주자와

---

[26] 이에 대해서는 이번호에 함께 실린 고병권, 「우리 시대 프롤레타리아트에 대한 물음」을 참조하라.

[27] "국경을 강화하려는 의도로 제안된 회의가 국경을 극복하려는 인터내셔널의 결성으로 낙착된 것은 정녕 대단한 역설이지만, 그 역설의 후유증은 만만치 않았다. 인터내셔널의 창설을 발의한 장본인들의 가슴 한구석에 숨어 있던 이러한 의도는 결국 그들로 하여금 인터내셔널을 배반하게 만들었기 때문이다. 프랑스 대표였던 앙리 톨랭(H. Tolain)은 파리 코뮌 당시 베르사유 정부에 가담하여 계급의 이익을 저버린 변절의 족적을 보였으며, 영국의 대표였던 조지 오저(G. Odger) 또한 맑스의 「프랑스 시민전쟁」을 인터내셔널의 공식 입장으로 채택하려는 총평의회의 결의에 서명을 거부함으로써 노동운동의 국제적 연대를 거부하는 수치스러운 기록을 남겼다."(정운영, 「제1인터내셔널에서 마르크스의 투쟁」, 『이론』 3호, 까치, 1992, 11쪽.)

함께 자기 자신을 재구성할 수 있을 때 노동운동은 인터내셔널에 성공할 것이다. 따라서 인터내셔널은 노동조합 간의 국제적 친선의 문제가 아니다. 그것은 타자와 어떻게 연대할 것인가의 문제이기 이전에 자기 자신을 타자의 연대로서 어떻게 구성할 수 있느냐의 문제이다. 한 나라, 한 지역, 한 노조, 심지어 한 개인이 나라와 인종, 지역, 성, 장애, 직업 등의 모든 국경들을 넘어 자기 자신을 어떻게 구성할 수 있는가의 문제라고 할 수 있다.

이 점에서 우리는 맑스로부터 혁명가의 네번째 형상을 발견하게 된다. 그는 소속을 공유한 자들이 품는 내밀한 감정들, 가령 친선이나 우애, 동정 같은 것에는 한참 서툴렀다. 소위 무리짓는 '이웃들'이 갖는 감정을 그는 별로 갖고 있지 않았다. 그의 이웃들, 그의 동료들은 오히려 먼 데 있었다. 시베리아의 광산에서 캘리포니아까지, 유럽과 아메리카, 아프리카, 아시아에 이르기까지 그를 만난 적이 없는 이들이 기꺼이 그의 동지가 되었다. 그것은 무엇보다 그의 삶 속에서 그 많은 이들, 그 많은 억압받는 자들이 들끓고 있었기 때문일 것이다. 이처럼 혁명가의 삶이란 개별적 삶이 아니라, 억압받는 형상들의 인터내셔널이다.

6. 공부하는 맑스

맑스는 1852년부터 1864년에 이르기까지 자기 표현을 빌리자면 "공적 무대로부터 서재로 물러났다." 1857년 뉴욕의 혁명가들이 런던에서 옛날의 '공산주의자 동맹'을 부활시켜 달라고 간청하는 편지를 보냈을 때 그는 이렇게 답했다. "1852년 이래 나는 어떠한 결사에도 관여한 적이 없으며, 나의 이론적 연구가 현재 유럽 대륙에서 활발하게 조직되고 있는 결사체들의 활동에 쓸데없이 참견하는 것보다 더 쓸모가 있다고 믿습니다."(원, 373쪽)

그런데 나는 이렇게 묻고 싶다. 그는 서재로 물러난 것일까, 서재로 나아간 것일까. 서재는 혁명으로부터 물러난 공간인가, 혁명이 일어난 공간인가. 맑스의 삶은 다시 한 번 우리에게 익숙한 혁명가의 이미지를 정정하게 한다. 혁명적 사상가는 연구를 중단하고 혁명에 뛰어든 자가 아니라, 그 누구보다도 삶과 세계를 연구하기를 멈추지 않는 자이다. 맑스는 혁명과 공부가 분리되지 않는 하나라고 하는 사실을 잘 보여 주었다.

파리 시절 이래 맑스의 학문적 욕구는 감퇴한 적이 없었다. 그는 엄밀한 학문의 가치를 굳게 믿었으며 내켜하지 않는 추종자들을 대영박물관의 열람실로 내몰았다. 리프크네히트는 회고록에서, '국제공산주의 운동의 쓸데없는 인물들'이 어떻게 해서 날마다 대영박물관 열람실 책상에 온순하게 앉아 있을 수 있었는지에 관해 적고 있다. 지금까지의 사회적, 정치적, 운동 가운데 그토록 연구와 학식을 강조한 운동은 없었다(벌린, 421쪽).

사위였던 라파르그는 맑스의 서재를 "문명 세계의 모든 나라에서 당 동지들이 찾아오는 중심지", "역사적인 방"이라고 불렀다. "그 방은 1층에 있었다. 공원을 향해 나 있는 넓은 창문으로는 빛이 쏟아져 들어왔다. 창문 반대쪽과 난로 양쪽의 벽에는 책이 가득 꽂힌 책장들이 줄지어 서 있었는데, 책장 위에는 신문과 잡지들이 천장까지 이르도록 쌓여 있었다. …… 그는 누구든 다른 사람이 자신의 책이나 종이를 정리하거나 어지르는 걸 허락하지 않았다. 책과 신문이 어질러져 있다는 것은 그에 대해 잘 모르는 사람이 방을 얼핏 보고 받은 인상일 뿐, 사실은 모든 것이 의도한 자리에 놓여 있어서 그는 그때그때 필요로 하는 책이나 공책을 쉽사리 찾을 수 있었다. 대화를 나누는 중에도 그는 종종 말을 멈추고 책을 펼쳐서 방금 자신이 언급한 인용문이나 숫자를 보여 주고는 했다. 그와 서재는 하나였다."[28]

맑스의 서재는 결코 은퇴의 공간이 아니었다. 어떤 전투의 공간만큼이나 거기서도 긴장감이 감돌았다. 혁명이 임박했다고 느낄 때 엥겔스가 말을 몰고 사냥터로 나간 것처럼, 맑스는 서재 안에서 바삐 움직였다. 이에 대한 원과 아탈리의 묘사는 대체로 일치한다. "맑스의 침착하지 못한 태도는 치료가 불가능했다. 늘 증거 한 조각을 더 찾기 위해 하던 일을 중단했으며, 자신의 논증을 개선할 방도를 골똘히 생각하며 서재를 어슬렁거렸다. 이 어슬렁거림 때문에 문과 창문 사이에 카펫이 한 줄로 닳아, 마치 초원에 오솔길이

---

28 라파르그, 「마르크스를 회상하며」(「에리히 프롬, 마르크스를 말하다」, 165~166쪽).

난 것처럼 보였다."(원, 321쪽) "자기 집무실에서도 걸으면서 일하고, 방에서 왔다 갔다 하는 동안 뇌가 발전시킨 것을 적기 위해서만 잠깐 앉았을 것이라고 우리는 장담할 수 있다. 대화를 나눌 때조차도 그는 걷기를 좋아했고, 때때로 토론이 열기를 띠거나 대화 내용이 중요할 때만 멈춰 섰다."(아탈리, 191쪽)

맑스는 혁명이 임박했다는 생각을 자주 했고, 프롤레타리아트가 사용할 '비판의 무기'를 벼리기 위해, 개념의 대장장이로서 혁명의 납기를 맞추기 위해 바삐 움직였다. 그는 무척 조바심을 냈다. 『정치경제학 비판 요강』(『요강』)을 집필하던 1857~58년에는 특히 그랬다. 유럽 프롤레타리아트에게 혁명은 아직 시작되지 않았지만, 그의 서재에서는 혁명이 이미 시작되었다. 서재에서 그는 불타고 있었다. 당시 엥겔스에게 쓴 편지에서는 그는 이렇게 말한다. "대홍수 이전에 적어도 『요강』이나마 명확히 하기 위해 내 경제학 연구를 요약하느라 요즘 미친 사람처럼 밤새워 일하고 있네." 레모네이드 한 잔을 들고 엄청난 양의 담배를 피워 대며, "보통 새벽 4시까지" 그는 하얗게 밤을 지새웠다.

물론 맑스가 예감했던 프롤레타리아트의 혁명들은 결국 일어나지 않았다. 몇 차례의 봉기가 있기는 했지만 그가 기대한 혁명은 아니었다. 새벽 4시. 그는 이미 잠들었고 프롤레타리아트는 아직 깨지 않은 시간. 어떤 점에서 맑스의 원고들은 '이미'와 '아직' 사이에서 방황하고 있는지 모르겠다. 그러나 나는 여기서 혁명가의 다섯번째 초상을 발견한다. 혁명가란 혁명을 준비하는 사람이다. 그런데 혁명을 준비한다는 것은 혁명을 점친다거나 막연히 기다리는 일이 아니다. 혁명을 준비한다는 것은 혁명보다 앞서서 혁명을 시작하는 것이라 할 수 있다. 나는 맑스가 서재에서 느낀 긴장과 초조는 혁명에 쫓기는 자의 감정이라기보다 혁명보다 먼저 뛰어나가려는 자의 감정이라고 생각한다.

공부한다는 것은 이처럼 계속해서 먼저 달려가는 행위이다. 혁명 앞에서 혁명하는 것, 그것이 공부이다. 맑스는 19세기 혁명은 자신의 영감을 미래에서 가져와야 한다고 말한 적이 있다.[29] 공부한다는 것은 이처럼 미래를 당겨오는 일이라고도 할 수 있다. 그것은 미래에 일어날 일을, 마치 확정된 미래에 미리 가 본 사람처럼, 알아맞히는 문제가 아니다. 그것은 어떻게 해야 우리가 현재와는 다른 미래를 만들어 갈 수 있는지, 어디에 그런 희망이 있는지를 살펴보는 문제이다. 우리는 미래에 갈 필요가 없다. 우리는 현재가 배태하고 있는 미래, 시대적인 것이 품고 있는 비시대적인 것을 알아차릴 뿐이다. 미래는 그런 면에서 '나중'이 아니라 '지금'(now)이다.

맑스는 기계제의 발전이 노동자들을 자유롭게 만들기는커녕 비참한 노예로 만드는 것에 대해 이렇게 말한 적이 있다. "어떤 당파들은 이 사실에 대해 비탄에 빠질지 모릅니다. 또 어떤 당파들은 현대의 충돌을 제거하기 위해 현대의 기술들을 제거하기를 원할지 모릅니다. …… 우리는 이러한 모순들에 의해 언제나 흔적을 남기는 간교한 정신의 모습을 놓치고 지나치는 일이 없습니다. ……우리는 중간계급, 귀족, 불행한 퇴보의 예언자들을 혼란에 빠뜨리는 조짐들 속에서 우리의 용감한 친구 로빈 굿펠로우를, 아주 재빨리 땅속을 파헤칠 수 있는 노련한 두더지를, 훌륭한 공병을 알아봅니다—바로 혁명을 말이지요."[30]

공부한다는 것, 연구한다는 것은 비탄의 현실에서 희망을 만들어 내는 일이다. 현재가 배태하고 있는 '흔적', 염세적 예언자들이 놓치는 어떤 미래의 '흔적'을 발견하는 것이다. 언제 혁명이 두더지처럼 불쑥 고개를 내밀지 확정할 수는 없지만, 우리는 현재가 품을 수밖에 없는 다른 세계의 가능성을 끊임없이 찾아내는 공부를 통해 희망을 얻을 수 있다. 세계에 대한 공부와 희망, 긍정은 이 점에서 통한다. 두더지, 즉 토대, 그라운드 밑에서 묵묵히 작업을 하던 언더그라운드의 혁명가를 우리는 여기서 또 만난다. 혁명가란 토대 밑에서, 시대로 환수되지 않는 희망을 만들어 내며 묵묵히 준비하는 사람이다. 이것이 맑스의 삶이 우리에게 보여 주는 혁명가의 다섯번째 초상이다.

---

29 칼 맑스, 「루이 보나파르트의 브뤼메르 18일」, 『프랑스 혁명사 3부작』, 임지현 외 옮김, 소나무, 1991, 165쪽.
30 맑스, 「1856년 4월 14일 런던 『인민신문』 창간 기념 축하회에서의 연설」, 『선집』, 2, 431쪽.

special

02

우리 시대
프롤레타리아트에 대한 물음

고병권

1. 프롤레타리아트에 대한 물음

1) 물음에 대하여

우리 시대 프롤레타리아트에 대해 묻는 일은 '지금 여기'의 역사적 시대성과 저항적 주체성을 묻는 것이다. 『코뮌주의자 선언』(이하 『선언』)의 한 문장처럼, 모든 사회의 역사가 계급투쟁의 역사라면, 우리 시대와 저항 주체를 묻는 일은 한마디로 현재의 계급투쟁을 정의하는 문제라 할 것이다. 해방 주체의 고전적 이름, 프롤레타리아트가 과연 19세기 아닌 21세기 한국의 현실에서도 그렇게 불릴 수 있을까. 대공장의 생산직 노동자들이 아니라 고용 자체가 불안정한 비정규직, 더 나아가 중고생, 여성, 철거민, 장애인, 이주자들, 심지어 네티즌이라 불리는 사이버 공간의 주체들까지 투쟁의 주체가 되고 있는 오늘날 한국의 현실에서 프롤레타리아트라는 이름은 어떤 의미를 가질 수 있을까. 아마도 우리 시대 프롤레타리아트에 대해 묻는 것은 맑스와 맑스주의 이름으로 현재의 투쟁을 이해하는 중요한 시도일 것이다.

그러나 이 글에서 나는 한국 사회의 계급투쟁 형세(configuration)를 분석하는 쪽으로 나아가지는 않을 것이다. 프롤레타리아트의 정의에 해당하는 우리 시대의 주체를 지목하는 것도 이 글의 목적이 아니다. 오히려 나는 시대성과 주체성을 문제 삼는 방식으로 프롤레타리아를 이해해 보려고 한다. 내가 여기서 다루고 싶은 것은, '우리 시대 프롤레타리아트에 대한 물음'이 어떻게 던져져야 하는지, 그 물음의 의미는 어떤 것인지이다. 시대와 관련해서 프롤레타리아트를 묻는다는 것은 어떤 의미인가. 또 투쟁의 주체로서 프롤레타리아를 말한다는 것은 어떤 의미인가. 그리고 이런 물음들은 역사유물론이나 계급투쟁, 인터내셔널과 같은 주제들에 대해 오늘날의 우리에게 무엇을 말해 주는가. 나는 프롤레타리아에 대한 맑스의 몇 가지 언급을 중심으로 이런 물음에 나름대로 답해 보고자 한다.

2) 맑스의 '프롤레타리아트'에 대하여

본래 '프롤레타리아트'(proletariat)라는 말은 라틴어 '프롤레스'(proles) 혹은 '프롤레타리우스'(proletarius)에서 온 것이다. '프롤레스'는 '자손'을 의미한다. '프롤레타리우스'는 고대 로마에서 자손을 낳는 것 말고는 국가에 아무 기여도 못하는 자들을 가리킬 때 사용한 말이다. 그것은 한마디로 비천하고 버려진 자들, 단지 번식할 뿐인 자들을 지칭했다. 이 말이 근대 정치사상에 들어온 것은 대혁명 전 프랑스 사상가들을 통해서였다. 가령 루소(J. J. Rousseau)의 『사회계약론』에 'prolétaire'라는 말이 등장한다.[1] 생시몽(Saint-Simon)은 맑스보다 먼저 '프롤레타리아 계급'(la classe des prolétaires)이라는 말을 사용했다. 독일 좌파에서는 모제스 헤스(Moses Hess)가 사회주의와 공산주의를 설명하면서, 부르주아지의 적대자로서 프롤레타리아를 다뤘다.

맑스가 이 말을 접한 것은 1843년에서 1844년 사이 파리에 체류했을 때였던 것 같다. 그의 박사학위 논문, 『라인신문』에 쓴 글들, 『헤겔 법철학 비판』 등에는 '프롤레타리아트'라는 말이 등장하지 않는다.[2] 우리는 1844년에

---

[1] 맑스와 맑스주의에서 '프롤레타리아트' 개념이 등장하는 배경, 사용되는 다양한 맥락에 대해서는 조르주 라비카의 정리를 참조했다. (Georges Labica, *Dictionnaire critique du Marxisme*, PUF, 1985, pp.923~929.)

[2] 『라인신문』에서 맑스가 사용한 표현들은 '인민'(people), '빈민'(les pauvres), '빈민 계급'(les classes pauvres) 등이다(Labica, *ibid.*, p.923).

덧붙인 『헤겔 법철학 비판』의 서설에서 이 말을 발견할 수 있다. 그는 당대 프랑스의 정치적 문헌들에서, 그리고 현실 운동 세력들, 특히 '파리에 있는 독일 이주민 사회주의 조직'과의 마주침에서, 프롤레타리아트라는 말을 접했던 것 같다.[3] '파리에 있는 독일 이주민 사회주의 조직'과 프롤레타리아트. 우리는 이 대목에서 맑스와 더불어 앞으로 그 말이 겪게 될 운명, 즉 공산주의 운동과 인터내셔널을 떠올릴 수 있지만, 처음에 맑스가 보인 반응은 지극히 철학적인 것이었다. 그는 공산주의 현실 운동보다는 헤겔이나 포이어바흐의 '소외 이론'이나 '보편계급' 개념을 통해 프롤레타리아트를 이해했다.

1844년에 『헤겔 법철학 비판』(1843)에 덧붙인 서설(이하 「헤겔서설」)에서 맑스는 프롤레타리아트, 더 정확히 말하자면 '프롤레타리아트의 자기 해방'을 철학적 진리의 현실화로 이해했다. "프롤레타리아트의 지양 없이 철학은 자기를 현실화할 수 없다."[4] 맑스는 프롤레타리아가 노동한다는 사실보다 그들이 '보편적 제약'의 화신이라는 사실을 더 주목했던 것 같다. 그들 고통의 보편성이 그들로 하여금 보편적 해방을 추동케 할 것이라고 생각했다. 그들이 '아무것도 아니'라는 사실이 그들을 '모든 것'으로 만들어 줄 것이다. 철학은 프롤레타리아에게 보편성을 인식케 하고, 프롤레타리아는 그 보편성을 물질적으로 구현할 힘을 철학에게 제공한다.

『신성가족』(1845)에서 맑스와 엥겔스는 '해방'이라는 개념을 서서히 '혁명'으로 바꾸기 시작한다.[5] 여기서 프롤레타리아트는 사적 소유의 대립물로 나타난다. 부(富)가 사적 소유의 정립적 측면이라면 프롤레타리아는 그것의 해체, 즉 부정적 측면이다. 여기서 맑스와 엥겔스는 프롤레타리아가 처해 있는 현실적 '곤궁함'(Not)이 사회 해방의 필연성(Notwendigkeit)을 표현한다고 주장한다.[6] 그리고 이런 태도는 『독일 이데올로기』(1845)에서도 이어진다. 여기서 프롤레타리아트는 '계급사회를 해체하는 혁명적 대중'의 이미지로 그려진다.

---

3 피터 오스본, 『How To Read 마르크스』, 고병권·조원광 옮김, 웅진지식하우스, 2007, 107쪽.

4 맑스, 최인호 옮김, 「헤겔 법철학의 비판을 위하여」, 『칼 맑스·프리드리히 엥겔스 저작선집』(이하 『선집』) 1, 박종철출판사, 1993, 15쪽.

5 Labica, *ibid.*, p. 924.

6 맑스·엥겔스, 최인호 옮김, 「신성가족」, 『선집』 1, 104쪽.

그런데 「헤겔서설」에서 『독일 이데올로기』까지, 그러니까 1844~45년까지 맑스와 엥겔스의 저술에서 프롤레타리아트는 독특한 양면성을 함께 지니고 있다. 그것은 한편으로 계급이면서 다른 한편으로 비계급, 즉 대중이다. 이런 양면성은 프롤레타리아들의 상태를 기술할 때도, 그들의 역사적 과업을 기술할 때도 나타난다. 「헤겔서설」의 표현을 빌리면, 프롤레타리아는 "시민사회의 계급이 아닌 시민사회의 계급"이다.[7] 그리고 『신성가족』의 표현을 빌리면, 사적 소유의 대립하는 한 형태이면서 동시에 그것의 '해체'이다.[8] 『독일 이데올로기』에서 그것은 "더 이상 사회 속에서 한 계급으로 간주되지 않고 하나의 계급으로 인정받지 않는 계급"이며, "기존의 모든 계급, 모든 민족의 해체"이다.[9] 즉 프롤레타리아트는 한편으로 부르주아계급의 이해에 반하는 하나의 계급이면서, 다른 한편으로 자신의 계급적 특수이해를 넘어서는 계급, "지배계급에 대항해서 특수한 계급적 이해를 더 이상 관철하지 않는 계급",[10] 말하자면 '비계급'이다.

발리바르(E. Balibar)는 특히 『독일 이데올로기』에서 '계급으로서의 프롤레타리아트'와 '비계급, 즉 대중(masse)으로서의 프롤레타리아트'가 구분되고 있으며, 대중만이 혁명적으로 나타나고 있다고 주장한다.[11] 『독일 이데올로기』에서 부르주아지는 사실상 유일한 계급이며, 계급투쟁은 계급[부르주아지]과 비계급[프롤레타리아트]이 벌이는 투쟁이라는 것이다. 그에 따르면, 엄격히 말해 "프롤레타리아트가 자신의 개념에 합치하면 그것은 더 이상 하나의 계급이 아니라 '대중'(la masse)이다."[12]

그러나 『선언』(1848)에서 프롤레타리아트는 사실상 노동자계급과 동일시된다. 그리고 계급투쟁은 부르주아지와 프롤레타리아트, 두 계급이 지배권을 다투는 투쟁이 되고, 계급 해소는 일정한 '단계' 내지 '과정'을 거친다. 개별 노동자들은 점차 노동자계급, 즉 프롤레타리아트로서 부르주아지와

---

7 맑스, 「헤겔 법철학의 비판을 위하여」, 『선집』1, 14쪽.
8 맑스·엥겔스, 「신성가족」, 『선집』 1, 102~103쪽.
9 맑스·엥겔스, 『독일 이데올로기』 I, 김대웅 옮김, 두레, 1989, 122쪽.
10 맑스·엥겔스, 앞의 책, 246쪽.
11 에티엔 발리바르, 「관념론의 교대군」, 『대중들의 공포』, 최원·서관모 옮김, 도서출판b, 2007, 224쪽.
12 발리바르, 앞의 책, 225쪽.

대립하고, 이어 부르주아지를 전복시킨 뒤 지배계급이 되며, 종국적으로는 자신의 존립 조건을 폐기함으로써 계급으로서의 자기 자신을 해체한다. 그리고 이 과정에는 공산주의자들의 일정한 지도가 따른다.[13]

프롤레타리아트와 노동자계급의 동일시는 엥겔스가 『선언』을 예비하는 과정에서 쓴 『공산주의의 원칙들』(1847)에서 더 분명하다.[14] 엥겔스는 문답식으로 쓴 이 텍스트에서, "프롤레타리아트란 무엇인가"라고 묻고, "오직 자신의 노동의 판매에 의해서만 자신의 생계를 유지하는 사회계급",[15] "한마디로 19세기의 노동계급"이라고 말한다. 뿐만 아니라 그는 '프롤레타리아트'를 역사적으로 명확히 한정한다. '빈민'과 '노동계급'은 언제나 존재했지만, 프롤레타리아트는 '자유롭고 고삐풀린' 상황에서 노동을 판매하는 '19세기 노동계급'에만 해당한다고 말한다.

그런데 1850년대 중반 들어, 특히 맑스가 '정치경제학 비판' 작업에 착수한 이래 프롤레타리아트라는 말은 좀처럼 보이지 않는다. 가령 『정치경제학 비판 요강』(1857~58), 『정치경제학비판을 위하여』(1859), 『잉여가치학설사』(1862~63), 『임금, 가격, 이윤』(1865), 『자본』(1867) 등에서는 프롤레타리아트가 거의 등장하지 않고 있다. 그 대신 노동자나 노동자계급이라는 말이 자주 등장한다. 이는 앞서 엥겔스가 말한 것처럼, 프롤레타리아트가 사실상 19세기 노동자계급과 같기 때문일 수도 있지만, 그렇게 보기에는 두 말이 차지하는 위상과 뉘앙스가 아주 다르다. 『선언』의 내용을 주도하는 주인공은 프롤레타리아지만, 이 저작들에서 이야기를 이끌어가는 주인공은 '자본'과 '자본가'다. 여기서 '노동'은 자본의 한 형태, 즉 '가변자본'으로서 다루어질 뿐이다. 혁명이나 계급투쟁은 명시적이지 않으며, 자본의 위기조차 종종 자본 자체의 운동에서 귀결하는 것으로 나타난다.[16]

그렇다고 프롤레타리아트라는 말이 맑스에게서 아주 사라진다거나 중

---

13 맑스·엥겔스, 최인호 옮김, 「공산주의당 선언」, 『선집』, 1, 421쪽.
14 프리드리히 엥겔스, 최인호 옮김, 「공산주의의 원칙들」, 『선집』, 1, 321쪽.
15 좀더 정확히 하자면 '노동력의 판매'가 옳다. 나중에 엥겔스는 맑스의 『임금 노동과 자본』 1891년 독일어판을 내면서 '노동의 판매'를 일괄적으로 '노동력의 판매'로 수정하였다.
16 『자본』에서의 '프롤레타리아트의 기이한 부재'에 대해서는 이미 발리바르가 탁월하게 분석한 바 있다(발리바르, 「붙잡을 수 없는 프롤레타리아트」, 『대중들의 공포』).

요성이 낮아졌다고 말할 수는 없다. 당장 『자본』에 붙인 1873년의 서문에서 맑스는 '1848년 혁명'(이 혁명을 통해 프롤레타리아트는 자신들의 정치적 대의자 행세를 했던 부르주아들과 단절했다)이 "부르주아의 과학적인 정치경제학을 불가능하게 했다"고 지적한다. 그것은 그 '과학'이 놓인 곳이 어떤 근본적 '타협불가능성'의 전하가 걸려 있는 계급투쟁의 장이기 때문이다. 확실히 프롤레타리아트는 『자본』에서 현실화(actualized)되지는 않지만, 하나의 시각으로서, 즉 부르주아 정치경제학을 '비판'하는 시각으로서 잠재되어(virtualized) 있다는 느낌을 준다. 맑스는 말년까지도 자주는 아니지만 프롤레타리아트라는 말을 사용하고 그 혁명성을 논하고 있다(가령 「고타강령 초안 비판」(1875)).

2. 프롤레타리아트와 노동자계급

우선 나는 프롤레타리아트와 노동자계급의 관계를 생각해 보는 데서 논의를 시작해 보고자 한다. 이는 앞서 일별한 것처럼 프롤레타리아트에 대한 맑스의 논의가 '노동자계급'을 중심에 두고 있어서이기도 하고, 또 역사 경험적인 이유 때문이기도 하다. 즉 노동자계급은 오랫동안 프롤레타리아트와 동일시되거나('단지 프롤레타리아트가 철학적·정치적 개념이라면 그것의 사회학적 범주가 노동자계급이다'는 식), 최소한 프롤레타리아트의 핵심으로 받아들여져 왔다('프롤레타리아트는 노동자계급을 중심으로 하는 무산자 일반이다'는 식). 그리고 이런 판단들은 모두 맑스와 엥겔스의 텍스트에 일정하게 근거한 것이다.

　하지만 『공산주의의 원칙들』에서 엥겔스가 분명히 한 것처럼, 프롤레타리아들을 '생계유지를 위해 자신의 노동(력)을 판매한 자', 다시 말해 '자본이 그 노동력을 구매한 자'와 동일시 할 수 있을까. 프롤레타리아트의 수는 취업자, 특히 생산직 노동자의 수와 같은가. 만약 그렇다면 우리는 프롤레타리아의 정체성을 확정할 수가 있고 사회통계학적으로 그 증감을 계산할 수도 있을 것이다. 게다가 노동자들이 조합이나 당으로 조직되어 있다면 더 말할 것도 없다.

그런데 맑스는 『경제학 철학 초고』(1844)에서 '프롤레타리아'를 '단지 노동자'로 간주하는 국민경제학의 시선을 비꼬고 있다. "국민경제학이 프롤레타리아, 즉 자본과 지대 없이 순수하게 노동으로, 그것도 일면적이고 추상적인 노동으로 살아가는 자를 단지 노동자로 간주한다는 것은 자명하다. 따라서 국민경제학은, 노동자는 모든 말[馬]과 마찬가지로 그가 노동할 수 있으려면 그만큼 벌어야 한다는 말을 할 수 있을 것이다. 국민경제학은 노동하지 않을 때의 노동자는 인간으로 간주하지 않으며, 그런 식의 간주는 형사법정, 의사들, 종교, 통계표, 정치, 거지단속경찰에게 맡겨 버린다."[17] 이어서 맑스는 프롤레타리아를 단순히 '노동하는 인간'으로, 그리고 그 목적을 임금상승 같은 데 두는 것은 국민경제학자나 '자질구레한(en détail) 개혁가'들이라고 비난한다. 프롤레타리아가 단지 노동자일 뿐이라면, 프롤레타리아는 자본 운동에 기능적인 요소[노동=가변자본]를 제공하는 자에 지나지 않을 것이다. 실제로 『정치경제학 신원리』(1819)를 쓴 시스몽디는 '자본'과 '프롤레타리아트'를 대면시켰는데, 이때 '프롤레타리아트'는 순수하게 경제적 의미만을 지니는 것으로 별다른 의미를 갖지 않았다.[18]

그러나 이는 적어도 맑스가 '프롤레타리아트'와 '계급투쟁'을 말할 때 생각하는 것과는 거리가 있어 보인다. 1850년대 중반 이후 맑스의 경제학 비판 저작들에서 프롤레타리아트라는 말이 희박해진 것도 이와 무관치 않을 것이다. 나는 '프롤레타리아를 단지 노동자로 간주하는' 국민경제학자에 대한 맑스의 비판이 『경제학 철학 초고』보다 한참 뒤에 나온, 가령 『임금, 가격, 이윤』(1865) 같은 책에서 노동조합의 임금투쟁에 대해 맑스가 보인 회의적 시선과 공명하는 면이 있다고 본다. 맑스는 이 책에서 임금투쟁이 '결과'에 대한 분배 싸움이지 '원인'에 대한 싸움이 아니며, "임금하락을 억제할 수 있을 뿐 운동의 방향을 변경시키는 것은 아니"라고 말한다. 그는 "노동자들이 '정당한 노동일에 대한 정당한 임금'이라는 보수적 표어 대신 '임금제도의 철폐'라는 혁명적 구호를 써 넣어야 한다"며, 노동조합이 단지 현존 체제

---

17 맑스, 『1844년의 경제학 철학 초고』, 최인호 옮김, 박종철출판사, 1991, 228쪽.
18 발리바르, 앞의 책, 298쪽, 각주 39번 참조.

의 결과에 반대하고 현존 체제의 변혁을 하려 하지 않는 한에서 실패할 것이라고 주장한다.[19]

그래서 발리바르는 "프롤레타리아트가 그 자체로서는…… 노동력이 생산 영역에서 수행하는 긍정적 기능과는 무관한 것처럼 보인다"고 말한다.[20] 즉 프롤레타리아트는 가치의 형성과정과는 무관해 보이며, 노동자계급의 어떤 '과도적' 성격을 함축하는 게 아닌가 싶다고 말한다. 그에 따르면 프롤레타리아트는 노동자들의 '불안정'하고 '주변화된' 상태(프롤레타리아트화는 불안정한 상황으로의 전개다)를 가리키고, 또 외관상의 경제적으로 보이는 자본주의 메커니즘에서 행사되는 어떤 '폭력'의 영속화를 가리키며, 자본주의가 그 조건을 예비하는 어떤 '이행'을 내포한다. 즉 프롤레타리아트라는 말은 노동자들의 불안정하고 (경제적) 폭력에 노출되며, 그러면서 또한 이 체제를 해체하고 새로운 이행을 가능케 하는 특성들에 관계한다는 것이다.

프롤레타리아트가 과연 '노동자'처럼 확실한 정체성을 부여할 수 있는 사회학적 집단일까. 랑시에르(J. Rancière)는 우리에게 하나의 흥미로운 에피소드를 들려준다. "근대 프랑스에서 프롤레타리아라는 말이 처음 쓰인 사례 중 하나는 1832년 오귀스트 블랑키(Auguste Blanqui)에 대해 행해진 소송이다. 검사장이 직업을 묻자, 블랑키는 '프롤레타리아'라고 답했다. 검사장은 '그것은 직업이 아니잖아'라고 반박한다. 그러자 블랑키는 '프롤레타리아는 정치적 권리를 박탈당한 우리 인민 대다수의 직업이다'라고 응수한다. 공안(police)의 관점에서 보면 검사장이 옳았다. 프롤레타리아는 직업이 아니며, 블랑키도 우리가 흔히 노동자라고 부르는 사람은 아니기 때문이다. 그렇지만 정치(politics)의 관점에서 보면 블랑키가 옳았다. 프롤레타리아는 사회학적으로 지정할 수 있는 한 사회 집단의 이름이 아니기 때문이다." 랑시에르에 따르면 프롤레타리아트는 로마에서처럼, "도시국가의 상징적 구성

---

19 칼 맑스, 「임금, 가격, 이윤」, 『경제학 노트』, 김호균 옮김, 이론과실천, 1988, 258쪽. 로자 룩셈부르크가 노동조합을 '시시포스의 노동'이라고 부른 것도 비슷한 맥락에서였다. 노동조합은 자본가의 착취에 대한 공격이기보다는 조직적인 방어이며, 어떤 면에서는 자본주의 임금법칙이 적용되도록 돕는 기능적 역할도 수행한다고 말한다. 다만 그 활동이 방어를 위해 불가피할 뿐이라는 것이다(Rosa Luxemburg, "Social Reform or Revolution", *Selected Political Writings of Rosa Luxemburg*, trans. & ed. Dick Howard, Monthly Review Press, 1971, p.105).
20 발리바르, 앞의 책, 273쪽.

에서 셈해지지 않는 자들, ……계급질서에 속하지 않는 자들이며, 이 질서의 잠재적 소멸(맑스가 말했던 모든 계급의 소멸인 계급)로서 이해해야 한다."[21]

그렇다면 우리는 프롤레타리아트를 특정한 정체성이 아니라, 그런 정체성에 대한 비판(Kritik)과 해체(Auflösung), 그것으로부터의 거리(Distanz), 탈주, 벗어남을 통해 정의해야 하는 것 아닌가 싶다. 이는 「헤겔서설」에서 맑스가 '사회해체=프롤레타리아트'라는 등식을 반복하는 이유고, "세계질서의 해체가 프롤레타리아트 현존재의 비밀"이라고 말한 이유일 것이다. 해체라는 시각에서 프롤레타리아트를 이해해 보면, 그것은 봉건적 질서의 '해체'로 생겨난 대중들이며, 자본주의 세계질서의 '해체'를 추동하는 혁명 대중들이고, 자본주의 질서의 '해체'를 통해 출현한, 자유롭게 단결한 대중들이다.

프롤레타리아트의 이러한 측면은 맑스의 초기부터 말년까지, 다시 말해 『헤겔 법철학 비판』에서 '정치경제학비판'이라는 부제가 붙은 『자본』에 이르기까지, '비판'(Kritik)이라는 말이 갖는 의미이기도 하다. 1843년 맑스는 '비판'에 대해 다음과 같은 견해를 밝혔다. "실존하는 모든 것에 대한 무자비한 비판. 여기서 무자비하다는 것은 비판이 도달할 결과를 전혀 두려워하지 않는다는 의미에서, 그리고 존재하는 힘들의 투쟁을 두려워하지 않는다는 의미에서다."[22] 맑스의 비판은 척도 아래서 비판하는, 다시 말해 잣대에 비추어 부적절한 사용을 규제하는 칸트식 비판과는 다르다. 맑스의 '무자비한 비판'이란 '척도' 자체에 대한 비판이자 그것으로부터의 탈주이고, 척도를 공유할 수 없는(통약불가능한, incommensurable) 것의 드러냄이라 할 수 있다.

맑스가 1873년에 붙인 『자본』의 서문에서, 프롤레타리아의 존재, 프롤레타리아의 혁명이 과학적인 부르주아 경제학을 불가능하게 했다는 점을 지적하며, '비판'은 오직 프롤레타리아만을 대변할 수 있을 뿐이라고 말한 것은 매우 시사적이다.[23] 비판은 척도나 근거(Grund)에 구멍을 내고 심연(Abgrund)을 드러낸다. 심연이 열리면 모든 힘들이 회귀하고, 대립되는 주장조차 동등한 진리 자격으로 서 있을 수 있게 된다. 이처럼 대립되는 진리

21 자크 랑시에르, 『정치적인 것의 가장자리에서』, 양창렬 옮김, 도서출판 길, 2008, 140쪽.
22 K. Marx, "Marx an Arnold Ruge"(1843.9), *MEW*, Bd.1, S.344.
23 칼 맑스, 『자본론』 I(상), 김수행 옮김, 비봉출판사, 2001, 13~14쪽.

주장이 동등한 자격을 획득하는 상황을 맑스는 '이율배반'이라 불렀다.[24] 이러한 이율배반은 '비판'이 수행한 '해체'의 결과이다.

사실 탈주, 해체, 비판으로서 프롤레타리아트가 갖는 면모는 프롤레타리아트를 노동자계급과 동일시하고, 노동자계급의 지배계급으로의 전화를 생각하는 『선언』에서도 강하게 관철되고 있다. 『선언』에서 풍기는 강한 명랑성은 프롤레타리아트의 탈주와 깊이 관련되어 있다. 『선언』에서 프롤레타리아들은 그야말로 아무것도 가진 것이 없는 존재, 즉 재산도 국가도 종교도 가족도 갖지 못한 존재이지만, 그 결핍과 상실을 채우려 하지 않는다. 그들은 결핍을 결핍하게 한다. 즉 그들은 자신들이 갖지 못한 것을 얻기 위해 부르주아들과 싸우는 것이 아니라, 그것들 자체를 폐기하고 그것들 자체로부터 탈주해 버린다. 부르주아들과의 거래는 불가능하다. 그들은 부르주아들에게 얻고 싶은 것이 없다. 부르주아 세계와는 통약불가능하다는 사실, 이것이 부르주아지를 두려움에 떨게 한다.

탈주와 해체, 비판. 이것들이 프롤레타리아트를 특징짓는다면, 우리는 다시 묻지 않을 수 없다. 그렇다면 도대체 왜 맑스는 노동자계급을 프롤레타리아트로서 호명했던가. 왜 그는 노동관계 바깥에 있는 사람들, 그의 표현을 빌리자면 국민경제학자의 눈에 '경제 영역 바깥의 유령들'로 비쳐진 사람들, "소매치기, 사기꾼, 거지, 직업을 구하지 못한, 굶주리는, 빈곤한, 범죄적인" 사람들,[25] 맑스가 종종 '룸펜 프롤레타리아트'라고 불렀던 사람들을 프롤레타리아트로서 긍정하지 않았는가. 몰락하고 있는 귀족들, 농민들은 어떤가.

또 프롤레타리아트가 '해체'라면 조직화 문제는 어떻게 되는가. 그들을 조직하는 것은 무익한가. 하지만 프롤레타리아들을 혁명적으로 만든 것은 그들의 '단결'이 아닌가. 노동자들이 조합을 구성하고 당을 결성하며, 국제적인 연대를 구축하는 것이야말로 그들의 정치적 행동이 아닌가. 실제로 맑스는 「국제 노동자 협회 발기문」(1864)에서 노동자들의 최대 무기는 '수'(數)이지만 "수는 결합이 그들을 단결시키고 지식이 그들을 이끌 때만 무게"

24 『자본론』 I(상), 310쪽.
25 맑스, 『1844년 경제학 철학 초고』, 283쪽.

를 지닌다는 것, 노동자 당을 조직하고 여러 나라 노동자들이 "투쟁에서 굳
게 함께 있는 것"이야말로 노동자운동의 성공에 결정적이라고 주장했다.[26]

그렇다면 프롤레타리아트와 관련해서 '특정한 정체성 없음'을 어떻게
'노동자계급'이라는 주체와 함께[공동가능하게(compossible)] 취할 것이며,
노동자계급의 '조직화'와 '연대'를 어떻게 프롤레타리아트의 '해체'와 함께
취할 것인가.

3. 프롤레타리아의 시대적 비시대성

맑스가 프롤레타리아트를 말할 때 노동자계급을 중심에 두거나 동일시하는
이유는 무엇일까. '사회질서의 해체'를 논하면서 맑스가 근대 자본주의 질서
의 주요 구성요소인 노동자계급을 주목하는 이유를 어떻게 받아들여야 할
까. 나는 역사의 이행에 대한 맑스의 기술에서 '역설'(paradox)이 중요한 역
할을 한다고 생각한다. 맑스는 역사의 다양한 사회적 형태들이 무엇보다도
그것을 가능케 하는 조건과 힘에 의해서 위험에 처하게 됨을 보여 준다.

가령 '자본주의에 선행하는 역사적 형태들' 중 하나인 고대 로마적 형태
를 보자.[27] 로마는 시민들을 소유자로 재생산하는 체제다. 인구가 증가하면
토지 점유가 어려워지므로 정복 전쟁을 하게 되고, 정복 전쟁을 하면 노예가
생기고 공유지가 확장된다. 그러면 다시 귀족이 증가하게 된다. 그러나 정복
에 따른 로마의 확장은 동시에 로마 공동체 구성원의 분화를 야기할 수 있
고, 공동체를 혼란에 빠뜨릴 수도 있는 이질적 요소들을 대거 유입시킬 수도
있다. 전쟁은 로마를 확대 재생산하면서 동시에 해체의 위험을 키운다. 동일
한 원리가 정반대의 사실을 동시에 승인한다. 로마는 커지고 강해졌으며 동
시에 약해지고 위험해졌다.

이것은 자본주의 사회에도 마찬가지로 적용된다. 자본주의는 항상 더
큰 위험을 낳는 방식으로 자신을 확대 재생산한다. 우리는 자본주의가 발전

---

26 맑스, 김태호 옮김, 「국제 노동자 협회 발기문」, 『선집』 3, 12쪽.
27 칼 맑스, 「자본주의에 선행하는 역사적 형태들」, 『정치경제학 비판 요강』 II, 김호균 옮김, 그린비, 2007, 112쪽.

했다는 말과 더 취약해졌다는 말을 동시에 할 수 있다. 그것을 상징적으로 나타내는 것이 '자본의 증식'에 수반되는 '프롤레타리아트의 증식'이다. 노동자의 노동이 자본을 산출하는 만큼이나 자본은 노동자를 산출해 낸다. 『선언』을 인용하자면, 부르주아지의 존립과 지배의 본질 요건은 자본의 형성과 증식인데, 자본의 조건이 임금 노동이다. 게다가 부르주아가 성취한 공업의 진보는 개별 노동자들을 연합시키는 효과를 낸다. "대공업의 발전과 더불어 부르주아지가 생산하며 생산물들을 전유하는 그 기초 자체가 부르주아지의 발 밑에서 무너져 간다. 부르주아지는 무엇보다 자기 자신의 매장인을 만들어 낸다."[28]

그러나 역사의 해체와 구성이 자동으로 일어나는 것은 아니다. 맑스는 쿠겔만에게 보낸 편지에서 이렇게 말한다. "투쟁이 틀림없이 유리한 찬스의 조건에서만 시작된다면, 세계사는 물론 대단히 쉽게 이루어질 것입니다. 다른 한편, '우연한 사건들'이 아무 역할도 하지 않는다면 세계사는 매우 신비한 성질의 것이 될 겁니다. 이들 우연한 사건들은 당연히 그 자체가 발전의 일반적 과정에 속합니다……."[29] 사실 자본주의는 언제나 강하고 동시에 약하다. 따라서 혁명은 어느 때에 이르러야 되는 것도 아니고, 어느 때라고 안 되는 것도 아니다. 그 '때'는 돌발적 '사건'으로서, 우리가 확정할 수 없는 때에, 때로는 너무 이르게, 때로는 너무 늦게 찾아온다. 그러다가 역사의 근거(Grund) 밑에서, 땅(Grund)에서 묵묵히 굴을 파던 지하생활자인 '두더지'가 갑자기 머리를 쳐들 때, "고난 속에서 방황하던 혁명"이 도래한다.[30]

물론 사건이 우리가 확정할 수 없는 때에 들이닥친다고 해서 혁명이 완전한 우연이나 신의 섭리에 내맡겨진 것은 아니다. 벤사이드(D. Bensaid)가 강조하듯이, 사실 어떤 사건이 역사 과정을 중단시키는 획을 긋는 것은 "사건 자체의 본래적 성질 때문이 아니라 사건이 부각되는 상황에 사건이 관련되는 방식 때문이다."[31] 중요한 것은 그 사건이 '기다릴 것도 없는' 그런 일들

28 맑스·엥겔스, 「공산주의당 선언」, 『선집』, 1, 412쪽.
29 맑스, 안효상 옮김, 「맑스가 하노버의 루트비히 쿠겔만에게 보내는 편지(1871.4.17)」, 『선집』, 4, 427쪽.
30 "잘 파냈다, 늙은 두더지여." 칼 맑스, 「루이 보나파르트의 브뤼메르 18일」, 『프랑스 혁명사 3부작』, 265쪽.
31 이 문장은 지젝(S. Žižek)의 『까다로운 주체』(*The Ticklish Subject*)에서 벤사이드가 따온 것이다(다니엘 벤사이드, 『저항』, 김은주 옮김, 이후, 2003, 219쪽).

중의 하나가 아니라, 상황이 무척이나 기다려 온 사건 ─ 기대한 것과 무관한 형태일지라도 크게 반응한다는 의미에서 ─ 이라는 사실이다.

니체나 벤야민이 잘 알고 있었던 것처럼 '기다림'이란 중요한 실천이다. 그것은 예정된 때를 기다리는 것이 아니라, 예정되지 않은, 그래서 어느 때도 일어날 수 있는 그 사건을 기다리는 것이다. 기다림은 마냥 앉아 있는 일이 아니다. 기다리는 자는 끊임없는 시도와 물음, 실천과 투쟁을 통해서 그의 기다림을 표현한다. 그런 "투쟁으로 충만한 시간 속에서",[32] 소문자 '사건'은 그야말로 대문자 '사건'이 된다. 이런 점에서 프롤레타리아트의 증식은 역사적 진행의 중단, 즉 사건의 도래를 기다리는 상황의 간절함이며, 프롤레타리아트의 투쟁은 사건을 기다리는 적극적 실천이라고 할 수 있다.

그렇다면 이제 답을 해보자. 왜 맑스는 프롤레타리아를 노동자와 관련짓는가. 역사가 중단되는 과정, 역사적 형태(form)가 해체되는 과정은 그 형태와 밀접히 관련되어 있다. 어떤 의미에서 '형태'는 뒤집어 보면 탈형태의 '형태'이기도 하다. 역사의 매듭은 대개 꼬이는 방식대로 풀리게 되어 있다. 역사의 구성체(formation)들은 사회의 '형태'와 '탈형태'의 종합이라고 할 수 있다. 맑스는 앞서 말한 것처럼, 사회형태들의 해체를 외적 강압이 아니라 내적 논리 자체에서 찾았다. 위기는 자본과 무관한 곳에서 오는 게 아니라, 자본이 관여하는 곳에서 온다. 자본이 구성되는 방식이 자본이 해체되는 방식을 암시하는 셈이다.

19세기 노동자계급은 바로 이런 맥락에서만, '사회질서의 해체'인 프롤레타리아트가 된다. 맑스는 '자본주의 바깥의 유령'이 아니라 자본주의가 '잉여가치'를 생산하는 과정에서 잉여적으로 낳을 수밖에 없는 '자본주의 내부에서 생겨난 유령'에 믿음을 가졌던 것이다. 그런 점에서 프롤레타리아트는 체제와 더불어 성장하는 해체적 힘, 한마디로 내부에서 작동하는 해체 요소(auflösend Element)라고 하겠다. 확실히 "모든 투쟁의 무기는 현실 사회 속에서 취해져야 하고",[33] 역사의 주사위는 그것이 떨어진 곳에서만 다시 던

---

32 헤겔(G. W. Hegel)의 『역사철학강의』에서 따온 표현. 벤사이드, 앞의 책, 241쪽에서 재인용.

33 맑스, 이경일 옮김, 「정치 문제에 대한 무관심(1873)」, 『선집』 4, 270쪽.

져질 수 있다. 프롤레타리아트는 계급을 해체하는 힘이지만, 그것은 '계급사회'라는 조건하에서 그런 것이다. 시대의 고유한 '시대를 거스르는 힘', '시대적인 비시대적 힘'이라 할까.

4. 프롤레타리아의 인터내셔널

맑스는 '프롤레타리아트=사회질서의 해체'라는 등식을 주장했지만 그것은 무엇보다 프롤레타리아들이 집합적으로 자신을 구성함으로써 가능한 것이다. 과연 프롤레타리아트는 어떻게 '계급을 해체하는 (비)계급'으로서 자신을 구성할 수 있는가. 프롤레타리아트의 집합적 주체성은 어떻게 생성되는가. 나는 '만국의 프롤레타리아여 단결하라'는 '인터내셔널'이 프롤레타리아트의 주체성에 대해 중요한 가르침을 주고 있다고 생각한다. 인터내셔널은 생성된 프롤레타리아트의 회합이 아니라 프롤레타리아트의 생성 원리 자체라고 할 수 있다. 즉 하나의 집합적 신체, 하나의 공통의 신체로서 프롤레타리아트가 창출되는 원리이다. 나는 이 원리를 역시 부르주아지의 창출 원리로서 '내셔널리즘'(nationalism)과 대비해 보고 싶다.

　『독일 이데올로기』에서 맑스가 말한 것처럼, "자신보다 앞서 지배했던 계급의 위치를 차지하게 되는 모든 새로운 계급은 그들의 목적을 관철시키기 위하여 반드시 그들의 이해를 사회의 모든 성원의 공동 이해로서 제시할 필요가 있다. ……그들의 사상에 보편성의 형태를 부여하고, 이것들을 유일하게 이성적이며 보편타당한 사상으로 제시할 필요가 있다. …… 따라서 새로운 지배계급은 이전 지배계급보다 더 광범위한 토대 위에서만 지배를 성취한다."[34] 언뜻 이는 부르주아지가 귀족의 지배를 타도했을 때나, 프롤레타리아트가 부르주아지의 지배를 타도하려고 할 때나 별 차이가 없는 것처럼 보인다. 그런데 과연 '인터내셔널'은 '내셔널리즘'을 더 확장한 것, 더 보편적인 것으로 만든 것에 불과할까. '내셔널리즘'의 보편적 확장, 지구적 확장이 '인터내셔널'일까.

---

[34] 맑스·엥겔스, 『독일 이데올로기』 I, 94쪽.

프랑스 혁명 직전에 출판되어 부르주아지에게 큰 영감을 준 시에예스 (E. J. Sieyès)의 『제3신분이란 무엇인가』(1789)는 이 점에서 좋은 참고가 된다. 이 텍스트는 근대 부르주아지가 새로운 지배계급으로 등장하면서 제시하는 보편적 이념으로서 '국민'과 '국민주의[내셔널리즘]'가 어떤 것인지를 짐작케 한다. 언뜻 이 책의 몇몇 구절은 마치 맑스의 「헤겔서설」을 읽는 느낌을 준다. "제3신분이란 무엇인가? 전체이되 구속되고 억압된 전체이다." "제3신분은 현재까지 무엇이었는가? 무(無)" 그러나 실제로 "제3신분은 전체이다."[35]

맑스의 흉내를 내자면, 부르주아지는 더 이상 '신분이 아닌 신분', '신분을 해체하는 신분'이라고 할 수 있다. 그들은 모든 특권과 면제들을 제거하고자 한다. 부르주아지들은 '국민'이라는 하나의 거대한 동일성을 상상케 한다. 이 상상 속에서 귀족들은 '국민 안에 있는 별도의 인민', '국가 안에 있는 또다른 국가'(imperium in imperio)처럼 이질적인 존재이다.[36] 귀족들은 국민 모두가 따르는 질서와 법률에서 벗어나 있기 때문이다.

그런데 흥미로운 점은 시에예스가 귀족들의 대표성을 부인하면서 '자국 내 외국인'의 비유를 끌어들인다는 사실이다. 그는 '전쟁'에 대한 상상을 통해 논의를 억지스럽게 전개한다. "프랑스와 영국이 전쟁 중일 때, …… 주민들의 자유를 침해하지 않는다는 이유로 영국 내각의 각료를 프랑스의 통령으로 선출될 수 있게 해야 하는가?" 사실 타자와의 극단적 대립인 전쟁을 상상케 하는 것은 자기동일성을 정립하는 데 아주 효과적이다. 시에예스는 계속 그런 식으로 묻는다. "해상 인민의 총회에서 항해의 안전과 자유를 결정할 때, 제노바, 리보르노, 베네치아 등이 바르바리아 출신을 전권 대사로 선출하는 것을 상상할 수 있겠는가?" 그는 단도직입적으로 말한다. "전쟁시기에 영국인들이 프랑스인들의 적인 것과 같이 특권층은 당연히 공통신분의 적으로 나타난다." "언젠가 귀족들이 더 이상 프랑스의 알제리인들처럼 보이지 않는 날이 오게 되기를 다른 사람과 마찬가지로 나도 기대한다."[37] 덧붙

---

35 에마뉘엘 조제프 시에예스, 『제3신분이란 무엇인가』, 박인수 옮김, 책세상, 2009, 22~24쪽.
36 시에예스, 앞의 책, 23쪽.
37 시에예스, 앞의 책, 44~45쪽.

이자면 시에예스가 대표로서 피선출권을 부인한 것은 외국인만 아니라 여성, 유랑인, 거지 등도 포함된다.

그러나 잘 알려진 것처럼 '인터내셔널'은 '프랑스의 알제리인들'이 사라지는 것을 고대하는 게 아니라, 그 존재를 긍정하고 구성하려는 사유이다. 그것은 거대한 동일성, 더 큰 동일성에 대한 상상이 아니라, '차이들의 연대'이자 '차이들로서 자신을 구성'하는 것의 문제이다. 시에예스는 전쟁을 상상케 함으로써 외국인들을 몰아냈지만, 가령 1871년의 파리코뮨은 시에예스가 상상한 그런 상황에서 "한 독일 노동자를 노동 장관에 앉혔고", "폴란드의 영웅적 아들들에게 파리 수비대의 지휘를 맡겼다."[38]

인터내셔널은 프롤레타리아트의 전략이기 이전에 프롤레타리아트라는 주체성의 생산 원리이다. '만국의 프롤레타리아여 단결하라'는 말은 만국에 소속된 프롤레타리아트가 서로 교류하는 일이 아니라, 프롤레타리아트의 구성 자체가 만국적임을, 그런 의미에서 프롤레타리아트에게는 국적이 없음을 말하는 것이다. 프롤레타리아트는 그 자체로 차이 존재, 특이적 다양체이다. 맑스가 '고타 강령'에 흥분했던 대목 중의 하나가 이와 관련이 있다. 그는 고타 강령이 '인터내셔널'을 국민국가에 속한 노동자들의 국제적 친목 같은 것으로 보는 것에 분개했다.[39] 노동계급의 투쟁이 '형식상' 국내에서 벌어진다는 것은 중요하지 않다. 투쟁이 일국적일 때조차 그것을 인터내셔널하게 구성하는 것이 중요하다. '인터내셔널'은 '네이션(nation)의 연대'가 아니라 '네이션의 해체'를 통한 연대이다.

이 점에서 프롤레타리아트를 '특이적 다자의 이름, 함께-있음을 분석하는 자의 이름'으로 본 랑시에르는, 프롤레타리아트의 주체성과 관련해서 인터내셔널이 갖는 의미를 잘 포착한 것 같다. 그는 이렇게 말한다. "근대에 '프롤레타리아'라는 동음어 속에서 부각된 이름 없는 다자는 사회적 범주의 이름이기보다는 특이적 다자의 이름, 함께-있음을 분석하는 자의 이름, 생산하고 재생산하는 신체들이 스스로에게 거리를 취하게 만드는 작동자의

---

38 맑스, 「프랑스 내전」, 『프랑스 혁명사 3부작』, 353쪽.
39 맑스, 이수흔 옮김, 「고타 강령 초안 비판」, 『선집』 4, 380쪽.

이름이다."[40]

　　시에예스가 몰아내려 했던 '프랑스의 알제리인', 거기서 프롤레타리아트의 주체성이 생산된다. 프랑스인도 아니고, 알제리인도 아니고, '프랑스-알제리인'으로서. 프롤레타리아트는 다양한 특이성들의 '함께-함'이며, 그 '함께-함'을 통해 끊임없는 변형을 겪는 다양체이다. '프롤레타리아트의 이데올로기', '프롤레타리아트에 고유한 보편적 담론'을 맑스가 정식화할 수 없었다는 게 발리바르가 말하듯 일종의 '무능력'일까.[41] 나는 그렇게만 보지 않는다. 부르주아지의 '내셔널리즘'과 달리 프롤레타리아트의 '인터내셔널'은 자기동일성의 표상을 불가능하게 한다. 국가(사회주의국가)나 당, 조합 등의 조직이나 기구들이 프롤레타리아트에 대한 단일성의 이미지를 상상케 하는 것이 사실이지만 거기에는 프롤레타리아트가 없다. 프롤레타리아트는 특이적인 것들의 '함께-함', 다시 말해 특이성들의 공동행동이다. 중요한 것은 공허한 보편 표상이 아니라(가령 '우리는 모두 노동자'), 서로 다른 특이성들이 조건이나 소속, 계약 없이, 데리다가 제안한 '새로운 인터내셔널'의 표현을 빌리자면 "이음매가 어긋난" 상황에서,[42] 연대할 수 있는 구체적인 기술을 찾는 것이다(가령 이주노동자와 자국노동자가 어떻게 노조를 함께 꾸릴 수 있을까).

5. 우리 시대 프롤레타리아트의 생성

이로써 '우리 시대 프롤레타리아트에 대한 물음'과 관련하여 다음과 같은 사실이 분명해진다. 먼저 프롤레타리아트는 직업으로서의 노동자계급을 지칭하는 말이 아니다. 인터내셔널을 프롤레타리아트의 주체 구성 원리로 받아들인다면, 프롤레타리아트를 사회학적으로 특정화할 수 있는 정체성으로 부르는 것은 불가능하다. 따라서 우리 시대 프롤레타리아트를 묻는다는 것은 노동자에 여러 소수자들을 결합시킴으로써 노동자계급의 외연을 넓히는

40　랑시에르, 『정치적인 것의 가장자리에서』, 202쪽.
41　발리바르, 「붙잡을 수 없는 프롤레타리아트」, 『대중들의 공포』.
42　자크 데리다, 『마르크스의 유령들』, 진태원 옮김, 이제이북스, 2007, 173쪽.

문제가 아니다. 오히려 노동자계급 자체의 전화, 그것의 프롤레타리아적 생성[프롤레타리아트화]이 필요하다.

또 프롤레타리아트가 '시대적 비시대성(Unzeit)'의 자본주의적 형태[즉 탈형태]라면, 우리 시대 프롤레타리아트에 대한 물음은 당연히 자본의 편제 및 축적 방식의 변화와 긴밀히 연동될 수밖에 없다. 노동자계급이 프롤레타리아트와 동일시된 것은 그들이 가치의 생산자, 역사의 주인공이기 때문이 아니라, 가치의 전도자, 역사 해체의 주인공일 수 있는 한에서, 시대 한복판의 반란자일 수 있는 한에서다.

그렇다면 프롤레타리아트의 현재적 구성을 우리는 어떻게 생각해야 할 것인가. 이제 '외부'와 '내부'의 구별은 쉽지 않다. 국민경제학자들이 '경제 외부의 유령들'로 치부했던 사람들은 이제 거의 남아 있지 않다. 외부의 유령들 대부분이 이미 내부에 들어와 있다. 가령 중증 장애인들의 노동은 시장에서 상품으로서 인정받기 어렵지만, 그들의 신체는 돌봄 시장에서 중요한 상품이 된다. 장애인수용 복지시설들은 한 사람당 계산되는 정부 지원금을 받기 위해 이들을 한 명이라도 더 수용하려고 한다. 여성들이 전통적으로 관여했던 생명의 생산과 돌봄 영역도 자본 축적의 주요 분야가 되고 있다. 게다가 최근 금융위기는 주택을 잃은 홈리스, 학자금 대출로 파산한 학생들 역시 더 이상 외부의 유령들이 아님을 보여 준다. 홈리스들의 주택 투쟁이나 학생들의 학자금 투쟁은 노동자들의 임금 투쟁만큼이나 중요한 프롤레타리아트 투쟁이다. 현대 자본이 끊임없이 증식시키고 있는 사람들, 비정규직 노동자들, 홈리스들, 장애인들, 여성들, 고학력 실업자들, 아르바이트생들은 더 이상 외부적이지도 부차적이지도 않다.

끝으로, 우리 시대 프롤레타리아트에 대한 물음은 발견에 대한 물음이 아니라 생성에 대한 물음이어야 한다. 다양한 맥락에서 자본 관계에 편입되고 있는 존재들이 그 관계를 해체시킬 수 있는 연대를 창출하는 것, 우리는 그 연대에 프롤레타리아트라는 이름을 사용할 수 있을 것이다. 자기 이익의 단순한 방어가 아니라, 자기 정체성을 넘어서는 것. 그것이 프롤레타리아트의 생성, 즉 프롤레타리아트화라고 할 것이다. 프롤레타리아트의 인터내셔널은, 가령 한국노조와 외국노조의 국제적 연대를 논하기 이전에, 한국 안에서 한국노동자와 이주노동자가 하나의 노조를 건설하는 시도 속에서 구현된다.[43] 인터내셔널은 모든 차이들, 모든 정체성들을 가로지르는 이름이다. 가령 2006년 프랑스 학생들이 최초 고용 시 2년 내에 자유로운 해고를 가능케 한 '최초고용법'에 맞서 싸웠을 때, 즉 교육문제가 아닌 노동문제를 자기 문제로서 대면하고 싸웠을 때, 그들은 자기 삶 안에서 '학생-노동자'의 인터내셔널을 체험하게 된다.

맑스와 엥겔스는 『선언』에서 "노동자들의 투쟁의 진정한 성과는 직접적인 전과(戰果)가 아니라 노동자들의 확대된 단결"[44]이라고 말한 바 있다. 프롤레타리아트 투쟁의 진정한 성과는 단결, 즉 프롤레타리아트 자신의 구성에 있다. 잘 알려진 이야기지만 맑스는 자본의 증식을, 산 노동이라는 생혈을 빨아먹는 흡혈귀로 묘사한 바 있다. 그러나 자본주의 사회에는 또 다른 흡혈귀가 존재하는데,[45] 그것은 자본만큼이나 무서운 속도로 증식하는 프롤레타리아트이다. 고대 로마에서의 용법 그대로, 프롤레타리아트는 이름 없이 번식하는 자들이다. 그런데 이들의 증식은 매우 횡단적이다. 단지 물리는 것만으로, 접속하는 것만으로 새로운 번식이 일어난다. 성별도, 국적도, 직업도 상관없이 그들은 자본주의 사회를 위협하는 괴물들이 된다. 우리 시대 프롤레타리아트에 대한 물음은 한마디로 자본주의를 위협하는 이 괴물스러움의 증식을, 지금 여기서 생각하는 것이다.

---

[43] 한국노동자와 이주노동자가 하나의 노조를 구성하고 함께 싸우는 대구 성서공단 노조가 한 예일 수 있겠다.

[44] 「공산주의당 선언」, 『선집』, 1, 409쪽.

[45] 하트와 네그리는 "다중의 살의 괴물스럽고 과도하며 통제되지 않은 성격을 표현하는 형상"으로 흡혈귀를 든 바 있다. 마이클 하트·안토니오 네그리, 『다중』, 조정환·정남영·서창현 옮김, 세종서적, 2008, 239쪽.

03

맑스의 코뮨주의적 인간학
—『경제학 철학 초고』를 중심으로

박정수

1. 여기 사람이 있다

2009년 1월 20일 새벽, 서울 용산구 한강로 2가 남일당 건물 옥상 망루가 화염에 휩싸였다. 강제 철거를 막기 위해 망루에 올라갔던 사람들이 소리쳤다. "여기, 사람이 있다!" 이 외침은 화재 현장에서 흔히 듣는 "사람 살려!"와는 다른 외침이었다. 그들은 구조되어 마땅한 '선량한' 시민이 아니었고, 바깥에 진치고 있던 공무원들은 그들을 구해 줄 의사가 없는 '진압 부대'였기 때문이다. 이 화재는 "시민들의 재산과 생명을 위협하는 도심 테러"[1]를 진압하

---

1 다음날(1월 21일) 한나라당 신지호 의원은 국회 행정안전위에서 "대로변에 화염병을 무차별 투척한 것은 도심 테러 행위"라고 말했다. 시위대를 '좌익 세력'이나 '빨갱이'가 아니라 '테러리스트'로 규정한 것은 단지 미국의 '테러리즘' 담론을 흉내 낸 수사가 아니라 2008년 이명박 정부의 출범과 함께 기존의 행정자치부를 '행정안전부'로 개편한 전략적 변화에 함축된 논리였다. 노무현 정부에서 '자치'(행정자치부)로 특화되었던 '내무부'의 역할이 이명박 정부에서는 '안전'(security)으로 특화된 것이다. 이것은 국방부의 고유 임무인 '안보'(security)가 내무 행정의 목표로까지 확장되었음을 의미한다. 그에 따라 안보 전략의 대상이 국외의 적성 국가만이 아니라 국내의 범법자나 재난, 질병, 체제 위협 세력까지 포괄하게 된 것이다. '적'을 대신한 '테러리스트'라는 개념은 '전시'라는 예외상태를 일상화하면서 체제 위협 세력에 대한 군사적 행동과 초법적인 감시, 진압 행위를 정당화하는 개념이다. 행정안전위원인 신지호는 2008년 내내 촛불시위를 민주주의적인 주권 행사가 아니라 법질서를 파괴하는 도심 테러로 규정하고 엄정한 처벌을 주창했으며, 촛불시위에 대한 진압이 완료되어 가는 시점에 터진 용산 사건에 대해 잠재적인 촛불시위대를 겨냥하듯 "도심 테러" 행위로 천명한 것이다.

기 위한 1천 600여 명의 진압부대(전투경찰+테러진압용 경찰특공대+철거 전문 용역)의 대테러 작전 수행 과정에서 발생한 화재였다. 즉, 이 상황은 평상시의 화재 상황이 아니라 대테러 작전이라는 예외적인 상황에서 발생한 화재였고 건물 안의 사람들은 '무고한 시민'의 생명과 안전을 위협하는 테러리스트로 규정된 자들이었다. 진압본부는 이런 예외상태에 걸맞게 명령했다. "계속 진압해."[2]

헬기와 대형 크레인까지 동원한 진압부대의 일사불란한 공격 속에서 망루의 세입자들은 자신들이 공권력의 적으로 규정되었음을 직감했다. 대테러 작전이라는 예외상태 속에서 그들은 자신의 생존을 보장받을 단어를 찾지 못했다. 상가 세입자라는 말도, 서울 시민이라는 말도, 대한민국 국민이라는 말도 생존을 보장받을 근거가 되지 못했다. 그들은 그저 "시민의 재산과 생명을 심히 위협하는 도심 테러리스트"였을 뿐이었다.

망루에 오르기 전부터 그들은 법적으로 보호받을 수 없는 존재였다. 그들에 대한 용역 깡패의 폭력은 잔인하고 비열했지만 그 '용병'의 폭력에 대해서는 어떤 법적 처벌도 이뤄지지 않았다. 그들은 합법적인 철거집행을 거부하고 불법적인 거주를 자행한 불법 체류자였을 뿐이기 때문이다. 한마디로 그들은 시민적 권리를 박탈당한 채 무차별적인 폭력에 노출된 존재였다. 조르조 아감벤은 그런 인간을 '호모 사케르'(Homo Sacer)라 명명했다.[3] 무제한적인 폭력의 희생양이 되지만 신성하지 않은 인간, 그들에게 가해지는 폭력에 대해서는 아무런 책임도 묻지 않는 법 바깥의 인간.

지금 한국 사회에는 그런 인간이 수없이 양산되고 있다. 불법 체류자로 분류되는 미등록 이주노동자는 대한민국 국민이 아니기 때문에 어떤 시민권도 없다. 그렇기 때문에 그들은 육체적인 폭력과 함께 무제한적인 착취의

---

2 당시 현장경찰과 지휘본부 간의 무선 내용을 보면, 지휘본부는 화재 보고를 받고도 진화에는 아랑곳 않고 진압에만 몰두하고 있었음을 확인할 수 있다. 1월 21일 오전 7시 24분 28초(지휘본부): 옥상 망루 앞에 불길이 상당히 강합니다. 옥상 망루 앞쪽을 향해서 물포를 집중 투하하도록. / 7시 26분 50초(현장): 지금 이게 기름이기 때문에 물포로는 소화가 안 됩니다. 소방 지원을 해야 합니다. 물포로는 소화가 안 됩니다. / 7시 27분 05초(지휘본부): 농성자들 지금 전부 검거하고. 무력화한 게 몇 명이에요?……/ 7시 33분 35초(지휘본부): 옥상에 있는 농성자에 대해서는 설득과 진압을 병행하세요.

3 조르조 아감벤, 『호모 사케르: 주권 권력과 벌거벗은 생명』, 박진우 옮김, 새물결, 2008, 45~46쪽. "이 책의 주인공은 바로 벌거벗은 생명이다. 즉 '살해는 가능하되 희생물로 바칠 수는 없는' 생명 즉 '호모 사케르'의 생명으로서, 우리는 그것이 현대 정치에서 어떻게 본질적으로 작동하고 있는지를 보여 주려고 한다."

희생양이 된다. 그들의 삶은 법 바깥의 삶이기 때문에 그 불법적인 삶에 대한 폭력과 착취는 제한이 없고 처벌 대상도 아니다. 그런 점에서 노동계약법의 바깥에 놓인 비정규직 노동자도 별반 다르지 않다. 그들은 사용자와 정식 계약을 맺은 노동자가 아니기 때문에 노동자로서의 권리를 주장할 수 없는 노동자이다. 그런 비정규 노동자의 노동력은 초과 착취의 대상이 된다.

법의 힘은 법 바깥의 삶을 창출할 수 있는 데 있다. 오늘날 국가 권력은 이와 같은 법의 힘을 십분 활용하고 있다. 법적으로 보호받을 수 없는 삶의 지대를 창출함으로써 한편으로는 자본의 무제한적인 착취를 합법화하고 다른 한편으로는 법 바깥의 '호모 사케르'에 대한 국가의 무제한적 지배력, 즉 주권(sovereignty)을 강화하고 있다. 아감벤의 말처럼 주권 권력의 대상은 잠재적으로 모두 호모 사케르이다. 주권은 법을 만듦과 동시에 법의 예외상태를 선포할 수 있는 예외적인 권력이기 때문이다.

오늘날 정치는 이 법 바깥의 삶을 둘러싸고 벌어지고 있다. 랑시에르의 표현을 빌리면, 치안(police)과 정치(politics)가 부딪히는 곳에서 '정치적인 것'이 형성되고 있다.[4] 한편에는 개개인의 지위와 몫을 지정하는 법의 외부로 추방된 존재를 호모 사케르로 취급하는 치안이 있고, 다른 한편에는 그 '몫 없는 자들'의 평등한 몫을 주장하는 정치가 있다. 신자유주의 통치 권력은 갈수록 법 안쪽의 보호 권역을 축소하고 법 바깥의 예외지대를 확장하면서 그 예외지대에 대한 치안 권력을 강화한다. 그 치안 권력은 철거 지역에서 예외 없이 볼 수 있듯이 전투부대(군)와 경찰(관)과 용역깡패(민)가 구분되지 않는 예외적인 폭력(주권)의 형태로 나타난다.

반면, 이런 치안 권력에 맞서는 정치는 법 바깥에 던져진 자들의 평등 주장 속에서 저항과 해방의 가능성을 발견하는 것이다. 이런 대안-정치에서는 두 가지 경향이 나타나는데, 그것을 각각 동일화와 차이화라 명명할 수 있을 것이다. 전자는 '저들도 우리와 같은 인간이다'라는 전제에서 출발한다. "여

---

4 자크 랑시에르, 『정치적인 것의 가장자리에서』, 양창렬 옮김, 길, 2008, 136쪽. "'정치적인 것'은 (방)해를 다루는 가운데 정치와 치안이 마주치는 현장이라 할 것이다." 랑시에르는 사물을 관리하듯이 사람들의 자리와 몫을 배분하는 실천을 치안(police)이라 부르고, 몫 없는 자들이 공동체 전체와 자신을 동일시하며 평등한 몫을 입증하는 실천들을 정치(la politique)라 부른다. 서로 적대적인 이 두 실천 원리가 마주치는 현장에서 정치적인 것(le politique)이 형성된다.

기, 사람이 있다"는 외침을 '여기 당신들과 같은 사람이 있다. 그러니 똑같이 대해 달라'는 동일화의 요구로 해석하는 것이다. 여기에는 시민권의 범위 바깥에 있는 예외적인 존재들을 '인권'이라는 개념으로 보호하자는 인권의 정치뿐만 아니라, 그 '몫 없는 자들'의 평등한 몫을 입증할 때 비로소 민주주의가 완성된다는 급진적인 평등-민주주의 정치도 포함된다.

이 숭고한 정치 이념을 반대할 이유는 없다. 다만 그것이 국가라는 주권 권력에 의존할 수밖에 없는 구조임을 문제 삼을 뿐이다. 법 바깥의 예외지대를 정치 본연의 장소로 삼는 것은 대상으로서의 예외적 존재에 상응하여 주체로서의 예외적 존재, 즉 주권자를 정치의 주체로 삼는 것이다. 법 바깥의 존재는 예외적인 대상인 호모 사케르이기도 하지만 예외적인 주체인 주권 권력 자체이기도 한 것이다. 그래서 인권의 확장을 요구하는 자들은 항상 '인간적'이고 강력한 국가를 요구할 수밖에 없고 평등-민주주의의 실현을 위해서는 그 이념을 담지한 국가, 가령 프롤레타리아 독재와 같은 주권 권력을 요청할 수밖에 없다. 솔직히 이 정의로운 독재의 이념을 반대할 이유도 없다. 다만 그 이념이 현실적 차이를 추상한 동일성, 모든 인간의 보편적 가치, 모든 권리의 평등성을 전제로 삼음으로써 현실과 이념의 차이에 시달리고, 현실에서 생성되는 차이들을 억압하고픈 유혹에 시달릴 것을 염려할 뿐이다.

해방적인 정치의 출발점은 동일성이 아니라 차이이다. "여기 사람이 있다"는 외침을 동일화의 요구로 해석하지 말자. 그 외침은 '여기 당신들과 같은, 인간이 있다'는 절규가 아니라 '여기, 당신들과 **다른** 인간이 있다'는 선언으로 이해되어야 한다. 그것은 법적으로 정의된 인간이야말로 가장 소외된 형태의 인간이며 여기, 법과 맞서 싸우는 법 바깥의 지대야말로 인간의 본질이 생성되는 장소라는 선언이다. 물론, 법 안쪽에 있는 인간의 눈에 그들의 삶은 비인간적으로 보일 것이다. 법적 권리도 없고, 국가에 의해 보호받지도 못하며, 개인으로서의 독립성도 없는, 빈곤과 폭력과 불안정성 속에 던져진 비인간적 존재처럼 보일 것이다.

그러나 그런 비인간적인 삶 속에서 법과 맞서 싸우는 이들은 법적으로 정의된 인간의 개념을 해체하는 인간을 창조하고 있다. 그들을 추방한 법이 인간은 오직 국민으로서만 존재한다고 할 때 그들은 비국민으로서의 인간을 주장하고, 그들을 추방한 법이 인간은 오직 사유 재산의 소유자로만 존재한다고 할 때 그들은 사적 소유로부터 자유로운 공동체적 인간을 주장하며, 그들을 추방한 법이 인간은 자연과 구별되고 기계와 분리된 존재라고 할 때 그들은 자연과 공동의 신체를 구성하고 기계와 더불어 한 몸인 인간을 주장한다. 법과 맞서 싸우는 법 바깥의 삶에서 울려 퍼지는 "여기 사람이 있다"는 외침 속에서 나는 근대 휴머니즘에 의해 정의된 인간을 넘어섬으로써만, 그 인간을 해체함으로써만 발화 가능한 인간에 대해 말하고 싶다.

2. 인간, 그 감성의 앙상블

나는 이런 탈-휴머니즘적인 인간의 개념을 맑스의 『1844년의 경제학 철학 초고』(이하 『경철 초고』)에서 찾고자 한다. 이런 독해를 시도할 때 루이 알튀세르의 비판을 검토하지 않을 수 없다. 왜냐하면 알튀세르는 『경철 초고』가 철학적 휴머니즘에 입각한 저서라고 비판한 맑시스트이기 때문이다. 알튀세르에 의하면 맑스주의 본연의 과학성은 이런 휴머니즘과 결별하고 다음 해의 『독일 이데올로기』에서 전개된 '역사유물론'과 『자본』의 '정치경제학 비판'에 와서야 형성되었다고 한다.

이런 시대적 단절은 이데올로기와 과학의 구분에 근거한다. 알튀세르에 따르면 인간의 본질에 대한 관념은 이데올로기적 가상에 불과하다. 인간의 본질은 '이성'이라거나 '자유'라는 생각은 과학적인 개념이 아니라 이데올로기적인 표상이라는 것이다. 그렇다고 알튀세르가 이데올로기를 허위의식으로 부정한 것은 아니다. 오히려 알튀세르는 이데올로기의 독립성을 이론적으로 정립한 맑시스트이다. 그에 따르면 이데올로기는 대중들이 "자신들의 존재조건에 대한 자신들의 관계를 자신들이 체험하는 방식을 표현"[5]하는 표상들의 체계이다. 그런 관계 체험의 표상에 동일화됨으로써 대중들은 사회적 관계를 형성하는 실천 주체가 된다.

---

5 루이 알튀세르, 「맑스주의와 인간주의」, 『맑스를 위하여』, 이종영 옮김, 백의, 1997, 280쪽.

알튀세르가 이데올로기를 비판한 것은 이데올로기를 부정하기 위해서가 아니라 이데올로기의 고유 영역을 한정하고 그것의 월권적 사용을 규제하기 위해서이다. 이데올로기는 오직 '주체적', '실천적', '정치적' 영역에서만 사용되어야지 현실에 대한 과학적 '인식'의 영역으로, 월권적으로 사용되어서는 안 된다. 과학적 인식의 영역에서는 인간의 본질에 관한 어떤 관념도 사용되어서는 안 된다. 원자, 분자, 양성자와 같은 자연과학적 개념과 마찬가지로 사회과학적 분석에는 생산력과 생산관계, 노동력과 자본과 같은 '반-인간주의적' 개념을 사용해야 한다는 것이다.

그런데 맑스는 『경철 초고』에서 "인간의 유적 본질"을 토대로 그 본질이 소외되는 역사와 국민경제학적 현실을 비판했으니, 그것은 과학적 비판이 아닌 이데올로기적 비판일 뿐이라는 것이다. 이 저서에는 생산력과 생산관계의 모순이라는 개념도 없고 상품 생산과 잉여가치가 발생하는 원인에 대한 분석도 없고, 계급투쟁이라는 개념도 없다. 다만 인간의 본질, 즉 '노동'이 소외된 현실에 대한 휴머니즘적 비판과 그런 소외가 지양된 공산주의에 대한 예언자적 약속만 있다는 것이다. 그런 인간주의적 '정치비판'은 철학자와 프롤레타리아트의 결합을 추동하는 이데올로기로서는 의미가 있지만 과학적인 '경제학 비판'을 대신할 수는 없다고 한다.

나는 알튀세르의 안티-휴머니즘적 과학관에 십분 동의한다. 과학은 인간의 고유한 본질이나 목적론적 이념을 해체하는 데 존재 이유가 있다. 하지만 나는 그의 『경철 초고』 비판에는 동의하지 않는다. 『경철 초고』야말로 알튀세르가 말한 안티-휴머니즘적 과학을 증명해 보인 책이기 때문이다. 인간의 본질이라는 개념을 쓴다고 해서 휴머니즘인 것도 아니고 그런 개념을 사용하지 않는다고 해서 안티-휴머니즘인 것도 아니다. 훌륭한 선례로, 스피노자는 자연의 유일한 실체인 '신'을 말하면서도 자연을 그 실체(신)의 무한한 내적 변용으로 파악함으로써 자연 외부에 있는 실체(신)에 대한 인간주의적 관념(인격신)을 해체했다. 나는 맑스가 말한 인간의 본질 역시 이와 같은 해체적 개념이라고 생각한다.

맑스가 말한 인간의 본질은 자연(동물)과 구별되는 인간의 고유한 특성이 아니다. 그렇게 파악되는 것은 인간의 본질을 '사유'의 속성으로 규정하기 때문이다. 인간의 본질을 사유의 대상으로 삼고 다른 종과 구별되는 특성을 추상하여 인간은 '사유하는 존재'라거나 그렇기에 '자유로운 존재'라고 규정하는 것이다. 추상적 사유에 의해 구성된 '그 인간'의 고유한 특성 같은 것은 머릿속에만 있지 감각적 현실에는 없다. 맑스는 인간의 본질을 '사유'가 아니라 감성적(감각적,sinnlich) 현실에서 찾았다. 인간의 본질은 추상적 관념이 아니라 감각적 현실이다. 그것은 선험적인 전제도 아니고 도달해야 할 목표도 아니다.

인간은 다른 모든 자연 존재와 마찬가지로 감성적(감각적) 존재이다. "인간은 자연 존재(Naturwesen)이다. 인간은 자연 존재로서 그리고 살아 있는 자연 존재로서 자연적 힘들·생명력들을 갖추고 있는 활동적 자연 존재이며, 이 힘들은 그의 안에 소질과 능력, 충동으로 존재한다."[6] 인간의 본질은 자연 존재로서의 인간 안에 있는 감성적 소질과 능력과 충동이지 추상적 관념이 아니다. 맑스가 말한 인간의 "유적"(gattungs, universal) 본질이란 생물학자들의 생각처럼 '인류'의 종적 특성이 아니다. 맑스에게 인간의 유적 본질은 인류라는 개별 종에 국한된 특수한(spezifisch, specific) 속성에 대립되는 개념이다. 인간이 "유적 존재"라는 것은 '개인'으로서도, 생물학적 '종'으로서도 개별적인(individual) 특성을 갖고 있지 않다는 뜻이다.

자연 존재 중 어떤 것도 개별적으로 존재하는 것은 없다. "자신의 바깥에 자신의 자연을 갖고 있지 않은 존재는 결코 자연적 존재가 아니며, 자연의 존재에 발도 들여놓지 못한다. ……자신이 대상도 아니고 또 대상을 갖지도 않는 어떤 존재를 가정해 보자. 그런 존재는 우선 **유일한** 존재일 것이므로 그것 바깥에는 어떤 존재도 없을 것이며 고독하게 홀로 있을 것이다." (322~323) 개별적 존재와 개별적 특성은 오직 머릿속에만 있는 추상적 관념이다. 감성적 현실에서 모든 자연 존재는 자기 외부에 대상화된 "자신의 자연"과 더불어 공동체로 존재한다. 맑스에게 "유적 존재"(Gattungs Wesen)란 개체적 존재와 대비되는 '공동 신체', 즉 공동체적 존재를 의미한다.

---

6 칼 맑스, 『1844년의 경제학 철학 초고』, 최인호 옮김, 박종철출판사, 1991, 322쪽(이하 본문에 인용된 내용은 괄호 안에 같은 책 페이지 수만 명기함).

맑스는 공동체를 개체들의 합으로 정의하지 않는다. 개체들이 있고 그 다음에 개체들이 모여 공동체를 이루는 게 아니다. 모든 자연 존재는 처음부터 공동체로 존재한다. 맑스는 이것을 "비유기체적 신체"(der unorganische Leib)라는 말로 설명한다. 자연 존재는 자신의 유기체 외부에 "비유기체적 신체"를 가지고 있다. 왜냐하면 자연 존재는 감성적 존재인바, 맑스는 감성적 욕망과 감성적 인식의 대상을 비유기체적 신체로 본다. 감성적 욕망의 대상들, 즉 먹고 입고 거주하는 의식주의 대상들, 의지의 대상들, 사랑의 대상들은 유기체 외부의 비유기체적 신체를 구성하는 것들이다. 감성적 인식의 대상들, 즉 보고 듣고 느끼는 오감의 대상들 역시 비유기체적 신체를 구성한다. 우리는 결코 자기 신체의 일부를 구성하지 않는 것들을 감각할 수 없다. 유적 존재란 이렇게 자기 외부에 "유기체적 신체"를 가진 존재이다. 모든 자연 존재, 즉 감성적 존재는 자기 외부에 대상화된 "자신의 자연"을 욕망하고 인식하는 유적인 관계, 혹은 집합적 신체를 형성한다.

자연의 유적(보편적) 관계 속에서 인간 존재의 특이성은 무엇일까? 맑스는 그것을 인간의 관계 능력에서 찾는다. "인간은 동물보다 더 보편적이며, 그가 그것에 의해 생활하는 비유기적 자연의 범위도 동물보다 더 보편적이다."(273) 인간은 동물과 질적으로(본성적으로) 차이나는 존재가 아니라 양적으로(능력의 크기) 차이나는 존재이다. 인간적 감성은 동물적 감성보다 "본질의 힘"(wesenskraft)이 크다. 그 활동 역량의 크기만큼 인간적 존재는 동물적 존재보다 자연의 유적 본질을 더 많이 표현한다.

맑스가 인간과 동물을 비교할 때 비교되는 것은 인간 종과 동물 종의 개별적 특성이 아니라 자연의 유적 본질을 표현하는 변용 능력이다. 즉, 그것은 속성(능력)의 차이이지 실체의 차이가 아니다. 그래서 맑스는 인간 역시 "동물과 마찬가지로 비유기적 자연에 의해 생활한다"(273)고 말하는 동시에 유적 본질이 소외된 인간의 현실은 "욕구의 동물적 야만화, 욕구의 완전하고 조야하며 추상적인 단순성을 생산한다"(337)고 말한다. 동물조차 동물적이지 않을 수 있으며, 인간조차 인간적이지 않을 수 있는 것이다. 동물의 생산과 인간의 생산을 비교한 다음 구절 역시 이런 관점에서 읽어야 한다.

⋯⋯동물은 자기나 자신의 새끼들에게 직접적으로 필요한 것만을 생산한다; 동물은 일면적으로 생산하지만, 반면에 인간은 보편적으로 생산한다; 동물은 직접적인 육체적 욕구의 지배하에서만 생산하지만, 반면에 인간 자신은 육체적 욕구로부터 자유로이 생산하며, 그러한 욕구로부터의 자유 속에서만 비로소 진정으로 생산한다; 동물은 자기 자신만을 생산하지만, 반면에 인간은 자연 전체를 재생산한다.[7]

이 구절은 "자기나 자신의 새끼들에게 직접적으로 필요한 것만을 생산하는" 자본주의적 인간의 '동물적' 생존을 비꼰 것으로 읽힌다. "직접적인 육체적 욕구의 지배하에서" "자기 자신만을 생산"하기 위한 노동 현실을 맑스는 동물적 생존이라 표현한 것이다. 인간의 유적 본질은 선천적으로 주어진 것이 아니라 소외된 노동을 지양하는 실천 속에서 생성되는 것이다.

관념론자들은 인간의 본질을 '의식성'에서 찾는다. 인간은 자신의 본질을 자각하는 '의식적' 존재이지만 동물은 그렇지 않다는 것이다. 맑스도 비슷한 얘기를 하긴 했다. "동물은 자신의 생활 활동과 구별되지 않는다. 동물은 자신의 생활 활동인 것이다. 인간은 자신의 생활 활동 자체를 자신의 의지와 의식의 대상으로 삼는다."(274) 이때 "자신의 의지와 의식의 대상으로 삼는다"는 말은 '수단으로 삼는다'는 뜻이 아니다. 관념론자들은 '의식'을 '목적의식'으로 이해한다. 그래서 자신의 생명 활동을 의식의 대상으로 삼는다는 말을 어떤 목적의식의 수단으로 삼는다는 말로 이해한다. 맑스는 그런 '목적의식'은 소외된 현실에서 전도된 의식이라고 비판한다. "소외된 노동은 이 관계를 전도시켜 급기야 인간은 자신의 생활 활동, 자신의 **본질**을 단순히 자신의 **생존**을 위한 수단으로 만들어 버리는데, 이는 바로 인간이 의식적인 존재이기 때문이다."(274)

맑스에게 인간의 '의식성'은 유적 존재와 분리될 수 없는 유적 본질의 정신적 속성이다. "인간이 바로 유적 존재이기 때문에 그는 의식적인 존재이며, 다시 말해서 그 자신의 생활이 그의 대상인 것이다. 바로 이 때문에 그의

---

[7] 『경철 초고』, 274쪽.

활동은 자유로운 활동인 것이다."(274) 맑스에게 '의식적'이라는 말은 '능동적'이라는 말과 같다. 인간은 유기체적 생존을 넘어 자연 전체를 자신의 비유기체적 신체로, 자신의 감성적 대상으로 생산한다. 그만큼 인간은 외부 자연에 영향을 받는 수동성보다 자신의 자연을 생산하는 능동성이 크다. 그 능동성의 크기만큼 그는 의식적이며, 그 의식성의 크기만큼 그는 자유롭다.

유적 생활의 의식성(능동적 표현)을 유적 생활의 합목적성(수단화)으로 이해하는 것은 괜한 오해가 아니라 소외된 현실의 당연한 반영이다. 맑스는 『자본』 1권 7장 「노동과정과 가치증식과정」에서 흔히 인간의 노동이 동물의 생명 활동과 본질적으로 다른 점을 지적한 구절로 인용되는 꿀벌의 집짓기와 인간의 건축술을 비교한 구절 다음에 이렇게 적고 있다.

> ……사람은 집을 짓기 전에 미리 자기의 머릿속에서 그것을 짓는다는 것이다. ……노동자는 자연물의 형태를 변화시킬 뿐 아니라 자기 자신의 목적을 자연물에 실현시킨다. 그 목적은 하나의 법처럼 자기의 행동방식을 규정하며, 그는 자신의 의지를 이것에 복종시키지 않으면 안 된다. 그리고 이 복종은 결코 순간적인 행위가 아니다. 노동하는 신체기관들의 긴장 이외에도 합목적적 의지가 작업이 계속되는 기간 전체에 걸쳐 요구된다. 즉, 치밀한 주의가 요구된다. 더욱이 노동의 내용과 그 수행방식이 노동자의 흥미를 끌지 않으면 않을수록, 따라서 노동자가 노동을 자기 자신의 육체적·정신적 힘의 자유로운 발휘로서 즐기는 일이 적으면 적을수록, 더욱더 치밀한 주의가 요구된다.[8]

흥미롭게도 『경철 초고』의 '의식성'과 달리 여기서의 '합목적성'은 소외된 노동의 동물적 속성으로 비판받고 있다. '능동성'이 결여될 때, 즉 '수동성'의 조건에서 합목적성은 강제 명령, 하나의 법이 된다. 그때 노동의 합목적성은 인간의 유적 능력을 표현하는 의식성, 즉 "육체적·정신적 힘의 자유로운 발휘"가 아니라 외적 필연으로 강제된 목적성, 즉 "자기의 행동방식을

---

8 칼 맑스, 『자본론』 I(상), 김수행 옮김, 비봉출판사, 236쪽.

규정하며, 자신의 의지를 이것에 복종시키지 않으면 안 되는" "하나의 법"이 된다. 노예의 강제 노동에 의해 만들어진 피라미드는 자유인의 오두막보다, 본능적 필연에 종속된 꿀벌의 건축물과 더 많은 공통점을 가진다. 원주민의 거주지를 허물어 버리고 피라미드 같은 타워팰리스를 지을 때 그것은 인간의 위대함을 증명하는 것이 아니라 자본의 합목적성에 종속된 노동의 동물적 야만성을 증명할 뿐이다.

맑스 역시 헤겔이나 국민경제학자들처럼 인간의 본질을 '노동'으로 규정했다. 하지만 맑스가 말한 노동은 헤겔처럼 "자기를 알아 가는 인간의 외화나 스스로를 사유하는" "추상적으로 정신적인 노동"(318)도 아니고, 국민경제학자들처럼 자연의 결핍을 극복하기 위해 자연으로부터 부(가치)를 빼내 오는 착취 활동도 아니다. 이 책에서 맑스가 말한 노동이란 인간의 감성적 대상, 즉 인간의 비유기체적 신체를 생산하는 "생명 활동", 내지 "실천적, 인간적 감성 활동"이다. 인간의 비유기체적 신체와 그에 대한 (수동적) 욕망과 감각은 노동, 즉 (능동적) '활동'의 역사적 산물이지 생물학적으로, 선험적으로 주어진 것이 아니다. "오감의 형성은 지금까지의 세계사 전체의 노동이다."(304) 배고픔이라고 다 같은 배고픔이 아니다. "포크와 칼로 삶은 고기를 먹어서 충족될 배고픔은 손, 손톱, 이빨로 날고기를 삼켜서 채우는 배고픔과는 상이한 배고픔이다."[9] 노동은 감성적 대상과 함께 (수동적) 감성 자체를 생산하는 능동적 감성 활동인 것이다.

노동이란 인간의 비유기체적 신체를 생산하는 활동인바, 노동 생산물뿐 아니라 노동 수단인 기계 역시 인간의 비유기체적, 감성적 신체를 형성한다. 인간의 몸은 감성 활동의 수단인 기계를 자신의 비유기체적 신체로 삼는 사이보그적 신체이다. 장애인들이 사육 시설에서 나와 사회적 생존을 주장하며 "여기 사람이 있다"고 외칠 때 그것은 기계와 결합된 자신의 신체는 비인간적인 결함이 아니라 인간의 사이보그적 본질을 드러낸다는 주장이다.

또한 감성 활동의 형식인 사회적 기관들 역시 인간의 비유기체적 신체를 구성한다. "이러한 직접적인 기관들 이외에 사회적 기관들이 사회라는 형

9 칼 맑스, 「정치경제학 비판 요강 서설」, 『정치경제학 비판 요강』, 김호균 옮김, 그린비, 2007, 61쪽.

태로 형성된다. 따라서 예컨대 타인들과 직접 공동으로 수행하는 활동 등등은 나의 생활 표명의 한 기관이 되어 있고 인간적 생활의 한 자기화 방식이 되어 있다."(303) 오늘날 국가라는 사회적 기관은 인간의 유적 관계를 표현하기는커녕 인간들 간의 공통성을 파괴하는 절단 기관이다. 미등록 이주자의 삶을 불법적 삶으로 규정짓고 단속 추방할 때 국가는 인간의 공통적 삶을 파괴하는 심술궂은 신처럼 기능한다.

인간의 유적 본질은 노동의 대상과 수단과 형식 일체를 자신의 비유기체적, 감성적 신체로 생산하는 데 있다. 인간의 신체가 유기체를 탈피한 비유기체인 것처럼 인간의 유적 본질은 인간의 종적 특성을 해체한다. 인간은 자연과 분리된 사유존재도 아니고 기계와 분리된 유기체도 아니며 사회와 분리된 개인도 아니다. 인간은 자연과 기계와 사회와 공통의 신체를 구성하는 감성의 앙상블(ensemble)이다.

3. 노동, 그 감성 활동의 소외

나는 알튀세르의 이데올로기론에 찬성한다. 알튀세르의 말처럼 이데올로기는 감성적 표상들의 무의식적 체계이다. 이데올로기적 표상에 동일화됨으로써 인간은 사회적 관계 형성의 주체가 된다. 그러나 나는 알튀세르가 이데올로기를 경제적 토대와 독립된 정치적 상부구조에 배당한 것에는 반대한다. 경제적 토대는 물질적 '생산'의 영역이고 정치적 상부구조는 정신적 '표상'의 영역이라는 구분은 '생산'을 정치와 독립된 물자조달로, '표상'을 경제와 독립된 정치적 이데올로기로 오해할 여지를 남기기 때문이다. 경제는 물질을 생산하는 활동이고 정치(이데올로기)는 표상을 생산하는 활동이라는 생각은 육체노동과 정신노동의 분화에서 비롯된 계급 사회의 오래된 관념일 뿐이다. 이런 오래된 관념이 "문제는 경제야, 바보야"와 "문제는 정치야, 바보야"라는 대립된 주장의 반복 속에 남아 있다. 문제는 경제와 정치를 구분하는 관념 자체이다.

『경철 초고』에서 맑스는 '감성'(sinnlichkeit)이라는 개념으로 이런 구분을 해체했다. 맑스가 노동을 인간의 실천적 감성 활동으로 정의할 때 노동은 감성의 대상을 생산하는 동시에 감성(인식, 정서, 욕망) 자체를 생산하는 활동이다. 감성의 대상은 대상화된 감성에 다름 아니기 때문이다. 따라서 경제적인 물질생산(노동)은 정치적인 감성(이데올로기)생산과 통일되어 있다. 경제는 감성적 '존재'의 생산이고 정치는 감성적 '의식'의 생산인바, 어떤 의식을 갖는지, 어떤 감성을 갖는지는(그에 따라 어떤 실천을 하는지는) 감성적 존재의 생산방식과 통일되어 있다. "사유와 존재는 구별되기는 하지만 그와 동시에 서로 통일되어 있다."(301)

그래서 『경철 초고』의 유명한 노동의 소외 역시 감성의 소외로 이해되어야 한다. 그렇지 않으면 노동의 소외를 노동자의 소유권 상실로 오해할 수 있다. 노동 생산물의 소외는 노동자가 생산한 물건을 자본가에게 빼앗기는 현상으로 일면적으로 이해되어서는 안 된다. 그것은 '몫'의 상실 이전에 감성적 결과의 소외이다. 노동의 생산물은 노동자가 생산한 인간의 감성적 신체이다. 거기에는 재화도 있고 자본도 있고 자연도 있고 사회적 기관도 포함된다. 노동 생산물의 소외란 그런 비유기체적 신체가 노동자로부터 분리되어 낯선 신체로 나타나는 현상이다. 맑스는 이것을 "노동 생산물이 하나의 **낯선 존재**로서, 생산자로부터 하나의 **독립적인 힘**으로서 노동과 대립한다"(268)고 표현한다.

물론, 이런 소외를 가장 직접적으로 느끼는 부분은 상품의 소외에서이다. "노동자는 대상들을 보다 많이 생산하면 할수록, 소유할 수 있는 대상이 더욱더 적게"(268) 되는 것이다. 그렇다고 "**임금을 상승**시키고 그것을 통해서 노동자계급의 상태를 개선시키려고 하거나 혹은 임금의 **평등**을 사회 혁명의 목적으로 간주하는 (프루동처럼) 자질구레한"(228) 개혁으로 소외가 지양될까? 노동 생산물의 소외는 노동자 몫(상품)의 소외 이전에 "축적된 노동"인 자본의 소외에서 비롯된다. 노동의 대상화인 자본이 노동 외부의 독립된 힘처럼 나타나는 자본주의 체제를 지양하지 않으면 상품의 소외는 지양되지 않는다. 기껏해야 더 많은 상품을 소유한 노동자가 되거나 사회 전체를 자본가로 만들 뿐이다.

노동 생산물의 소외는 노동 자체의 소외에서 비롯된다. "노동자가 생산행위 자체 속에서 자기로부터 자기 자신을 소외시키지 않는다면, 어떻게 그의 활동의 생산물과 낯설게 대립할 수 있게 되겠는가?"(271) 노동 과정으로 부터의 소외는 단지 노동자가 작업 공정에 대해 의사결정권을 행사함으로 써 지양되는 게 아니다. 그것은 권리의 상실 이전에 노동 자체에 대한 감성 의 소외이다. 인간이 자신의 본질을 실현하는 노동을 외부의 낯선 힘처럼 감 각하는 것이다. 노동의 소외 속에서 노동자는 "노동이 노동자에게 **외적**이며, 그의 본질에 속하지 않는" 것으로 감각한다. 그래서 "노동자는 그의 노동 속 에서 자신을 긍정하는 것이 아니라 부정하며, 행복을 느끼는 것이 아니라 불 행을 느끼며, 자유로운 육체적, 정신적 에너지를 발휘하는 것이 아니라 고행 으로 그의 육체를 쇠약하게 만들고, 그의 정신을 파멸"시키는 것(271)으로 느낀다. 인간의 생명 활동 자체, 인간 자신을 창조하는 활동인 노동 속에서 "자기가 자신을 떠나 있다고" 경험하는 것이다. 이처럼 노동이 인간 본질의 실현이 아니라 생존의 수단이 되고 자유의 확장이 아니라 강제적인 의무가 되는 것은 노동이 노동자에게 속한 것이 아니라 타자에게 속하기 때문이다.

노동이 인간 외부의 낯선 힘으로 소외될 때 그것은 누구에게 속할까? 신 들일까? 대지일까? 자본일까? "노동과 노동의 생산물이 그것에 귀속되는, 그것에 대한 봉사 속에 노동이 존재하는, 그것의 향유를 위하여 노동의 생산 물이 존재하는 그러한 **낯선** 존재는 오직 **인간** 자신일 수만 있다."(277) 인격 화된 신, 인격화된 대지, 인격화된 자본으로서의 "인간 자신만이 인간 위에 군림하는 낯선 힘일 수 있는 것이다." 이렇게 인간이 인간 자신으로부터 소 외될 때, 즉 인간이 인간에 대해 외부의 낯선 힘으로 나타날 때 비로소 '소유' 의 감성(소유욕)이 발생한다. "사적 소유는 외화된 노동, 즉 외화된 인간, 소 외된 노동, 소외된 생활, 소외된 인간의 개념으로부터 분석에 의해 생겨난 다."(278) 사적 소유는 로크의 말처럼 모든 인간이 선천적으로 갖게 되는 자 기 신체에 대한 권리에서 비롯된 것이 아니다. 거꾸로 인간의 신체가 타인과 분리된 독립된 유기체(개인)로 감각되는 소외의 결과로 사적 소유가 나타난 다. 사적 소유는 인간과 사물(신체)의 필연적 관계가 아니라 인간과 인간의 소외된 관계의 "생산물, 결과, 필연적 귀결"이다. 공동체로부터 분리된 개인 들 간의 소외된 관계로부터 사적 소유라는 감각이 생겨나는 것이다. 소유의 감각은 자기 것과의 관계에서가 아니라 남의 것과의 관계에서 생겨난다. 인간이 다른 인간에 대해 낯선 존재로, '남'으로, '타자'로 나타남으로써, 남의 것을 가짐으로써, 비로소 자기 것에 대한 소유의 감각도 생겨나는 것이다.

사적 소유를 이렇게 노동 소외의 결과로 보지 않으면 자칫 사적 소유가 노동 소외의 원인처럼 이해된다. 이렇게 사적 소유가 최종 원인으로 이해되면 그것을 지양할 돌파구도 막혀 버린다. 사적 소유는 인간의 본성이고 그로 인한 노동의 소외도 인간의 본성에서 비롯된 필연적 결과로 이해되는 것이다. 맑스는 이 점을 명확히 지적했다. "우리는 물론 **외화된 노동**(외화된 생활)의 개념을 **사적 소유의 운동**으로부터의 결과로서, 국민경제학으로부터 획득하였다. 그렇지만 이 개념을 분석하면, 사적 소유가 외화된 노동의 근거, 원인으로 나타날 때에, 사적 소유란 오히려 외화된 노동의 귀결이라는 사실이 명백해지는데, 이것은 신들이 본래 인간 지성의 원인이 아니라 결과인 것과 마찬가지이다."(278) 사적 소유(소유욕)는 노동 소외의 원인(전제)이 아니라 노동 소외의 감성적(현실적) 표현(결과)이다.

노동의 소외를 노동자가 행사해야 마땅한 (상품과 작업공정의 의사결정권에 대한) 소유권의 상실로만 이해하는 것은 사적 소유를 법률적·제도적 형식으로만, "오로지 그것의 객관적 측면에서만 고찰"하는 것이다. 사적 소유의 "주체적 본질, 즉 대자적으로 존재하는 활동으로서의, 주체로서의, 인격으로서의 사적 소유는 노동이다."(290) 그래서 노동 소외의 지양을 임금 제도의 개선이나 노동자 자주관리, 또는 "공유"(Gemeinschaft)의 제도화로만 파악하는 푸리에 식의 "조야한 공산주의"는 사적 소유의 지양을 "보편적인 사적 소유"로, 소외의 지양을 '보편적인 소외된 노동'으로 확장하는 것에 불과하다. 우리는 일찍이 현실 사회주의의 자본주의화를 통해 이런 보편화 전략의 한계를 목격했으며 추방된 자들의 "여기, 사람이 있다"는 외침을, 국가를 향한 권리 청원으로 해석하는 현실 속에서 여전히 목도하고 있다.

4. 코뮌주의, 그 감성의 해방

법 바깥으로 추방된 자들의 "여기 사람이 있다"는 외침은 주권자를 향한 간청이라기보다는 동료 인간을 부르는 외침이다. 그러나 그 부름은 "어쨌든,

그들은 법을 어긴 범법자들이다"는 여론의 장벽에 가로막히곤 한다. 그렇게 말하는 자들 역시 법은 현실적으로 가난한 대중의 생명과 재산을 지키기 위해 존재하는 게 아님을 알고 있다. 그럼에도 불구하고, 혹은 그러면 그럴수록 법이 자신을 지켜 줄 거라는 물신주의적 믿음을 키워 간다. 왜냐하면 그들은 고립된 개인으로 존재하기 때문이다. 법-물신주의는 법의 작용에 의해 타자와의 연대감을 상실한 개인들의 믿음에 의해 지탱된다. 법은 타자와의 공통성을 파괴하고, 그렇게 해서 고립된 개인들의 물신주의적 믿음에 의해 자신의 존재 이유를 증명한다.

맑스는 이런 '개인'의 기원을 노동의 소외에서 비롯된 사적 소유의 감성에서 찾는다. 사적 소유는 "소외된 인간적 생활의 물질적 감성적 표현"인바, 그것의 주체적 본질은 소외된 감성이다. 사유 재산 제도는 인간의 본성을 표현한 제도가 아니라 소외된 감성의 표현, 즉 '나' 홀로라는 감각, '가짐'이라는 소외된 감성의 표현이다. "**모든** 육체적 및 정신적 감각들 대신에 이러한 모든 감각들의 완전한 소외, 즉 **가짐**이라는 감각이 들어섰다. ……따라서 사적 소유의 지양은 모든 인간적 감각들과 속성들의 완전한 해방이다."(302) 코뮨주의는 평등한 소유(보편적 사적 소유)가 아니라 유적인 감성의 실현이다.

맑스는 코뮨주의를 "인간적 본질의 현실적 자기화"(297)로 정의한다. 이때 '유적 본질'은 인류의 보편적 동일성이 아니라 인간적 감성의 풍요로운 다양성이다. "감각, 정념 등등의 긍정의 방식은 전혀 하나의 동일한 것이 아닐뿐더러 오히려 긍정의 방식들이 감각, 정념 등등의 현존재, 그것들의 생활의 독특성을 형성한다."(355) 하나의 대상은 눈에 대해서는 귀에 대해서와 다르게 생성되고 눈의 대상은 귀의 대상과는 다른 대상이다. 음악적 활동에 의해 생성되는 대상은 회화에 의해 생성되는 대상과 다르고, 산업 활동의 대상은 과학의 대상과 다르다. 감성 활동은 이렇게 대상의 특이성을 생성하는 활동으로, 그 대상의 특이성에 의해 개별 인간의 특이성이 생성되고, 특이성의 풍부함에 의해 인간 존재의 풍부함이 실현된다. 인간의 유적 본질이란 자연의 특이성들을 생성하는 본질적 힘의 풍부함과 그에 따른 특이한 존재방식들의 풍부함이다.

코뮨주의란 풍요롭게 소유하는 삶이 아니라 풍부하게 존재하는 삶이다.

맑스가 『독일 이데올로기』에서 "공산주의 사회에서는 사회가 전반적 생산을 규제하게 되고, 바로 이를 통하여, 내가 하고 싶은 그대로 오늘은 이 일 내일은 저 일을 하는 것, 아침에는 사냥하고 오후에는 낚시하고 저녁에는 소를 치며 저녁 식사 후에는 비판하면서도 사냥꾼으로도 어부로도 목동으로도 비판가로도 되지 않는 일이 가능하게 된다"[10]고 말한 것은 자연의 특이한 본질들을 생성하는 활동 속에서만 일면적이고 조야한 노동의 현실을 극복할 수 있기 때문이다.

이런 감성적 존재의 유적(풍부한) 본질은 소유의 감성에 의해 일면적이 된다. 대상을 오직 소유의 대상으로만 감각할 때 "인간적 본질은 절대적 빈곤으로 환원되어 자신의 내적 부를 자기 바깥으로 방출하지 않을 수 없다." (302) 대상의 특이성과 자기 존재의 특이성을 함께 생산하는 감성 활동의 능력이 외부 대상의 소유 능력으로 전도될 때 인간은 자신의 본질(감성 능력)로부터 완벽하게 소외된다.

이런 소외를 현실화하는 것이 화폐이다. 화폐는 감성 능력을 소유의 능력으로 전도시키는 매개체이다. 화폐는 음악적 귀를 생성하지 않고도 음악의 대상을 가질 수 있고 회화적 눈을 생성하지 않고도 미술품을 가질 수 있다는 환상을 현실화한다. 화폐는 무능한 사람을 유능하게 만들고, 유능한 사람을 무능하게 만들며, 추한 사람을 아름답게 만들고 아름다운 사람을 추하게 만든다. "인간으로서 내가 할 수 없는 것, 따라서 나의 모든 개인적 본질력으로도 할 수 없는 것, 그것을 나는 화폐를 통해서 할 수 있다. 따라서 화폐는 이 각각의 모든 본질력들을 본질력들 자체가 아닌 무엇으로, 즉 그 반대의 것들로 만들어 버린다."(359)

맑스에 따르면 사랑은 사랑과만, 신뢰는 신뢰하고만 교환될 수 있다. 사랑을 향유하려면 되돌아오는 사랑을 생산하는 '사랑받는 인간'이 되어야 하고 신뢰를 얻으려면 신뢰받는 인간이 되어야 한다. 그런데 화폐는 그런 생성(되기)과 무관하게 대상을 '가질' 수 있게 만든다. 화폐는 모든 노동 생산물의 가치를 보편적으로 재현하며 그 보편적 가치를 가질 수 있게 하는 매개

---

10 맑스·엥겔스, 최인호 옮김, 「독일 이데올로기」, 「선집」 1, 214쪽.

체이기 때문이다. "화폐는 특정의 질, 특정의 사물, 특정한 인간적 본질력과 교환되지 않고, 인간적 자연적 대상적 세계 전체와 교환되기 때문에, 화폐는──그 소유자의 관점에서 보자면──모든 속성을 모든 속성과──그 속성과 모순되는 속성 및 대상까지도──교환한다."(361) 화폐를 통해 소유된 대상은 특이성이 상실된 대상으로 대상을 소유한 존재의 특이성까지 사라지게 만든다.

국가도 마찬가지다. 화폐 공동체와 마찬가지로 국가라는 이념 공동체는 개별성을 인류적 보편성으로 매개하는 소외된 삶의 형식이다. 맑스가 말한 인간의 유적 본질은 그러한 추상적 매개를 통한 보편성이 아니다. 그것은 신체적 공통성에 의해 실현되는 감성적 특이성의 앙상블이다. 그것은 어떤 보편적 매개도 필요로 하지 않는다. '코뮌' 속에서 타자의 감각 기관은 직접적으로 나 자신의 감각 기관을 형성하며 사회적 기관들은 인간의 유적 감성을 직접적으로 표현한다. "예컨대 타인들과 직접 공동으로 수행하는 활동 등등은 나의 **생활 표현**의 한 기관이 되어 있고 인간적 생활의 자기화 방식이 된다."(303) 타인의 감성과 사회적 기관이 직접적으로 나의 감성적 신체 기관을 형성하는 것이다. 공동체의 감성 능력이 직접적으로 구성원들의 감성 능력이 되고 구성원들의 감성 능력의 앙상블이 직접적으로 공동체의 감성 능력이 되는 것, 그것이 "인간적 본질을 자기화하는" 코뮌의 모습이다.

코뮌은 국가와 같은 이념의 형식이 아니라 감성 활동의 형식이다. 코뮌주의는 사적 소유가 지양된 먼 미래에 대한 "예언자적 약속"이 아니다. "사적 소유의 **사고**를 지양하기 위해서라면 **생각 속의** 공산주의로도 충분하다. [그러나] 현실적 사적 소유를 지양하기 위해서라면 **현실적인** 공산주의적 행동이 필요하다."(344) 인간의 행동은 이념에 따른다는 관념론자는 이념의 형식이 구축된 다음에야 코뮌주의적 행동이 가능하겠지만 존재(실천)가 의식을 결정한다고 보는 맑스는 그렇게 보지 않았다. 코뮌주의는 "현실적인 공산주의적 행동" 속에서 생성된다.

코뮌주의적 행동은 자본주의 국가를 전복하고 나서야 가능한 게 아니라 전복의 과정에서 생성되는 것이다. "공산주의적 수공업자들이 단결할 때, 그들에게는 우선 첫째 이론, 선전 등등이 목적이라고 여겨진다. 그러나 동시에 그들은 이로써[단결함으로써] 하나의 새로운 욕구, 협회[혹은 동아리, 모여 있음]Gesellschaft의 욕구를 자신의 것으로 가진다. 수단으로 보이던 것이 목적으로" 된다(344). 싸움의 과정에서 생성되는 감성의 공동체는 단지 싸움의 수단이 아니라 싸움의 목적이 된다. 인간의 감성을 사적 소유의 감성으로, 인간의 욕망을 화폐의 욕망으로, 인간의 삶을 국민의 삶으로 제약하는 소외된 현실에 맞서 싸우는 사람들의 공동체 속에서 코뮨주의는 이미 현실화되고 있는 것이다. "프랑스의 사회주의적 노동자들이 단결되어 있는 모습을 보면, 사람들은 이 실천적 운동의 가장 빛나는 결과들을 볼 수 있을 것이다. 그곳에서 담배 피우고 술 마시고 먹는 것 등등은 이제 더 이상 결합의 수단으로서, 혹은 결합시키는 수단으로서 존재하지 않는다. 그들은 협회, 연합[혹은 하나로 됨], 담화를 충분할 정도로 가지며, 그들에게 인간의 우애는 공문구가 아니라 진리이며, 인류의 고귀함은 노동에 의해 단련된 사람들로부터 빛을 발하여 우리의 길을 비춰 줄 것이다."(344~345) 사적 소유, 화폐, 국가의 형식 속에서 소외된 감성은 그 소외의 현실에 맞서 싸우는 실천 속에서 지양될 수 있다.

5. 여기, 코뮨이 있다

오늘날 법에 의해 추방된 자들의 "여기 사람이 있다"는 외침은 내게 "여기, 코뮨이 있다"는 외침처럼 들린다. 법이 추방하는 것은 '사람'이 아니라 '코뮨'이다. 법은 '사람' 하면 떠오르는 날것의 생명체(유기체)나 권리 주체로서의 개인을 추방하는 것이 아니라 인간이 창조한 감성적 자연과 인간 자신의 '공동체'를 추방한다. 법은 인간이 이룬 공동체를 권리(사적 소유)의 주체와 대상으로 해체한다. 그래서 권리가 없는 사람은 무제한적인 폭력과 착취의 대상으로 전락시키고, 법적 권리를 상실했다는 생각에 권리의 소유를 열망하도록 만든다. 즉, 날것의 생명체나 권리 주체로서의 개인은 법적 추방의 산물(결과)이지 법 이전에 존재하는 삶의 실재(전제)가 아니다. 법 바깥의 실재는 근대 휴머니즘의 '그 인간'이 아니라 맑스가 말한 인간의 '공동체적 존재'인 것이다.

우리는 인간──자연으로부터, 사회로부터 고립된 호모 사케르──을 넘어선 곳에서만, 즉 공동 신체를 획득한 곳에서만 인간으로 돌아갈 수 있다. 추방된 자들의 "여기 사람이 있다"는 외침에 담긴 진정한 의미는 아무도 홀로 있지 않다는 것, 호모 사케르는 없다는 것, 나아가 아무도 홀로 있지 않게 하겠다는 것이다. 2007년 대추리의 농민들과 새만금의 어민들이 법적 추방에 맞서 "여기 사람이 있다"고 외쳤을 때, 2008년 수십만 촛불대중이 광우병 원인물질의 수입에 반대하며 "여기 사람이 있다"고 외쳤을 때, 2009년 용산 4구역 세입자들이 법적 철거에 반대하며 "여기 사람이 있다"고 외쳤을 때, 그리고 미등록 이주노동자들이 법적 추방에 항의하며, 비정규직 노동자들이 법적 해고에 항의하며, 장애인들이 시설을 박차고 나와 사회생활을 주장하며 "여기 사람이 있다"고 외칠 때 그것은 단지 자신의 사적 권리와 유기체적 생존에 대한 요구가 아니라 대지와 인간, 갯벌과 인간, 동물과 인간, 거주지와 인간, 기계와 인간, 그리고 인간과 인간이 이룬 공동체적 존재의 주장이며 부름이다.

자연과 함께 공통의 신체를 구성하고 있다는 것, 집과 함께, 마을과 함께, 기계와 함께, 국적을 초월하여 타인과 함께 공동의 신체를 구성하고 있다는 것, 그 공통성은 소유권 등록도 할 수 없고 시장 가치로 계산할 수도 없지만 엄연히 실재하는 인간적 존재방식이다. 하지만 근대 휴머니즘에 입각한 법은 그런 공통성을 인정하지 않는다. 대지와 인간, 집과 인간, 기계와 인간, 인간과 인간이 공통의 신체를 구성한다는 생각은 법률적으로 터무니없는 생각이다. 법에 따르면 자연은 오직 소유와 개발의 대상일 뿐이며 타인은 오직 경쟁과 계약의 대상일 뿐이다. 법적인 주체는 오직 특정한 국민으로서, 독립된 개인으로서 법에 규정된 자격을 갖춘 사람일 뿐이다. 자연과 인간, 인간과 인간의 공통성은 법률적 대상도 아니고 법적인 주체도 아니다. 그와 같은 공통성의 주장에 대해 법이 되돌려 주는 것은 언제나 "해당 사항 없다" "자격이 없다"는 말뿐이다.

법은 항상 인간의 생존에 '자격'을 부과한다. 법에 의해 추방된 자들의 "여기 사람이 있다"는 외침은 자격을 요구하는 절규가 아니라 존재의 선언이다. 삶에는 어떤 자격도 필요치 않다. 삶은 그저 존재할 뿐이다. "여기 사람이 있다"는 존재 선언은 여기 공동체적 존재가 생성되고 있다는 선언이다. 용산 5가 주거 세입자였던 이영희 씨는 철거민 투쟁 속에서 자신의 존재가 변화되었다고 말한다. "천막투쟁을 통해서 많이 바뀌었어요. 가장 많이 바뀐 게 부부관계예요. 내가 이 사람을 소유한다는 그런 게 있잖아요. ……소유하지 않으면 욕심이나 문제점이 없어져요. 싸우더라도 대화를 통해 풀어 나가는 것들이 생기구요."[11] 그들은 소유권이 없다고 삶의 터전에서 추방당했기에 소유권이 얼마나 무서운 것인지 알게 된다. 소유, 자격, 권리의 이름으로 자신을 추방한 법에 맞서 싸우는 자들 사이에는 소유의 감성, 자격의 감성, 권리의 감성으로부터 해방된 공동체적 감성이 생성된다. "천막에서 공동체 생활하는 게 즐거웠어요. 싸우기도 하고 그랬지만, 인간적인 면이 많았다고 해야 되나"[12] 라는 소박하고도 진실한 말 속에 맑스의 코뮨주의적 인간학이 들어 있다.

---

11 조혜원 외, 『여기 사람이 있다』, 삶이 보이는 창, 2009, 129쪽.
12 앞의 책, 131쪽.

04
민주주의와 공안통치
:프랑스에서의 계급투쟁과 맑스의 민주주의론

정정훈

1. 마침내 민주주의의 위기가?

이명박 정권 등장 이후 한국사회의 민주주의에 대한 우려가 곳곳에서 제기
되고 있다. 가령 촛불집회에 대한 탄압과 같은 집회와 시위의 자유에 대한
억압, KBS, YTN 사태 등이 보여 주는 언론통제, 미네르바 사건을 비롯한 표
현의 자유 제한, 용산 참사와 같은 국가기구의 과잉폭력 등 이명박 정권의
통치 행태는 민주주의에 대한 전면적 부정이라고 할 만한 모습으로 전개되
고 있다. 이러한 사태에 직면하여 야권은 말할 것도 없고 시민사회 단체들과
비판적 학자 그리고 언론은 이명박 정권의 등장으로 인해 한국의 민주주의
가 심각한 위기에 처했다는 진단을 내놓고 있다. 그리고 이들이 말하는 민주
주의의 위기란 바로 민주주의의 후퇴, 혹은 퇴보를 의미하는 것이다. 진보적
인 언론지면에 종종 등장하는 '군부독재로의 회귀', '30년 후퇴'와 같은 문구
들이 한국 사회에서 '민주주의의 퇴보'에 대한 우려를 잘 보여 준다.

그러나 이때 말해지는 '퇴보'는 어떤 의미를 담고 있는 것일까? 그것은
아마도 80년대 민주화운동을 통해 군사독재정권을 무너뜨리고 성취한 민주

주의, 90년대 시민사회의 성장을 통해 획득한 민주주의, 그리고 김대중 정권과 노무현 정권의 탄생을 통해 성취한 정치적 민주주의로부터의 퇴보를 의미하는 듯하다. 이러한 민주주의의 퇴보론은 87년 6월 항쟁 이후, 비록 제한적이나마 대한민국이 민주국가의 길을 걸어왔다는 인식, 다시 말해 통치형태 혹은 주권형태의 차원에서 민주주의가 지속적으로 성장해 왔다는 인식을 담고 있다.

물론 이명박 정권하에서 민주주의는 심각한 위기에 처해 있다. 그리고 나 역시 그것은 일정하게 87년 이후 진전된 한국 사회의 제도적 민주주의가 퇴보하는 양상으로 전개되고 있음을 부정할 생각은 없다. 하지만 이러한 인식이 오늘날 민주주의의 위기를 파악하는 기본적인 관점이라면 이에는 동의하기 어렵다는 것이 내 생각이다. 왜냐하면 현재 심화되고 있는 민주주의의 위기는 87년 이후 성취된 민주적 주권형태로부터 이명박 정권이 이탈하였기 때문에 발생하는 것이 아니라 오히려 87년에 시작된 민주적 주권형태의 한 귀결점이라고 생각하기 때문이다.

사실 대한민국뿐만이 아니라 민주주의 역사가 더욱 길고, 제도적 민주주의가 더욱 공고하게 뿌리내렸다고 평가되는 서구의 민주국가에서도 민주적 절차와 제도들이 위기에 처하는 사태들이 종종 일어난 바 있다. 가령 1980년대 등장한 영국의 대처 정권이나 미국의 레이건 정권에서도 노동자들의 권리가 공격당하고 시민들의 권리가 공공의 질서와 안전을 명목으로 제한당한 바 있으며, 9·11 사태 이후 미국에서도 국가안보를 위해서 시민적 권리들이 위협당하는 사례들이 많았다. 민주국가의 통치방식이 손쉽게 반민주적인 것으로 변화되는 경우는 생각보다 적지 않은 것이다.

나는 이 글에서 맑스의 '프랑스혁명 3부작'이라는 텍스트에 대한 독해를 통해, 소위 말하는 민주주의 위기 혹은 후퇴, 즉 민주주의적 제도와 절차가 중지되고 억압적 국가기구가 통치의 기본적 수단이 되는 상황은 통치형태로서의 민주주의에 외부적인 사태가 아니라 그것에 이미 내재된 잠재적 가능성이 현실화된 것임을 밝히려고 한다. 즉 억압적 통치의 등장은 민주국가와 무관한 권력의 얼굴이 아니라 민주국가의 또 다른 얼굴이라는 것이다. 그리고 민주주의란 근본적으로 국가에 대한 통치형태라기보다는 대중들이 함께 구성하는 삶의 형태이며, 대중의 자기통치형태임을 보이고자 한다.

2. 1848년 : 전도된 1789년

흔히 '프랑스혁명 3부작'이라고 불리는, 「1848년에서 1850년까지 프랑스에서의 계급 투쟁」(이하 「계급 투쟁」), 「루이 보나파르트의 브뤼메르 18일」(이하 「브뤼메르 18일」), 그리고 「프랑스 내전」(이하 「내전」)이라는 제목이 붙은 맑스의 글들은 1848년 2월 혁명부터 시작하여 1871년 파리코뮌까지의 20년이 조금 넘는 프랑스 혁명기의 역사를 다루고 있다.[1] 맑스는 이 저작들을 통하여 오를레앙 왕조를 타도한 1848년 2월 혁명 이후 부르주아지가 어떤 과정을 거쳐 프롤레타리아트를 패퇴시키고 통치권력을 장악했는지, 루이 보나파르트가 부르주아 의회세력으로부터 어떻게 통치권력을 빼앗고 황제로 등극하게 되었는지, 그리고 보나파르트의 제정이 보불전쟁에서 패배한 이후 등장한 파리코뮌이 어떻게 활동했고 진압됐는지의 과정을 추적하며, 부르주아의 통치원리와 프롤레타리아의 혁명적 민주주의의 문제를 분석하고 있다.

맑스는 1848년 2월 혁명 이후 보나파르트의 1851년 쿠데타까지 프랑스에서 전개된 혁명을 전도된 1789년 혁명으로 파악하고 있다. 1789년 프랑스 대혁명은 한마디로 '상승 곡선'을 그리며 전개되었다. 즉 보다 보수적인 분파가 더욱 진보적인 분파에 의해 밀려나고, 다시 그 진보적 분파는 더욱 급진적 분파에 의해 축출되었다. 하지만 맑스는 1848년 혁명에서 일어난 일은 이러한 과정과 정반대였다고 말한다. 가장 진보적인 분파가 선두에 섰던 혁명은 시간이 경과해 갈수록 더욱 보수적인 분파에 의해 대체되고, 결국 가장 수구적인 분파가 권력을 접수하는 방향으로 혁명이 전개되었다고 할 수 있다. 1848년 혁명은 "이처럼 하강 곡선을 그리며 운동한다"(「브뤼메르 18일」, 311쪽)는 것이다. 그렇다면 이렇게 하강 곡선을 그리며 전개된 1848

---

[1] 이 세 글에서의 인용은 기본적으로 『칼 맑스·프리드리히 엥겔스 저작선집』(김세균 감수, 박종철 출판사) 것으로 하고, 이후 본문 안에는 쪽수로만 표시한다. 「계급 투쟁」과 「브뤼메르 18일」은 선집의 2권에서, 「내전」은 이 책의 4권에서 인용하기로 한다.

년 혁명의 구체적 양상은 어떤 것이었을까?

맑스에 따르면 이 과정은 크게 세 시기로 나뉜다. 제1기는 2월 혁명 시기이고, 제2기는 1848년 5월 4일부터 1849년 5월 28일까지의 제헌의회(헌법 제정 국민의회) 시기이며, 제3기는 1849년 5월 28일부터 1851년 12월 2일까지의 입법의회(입법 국민의회) 시기이다. 잘 알려진 바와 같이 2월 혁명은 프롤레타리아트와 부르주아 공화파가 연합하여 일으킨 혁명이었다. 이 혁명을 통하여 오를레앙 왕조, 즉 7월 왕정이 전복되고 프랑스에서 두번째 공화정이 성립된다. 그러나 혁명이 성공한 이후 임시정부의 주류가 된 부르주아지는 공화정을 선언하는 것에 미온적이었다. 부르주아지는 '순수한 부르주아 공화국'을 수립하고자 하였지만 이를 프롤레타리아트가 용납할 리 없었기 때문이었다. 프롤레타리아는 '사회공화국'을 원하고 있었고, 이것이 의미하는 바는 프롤레타리아가 사회·경제적 권리와 더불어 정치적 권리의 주체가 되는 것을 의미하는 것이었다.

공화국 선포가 계속 지연되자 결국 프롤레타리아트는 실력 행사에 나섰다. 2월 25일, 무장한 프롤레타리아트의 대표가 임시정부를 찾아갔다. 그리고 그는 "두 시간 내에 사회공화국이 선포되지 않으면 20만 명의 무장한 프롤레타리아트를 이끌고 다시 돌아오겠다"고 엄포하였다. 그 결과 임시정부는 프랑스에서 공화국의 수립을 즉각 선포하게 되었고 프랑스의 제2공화정은 '사회공화국'이라는 형태로 시작된 듯 보였다.[2] 그러나 제2공화정이 정식으로 출범하기 위해서는 5월 제헌의회의 개회를 기다려야 했다. 2월 25일부터 5월 4일 제헌의회 개회까지 약 두 달의 유예 기간은 부르주아지가 프롤레타리아트에게 반격을 가할 시간을 벌어 주었다.[3] 4월 23일 제헌의회 선거가 치러지고 부르주아가 의회의 다수를 장악하게 되자 프롤레타리아에 대한

[2] 「계급 투쟁」, 『선집』 2, 11~12쪽. 2월 25일에는 프랑스에서 공화국이 선포되었을 뿐만이 아니라 프롤레타리아의 '노동권' 역시 선포되었다.

[3] 먼저 부르주아지는 프롤레타리아트를 회유하기 위해 파리의 실업자들이 노동할 수 있는 국민작업장을 설립하였고 1일 노동시간을 10시간으로 규제하였다. 국민작업장이란 파리의 실업자들이 노동할 수 있도록 임시정부가 만든 공장으로, 노동자의 하루 임금이 2프랑이었으며 일하지 않는 노동자에게도 1.5프랑이 지급되었다. 이러한 조치들을 통해 프롤레타리아트를 안심시키는 한편으로, 부르주아지는 동시에 프롤레타리아트의 무력에 대항하기 위해 룸펜 프롤레타리아트를 조직하여 기동대를 창설하였다. 결국 6월 프롤레타리아트의 봉기를 진압하는데 룸펜 프롤레타리아트의 기동대가 주요한 역할을 하게 된다.

부르주아의 반격이 본격적으로 시작되었다. 인민의 집회가 금지되었고, 국민작업장이 유명무실해졌다.[4] 1848년 6월 22일, 부르주아의 이러한 조처에 맞서 프롤레타리아는 다시금 무장 봉기를 일으켰다. 프롤레타리아트와 부르주아지의 전면적인 무력 충돌이 일어난 것이었다. 이 충돌은 "현대 사회를 가르고 있는 두 계급 사이의 최초의 대전투"였으며, **"부르주아** 질서의 유지냐 파괴냐를 놓고 벌어진 투쟁"이었다(「계급 투쟁」, 28쪽). 결과는 프롤레타리아트의 패배였다. 프롤레타리아트는 이로 인해 당분간 프랑스의 정치무대에서 추방되었고, 비로소 프랑스에서는 진정한 부르주아 공화국이 수립되게 되었다.

6월의 투쟁에서 승리한 부르주아 공화파는 자신들이 수립한 공화정의 본질이 무엇인지를 분명히 해갔다. 그것은 사실상 부르주아지의 전제정치를 의미하는 것이었다. 제헌의회 선거를 통해 의회에 진출한 프롤레타리아트의 대표들은 '6월 반역의 주모자'나 협력자로 지목되어 의원자격을 박탈당하고 의회에서 추방되었다. 또한 6월 이전에 취해진 민주적인 법안들이나, 인민들의 경제적 빈곤을 개선해 줄 법안들이 모두 폐지되었다.

> "임시정부가 입안하고, 구쇼가 다시 제창한 저당권세 형태의 자본과세안은 제헌의회에서 부결되었다. 노동시간을 10시간으로 제한한 법률은 폐지되었으며, 채무 계약 불이행자의 투옥제도가 다시 도입되었다. 읽지도 쓰지도 못하는 대부분의 프랑스 인민들은 배심원직에서 배제되었다. 그들이 선거권까지 박탈당하지 않을 이유가 어디 있겠는가? 정기 간행물에 대한 보증금 제도가 부활되고 결사권 또한 제한되었다." (「계급 투쟁」, 35쪽)

그해 12월 10일 대통령 선거가 시행되었다. 이 선거의 결과는 매우 의외의 것이었다. 농민들의 압도적 지지하에 루이 보나파르트가 대통령으로 선출된 것이었다. 프랑스 최초의 황제인 나폴레옹의 조카라는 사실 외에 별달

---

4 집행위원회는 국민작업장의 임금을 성과급으로 바꾸었고, 파리 출생이 아닌 노동자들을 토목 공사를 위해 솔로뉴로 추방하였으며, 모든 미혼 노동자들을 국민작업장에서 강제추방하거나 군에 입대시키라는 법령을 선포했다.

리 내세울 것이 없었던 그이기에 의회를 장악하고 있던 부르주아 공화파는 그의 집권을 대수롭게 여기지 않았다. 부르주아 공화파가 오히려 경계한 것은 보나파르트가 내각의 각료로 기용한 왕당파의 인물들이었다. 이제 프랑스의 통치권력을 둘러싼 투쟁은 제헌의회의 부르주아지 공화파와 보나파르트 내각의 대(大)부르주아지 왕당파의 구도로 전개된다. 하지만 이미 헌법 제정이라는 자신의 소임을 다한 제헌의회에 이제 임기를 시작한 내각과 투쟁할 수 있는 무기는 그리 많이 남아 있지 않았다. 제헌의회의 부르주아 공화파는 1849년 5월 11일 보나파르트에 대한 탄핵안을 상정하려고 하였으나 의회를 포위한 보나파르트 군대의 위세에 눌려 스스로 그 탄핵안을 부결시키고, 자신의 몰락을 앞당겼다.

1849년 5월 13일 입법의회 선거가 치러졌다. 왕당파는 질서당이라는 이름으로 이 선거에 참여하였고, 입법의회 선거의 최대 승리자가 되었다. 질서당은 프랑스의 정통 왕조인 부르봉 왕조를 지지하는 대토지 부르주아지 분파와 1830년 7월 수립된 오를레앙 왕조를 지지하는 금융 부르주아지와 산업 부르주아지가 연합하여 구성한 정당이었다.[5] 질서당은 권력을 잡자 2월 혁명을 통해 획득한 인민들의 민주적 권리들을 폐지하기 시작한다. 언론과 출판에 대한 검열의 강화, 정치적 결사의 자유 제한, 헌법이 금지한 침략전쟁 감행으로 이어진 반민주적 조치들은 결국 1850년 5월 31일 보통선거권의 폐지로 그 절정에 도달한다. 맑스는 6월 혁명을 진압하면서 자신의 권력을 공고히 한 부르주아 공화파나 1849년 5월 선거를 통해 의회권력을 장악한 부르주아 반공화파인 질서당 모두 사실상 민주적이지 않았음을 분명히 한다. 그들은 소위 형식적 민주주의, 혹은 자유민주주의의 기본 가치들인 언론의 자유, 결사의 자유도 인정하지 않았을 뿐만 아니라, 심지어 보통선거조차도 부정한 것이다.

5 부르주아 공화파는 산악당이라는 이름으로 살아남아 입법의회 내 소수파를 구성하게 된다. 이들은 질서당에 대한 견제를 시도하였으나, 질서당에 대한 그 어떤 유의미한 투쟁도 전개하지 못하였다. 1849년 6월 11일 산악당의 대표 격인 르드뤼 롤랭은 내각이 헌법을 위배하며 로마침공을 했다는 명목으로 내각에 대한 탄핵안을 제출하였으나 의회에서 이 탄핵안이 부결되었다. 이들은 공화파 부르주아지 대중들과 더불어 6월 13일 봉기를 일으키게 되나 무력충돌이 예상되자 자진해산하여 스스로 봉기를 포기하였다. 하지만 6월 13일의 결과 산악당 내 다수의 의원들이 투옥되거나 망명하게 된다.

이렇게 왕당파 대(大)부르주아지의 집권은 영원할 것 같았으나, 이들은 새로운 적을 만나게 된다. 바로 그들이 그렇게 무시하고 있던 대통령 루이 보나파르트가 자신의 정치적 야심을 드러내게 된 것이다.[6] 이후 프랑스에서의 정세는 질서당의 입법부와 보나파르트의 행정부 간의 투쟁을 기본 구도로 하여 전개된다. 그리고 1851년 12월 2일 룸펜 프롤레타리아트를 앞세운 쿠데타로 보나파르트는 영구집권의 길을 열게 되고, 이듬해 11월 21일 보나파르트는 자신의 황제등극과 제정의 부활을 묻는 국민투표를 실시하여 98%의 찬성표를 얻어 내며 12월 2일 황제로 등극하게 된다. 1848년 2월 프롤레타리아트와 부르주아지가 연합하여 일으킨 혁명은 잠시 공화정의 형태를 유지하다가 1852년 제정의 부활로 종결된 것이다.[7]

3. 공안체제 : 예외상태의 상례화

이러한 계급투쟁의 양상은 한마디로 부르주아지의 반혁명 과정으로 요약될 수 있다. 맑스는 이를 **"입법권력에 대한 집행권력의 승리"**(「브뤼메르 18일」, 380쪽)라고 집약적으로 표현한다. 집행권력, 우리에게 익숙한 용어로 달리 말하자면 행정부의 전제적 통치로의 귀결이 1851년까지 프랑스 혁명의 결론인 것처럼 보이는 것이다. 집행권력의 전제적 통치는 일견 부르주아 정치질서에 모순적인 듯 보인다. 민주주의에 대한 일반적인 통념에 따르면 근대적 민주주의는 1789년 프랑스 대혁명을 통해 탄생했다. 그리고 이 혁명의 주역은 바로 부르주아지였다. 근대적 민주주의의 기원이 프랑스 대혁명이라는 통념은, 그것이 부르주아지가 주도한 혁명인 만큼, 민주주의는 부르주아적 기원을 갖는다는 또 다른 통념을 낳게 된다.

---

6 이미 보나파르트는 1849년 11월 왕당파 내각을 해임하는 교서를 반포해서 질서당과 대립각을 세운 적이 있었다. 그러나 1849년 6월 13일 사건으로 공석이 된 의석에 대한 보궐선거 결과 프티 부르주아지들과 프롤레타리아트 대표들이 의회의 다수를 차지하면서 이들이 부르주아지 정권에 대한 실제적인 위협이 되자 보나파르트는 질서당과 타협을 시도하고 '질서파의 등 뒤로' 숨어 버리게 된다. 그런데 질서당의 주도하에 보통선거권이 폐지되어 프롤레타리아트가 정치일선에 나설 수 있는 통로가 차단당하게 되자 보나파르트는 질서당에 대한 반격을 다시 가하게 된 것이다.

7 1848년 혁명의 귀추에 대한 맑스의 분석은 1851년 보나파르트의 12월 2일 쿠데타까지만을 분석하고 있고, 그의 황제등극은 다루고 있지 않지만, 이 글은 보나파르트의 제정 역시 맑스의 분석논리로부터 연역적으로 파악하고자 한다.

물론 이 통념이 전적으로 틀린 것이라고는 할 수 없다. 대혁명 당시 부르주아들이 '자유, 평등, 박애'를 슬로건으로 삼아 결사의 자유, 언론의 자유, 법 앞에서의 평등이 실현되는 정체를 수립해야 한다고 주장했던 것은 분명한 사실이다. 부르주아지는 자신들이 주장한 민주주의의 제도적 원리를 인민주권에서 찾았다. 가령, 대혁명 당시 부르주아적 정치사상을 집약적으로 드러내고 있는 정치 팸플릿인『제3신분이란 무엇인가』가 이를 잘 보여 준다. 이 팸플릿에서 시에예스는 제3신분이야말로 인민의 전부이며, 국가 최고 권력인 주권은 바로 프랑스의 진정한 인민인 제3신분에게 있다고 말한다. 또한 그는 인민의 주권이 분명하게 작동하기 위해서는 '국민의회'라는 권력의 형식이 필요하다고 주장하였다.[8] 그리고 그의 주장은 1789년 5월 대혁명이 진행되면서 실제로 실현되었다. 프랑스 대혁명이 절대왕정과의 투쟁을 통해서 창출한 정체는 인민의 대표자들이 국가의 중대사를 결정하는 체제, 즉 입법권력이 중심이 된 정체였던 것이다.

그렇다면 분명 1851년 보나파르트의 쿠데타로 수립된 집행권력의 독재 체제는 1789년에 대한 배반이며, 부르주아적 민주주의의 원칙에 위배되는 것으로 보인다. 그러나 맑스는 집행권력의 전제적 통치를 보나파르트의 쿠데타로 인해 발생한 부르주아의 민주적인 통치의 위기 혹은 비정상적 중단으로 보지 않는다. 보나파르트의 통치, 즉 억압기구를 앞세운 집행권력의 독재는 부르주아 민주주의로부터의 이탈이라기보다는 오히려 그것의 가장 명확한 결론이라고 맑스는 파악하고 있다고 보인다. 앞에서 보았듯이 1848년 2월 혁명부터 1851년 보나파르트의 쿠데타에 이르는 기간 동안 프랑스에서의 계급투쟁은 보수적 분파들에 의해 진보적 분파들이 축출되고 더욱 보수적인 분파들에 덜 보수적인 분파들이 밀려나는 전도된 1789년의 양상으로 진행되었다. 그리고 그 전도된 혁명의 귀결이 바로 루이 보나파르트의 쿠데타, 집행권력의 독재체제 구축이었다는 것이다.

1848년에서 1851년에 이르는 시기 동안 프랑스에서의 계급투쟁에서 프롤레타리아트는 중앙무대로부터 축출되고 투쟁은 부르주아 분파 내 대결

---

8 에마뉘엘 조제프 시에예스, 『제3신분이란 무엇인가』, 박인수 옮김, 책세상, 2003.

의 양상을 띠어 가며 최종적으로 입법권력을 장악한 질서당 진영과 집행권
력을 장악한 보나파르트 진영의 투쟁으로 정리된다. 질서당은 이해관계에
서 일정한 차이를 가지는 부르주아지 분파들의 연합체였고 그들의 정치적
노선은 공화정이 아닌 왕정이었다. 맑스에 의하면 질서당은 표면적으로는
왕정복고를 주창하였지만 현실적으로 공화정을 유지할 수밖에 없었다. 서
로 다른 왕조를 지지하고 있던 이 두 부르주아 분파가 공동으로 지배하기 위
해서는 왕정이 아니라 공화정이라는 타협안을 채택할 수밖에 없었다는 것
이다. 그러므로 질서당이라는 대부르주아지 정파의 공화주의는 그들의 정
치적 신념의 산물이 아니라 그들의 이해관계의 산물이었다. 그렇기에 질서
당의 통치는 공화정을 내세우지만 그 방식은 군주정과 별반 다를 바가 없었
다. 아니 오히려 질서당의 공화주의적 통치는 전제군주의 통치보다 더 억압
적이었다.

> "……그들이 다른 사회 계급들에 대해서 질서파로서 행사한 지배는 이전
> 복고 왕정하에서나 7월 왕정하에서 행사한 지배보다 더 무제한적이고 더
> 혹독했는데, 일반적으로 이러한 무제한적이고 혹독한 지배는 의회 공화제
> 라는 형태하에서만 가능한 것이었다. 왜냐하면 오직 이러한 형태하에서만
> 프랑스 부르주아지의 양대 부분이 단결할 수 있고, 따라서 이 계급의 특권
> 적 일 분파의 통치 대신에 이 계급 전체의 지배를 일정에 올릴 수 있기 때문
> 이었다."(「브뤼메르 18일」, 316쪽)

하지만 의회 밖의 부르주아지, 통치권력 밖의 부르주아지 대중은 질서
당의 공화주의조차 탐탁하게 여기지 않았다. 그들에게는 보나파르트와 권
력투쟁에 몰두해 있는 의회 부르주아지가 너무나 소모적이고 비능률적 집
단으로 보였던 것이다. 그래서 그들은 질서당뿐만 아니라 심지어 질서당을
지지하는 언론들까지 비방하곤 하였다. 부르주아 대중은 자신들의 이해를
대변한다는 정치세력을 지지하지 않았고 자신들의 정치적 대표를 탄핵하는
데 주력하고 있었다. 왜 부르주아 대중이 부르주아 정치세력을 비방하였을
까? 맑스에 따르면, 그들의 이와 같은 행동은 **강력하고 무제한적인 정부의**

보호 아래 안심하고 자신들의 사적 영업에 몰두하기 위한 것"이었고, "지배에 따르는 노고와 위험에서 벗어나기 위해 자기 자신의 정치적 지배에서 벗어나기를 열망한다는 것"(「브뤼메르 18일」, 367쪽)을 명확하게 보여 주는 것이다. 다시 말해 부르주아지에게 중요한 것은 '왕의 지배냐, 의회의 지배냐' 혹은 '군주정이냐, 공화정이냐' 하는 문제가 아니었다. 그들에게 중요한 것은 정치적 권력이 아니라 사회적 권력이었다. 그들은 "자신들의 사회적 권력이 아무 탈 없이 보존되기 위해서는 자신들의 정치적 권력이 파괴되어야 한다는 것"(「브뤼메르 18일」, 332쪽)을 알고 있었던 것이다. 의회의 다수파를 차지하여 입법권력을 장악하거나, 대통령을 배출하여 집행권력을 장악하는 정치권력 장악보다 더욱 중요한 것은 자본주의의 원리에 입각하여 사회를 통합하는 사회적 권력이었다. 이 사회적 권력의 지배하에서 자본가는 안심하고 자신의 영리활동을 추구하고, 노동자는 공장에서 주는 대로 받으며 묵묵히 노동하는 그런 사회질서를 보장하는 것이 부르주아 대중에게는 가장 중요한 문제였던 것이다. 그들은 부르주아의 정치적 신념이 아니라 부르주아의 사회적 지배를 확고하게 지켜 주는 강력한 권력을 원했다. 부르주아지의 몫을 안전하게 보장하는 체제라면 그 형태는 그들에게 중요한 것이 아니었다. 부르주아지는 자신들의 사회적 권력이 상실될 수 있는 정치적 혼란과 갈등은 어떠한 형태로도 발생하지 않기를 원했다. 부르주아의 사회적 지배를 위협할 수 있는 프롤레타리아트의 봉기라는 위험을 앞두고 어느 분파가 통치권력을 장악할 것인가를 놓고 갑론을박하는 정부 내 부르주아지 세력을 그들은 원치 않았던 것이다.[9] 그들이 원한 것은 정치가 아니라 자본가가 지배하는 사회적 질서의 안전한 보장과 안정적 관리였고, 그런 부르주아 대중에게 강력한 집행권력의 전제적 통치는 하나의 현실적 대안이었다. 프롤레타리아트로 대표되는, 부르주아 지배질서를 위협하는 모든 가능성들로부터 그 질서를 보호하는 강력한 통치권력, 이것이 1848년에서 1851년에 이르는 시기 동안 부르주아지가 분명하게 원했던 권력의 성격이었다.

▌
9   "의회 밖의 부르주아지는 의회 내의 부르주아지가 어떻게 그토록 사소한 다툼으로 시간을 낭비할 수 있는지, 어떻게 대통령과의 그토록 하찮은 힘겨룸으로 평온을 위태롭게 할 수 있는지 이해하지 못한다."(「브뤼메르 18일」, 347쪽)

이러한 경향은 보나파르트의 쿠데타 이전, 즉 질서당이 헤게모니를 장악하고 있던 시기에서부터도 명백하게 나타났음을 맑스는 지적한다. 맑스는 질서당 권력의 심층에는 계엄 상태가 자리 잡고 있음을 지적한다. 1848년 혁명 이후 부르주아 통치는 항시적인 위기상태에 놓여 있었다. 영세 자영업자, 도시빈민, 노동자 등과 같이 부르주아의 통치에 불만을 품고 있는 불온세력이 늘 존재했었고, 이들이 자신들의 불만을 표출하는 크고 작은 집단행동이 벌어지곤 하였던 것이다. 이러한 위협에 대하여 질서당은 군대라는 폭력기구로 대응할 수밖에 없었다. 즉 위기가 발생하면 정상적인 헌정을 중단시키고 군대를 통해 자신들이 구축한 질서를 지키는 계엄 상태를 통해서만 그 위기를 극복할 수 있었다. 다시 말해, 군사적 폭력기구야말로 질서당이 권력을 유지하게 해주는 본질적인 근거(arche)였던 것이다.

> "**계엄 상태**. 그것은 프랑스 혁명의 진행 과정에서 잇달아 일어난 위기 때마다 주기적으로 사용된 아주 훌륭한 발명품이었다. 그런데, 이처럼 프랑스 사회의 두뇌를 짓눌러 말 잘 듣는 조용한 사회로 만들기 위하여 주기적으로 그 사회의 머리 위에 내려앉았던 병영과 야영 ; 주기적으로 재판과 행정, 감독과 검열, 경찰과 야경의 역할을 했던 샤벨 군도와 총검 ; 주기적으로 사회의 최고 지혜로, 사회의 구원자로 선포되었던 콧수염과 군복— 이러한 병영과 야영, 샤벨 군도와 총검, 콧수염과 군복이 마침내는, 자신들의 통치를 최고의 통치로 선포하고 부르주아 사회로부터 자기 통치라는 근심을 덜어 줌으로써 사회를 영원히 구원하는 편이 더 낫겠다고 생각하지 않을 수 있겠는가?"(「브뤼메르 18일」, 304~305쪽)

질서당 통치의 위기는 주기적으로 반복되었고, 위기의 주기적 반복은 계엄의 주기적 반복을 불러왔다. 계엄의 주기적 반복은 질서당이 장악하고 있는 의회 중심의 통치질서가 정상적인 상태인지 아니면 계엄사령부 중심의 통치질서가 정상적인 상태인지를 모호하게 만들었다. 그렇다면, 질서당이 중심이 된 의회 중심의 통치 시에는 항상 부르주아 지배에 위기가 발생하고 그 위기는 늘상 계엄령을 통해 극복되어야 한다면, 의회의 통치가 중단되고 군부가 통치하는 계엄이 영구화되면 주기적으로 반복되던 부르주아 통치의 위기 역시 영구히 극복되지 않았겠는가? 그렇다면 질서당이 구축한 부르주아 공화국은 의회가 지배하는 공화국이 아니라 군대가 지배하는 공화국이 되어야 하지 않았겠는가? 즉, "이 공화국의 진정한 모습을 완성시키기 위해" 필요한 것은 바로 "**의회**의 휴회를 영구화하고, 자유, 평등, 우애라는 **공화국**의 간판을 모호한 구석이라고는 전혀 없는 보병, 기병, 포병이라는 말로 대체하는 것"(「브뤼메르 18일」, 62쪽)이다.

계엄 통치는 질서당 통치의 심층에 자리 잡고 있는 감춰진 근간, 즉 뿌리였고 보나파르트는 그 뿌리를 전면화하여 제도적으로 완성시킨 것이었다. 그렇다면 의회 중심의 질서당 통치와 보나파르트 제정의 통치는 단절적인 것이라기보다는 차라리 연속적인 것이라고 해야 할 것이다. 그래서 맑스는 질서당과 보나파르트의 통치를 통틀어 "노골적인 계급 테러주의 정부"(「내전」, 62쪽)였다고 규정한다. 즉, 보나파르트 제정의 등장은 부르주아 통치원리로부터 비정상적으로 이탈된 것이 아니라 그 원리의 귀결이었던 것이다. 억압기구로 무장한 강력한 집행권력의 전제적 통치. 나는 이 체제를 공안체제라고 부를 수 있다고 생각한다.

4. 공안체제는 무엇을 겨냥하는가

통치형태의 변동이라는 관점에서 보자면 1848년에서 1851년에 이르는 시기는 의회 공화정에서 제정으로의 이행이라고 요약될 수 있다. 그러나 이미 언급했듯 맑스는 그 형태의 차이에도 불구하고 근본적으로 이 통치형태들이 계엄 상태를 그 뿌리(radix)로 하여 구축된 것임을 지적한다. 즉, 루이 보나파르트의 제정은 의회 공화정의 대립물이 아니라 계엄 상태라는 부르주아 통치 원리의 급진적(radical) 실현이라고 할 수 있다. 질서당의 공화정에서는 배후에 있던 것이 제정에서는 표면으로 나선 것이며, 공화정에서는 부분적인 것으로 나타나던 것이 제정에서는 전면적으로 나타나게 된 것이다. 군대로 대표되는 억압적 국가기구를 통해 내정을 관리하는 통치형태, 즉 계엄의 일상화와 영구화가 바로 보나파르트 제정의 근간이었다. 다시 말해, 계엄은 부르주아 통치에서 예외가 아니라 그것의 근간, 혹은 원리인 것이다.

계엄이 부르주아 통치의 근간 혹은 원리라는 것은 무슨 의미인가. '예외상태'에 대한 아감벤의 논의는 이 문제를 해명하기 위한 유의미한 통찰을 제공한다. 일반적으로 예외상태란 일상적인 주권적 질서 혹은 법질서를 심각하게 위협하는 사태에 대처하기 위해 법질서를 유보하고 그 사태를 종식시킬 때까지 기존의 법질서에 구애받지 않는 특수한 권력이 활동하는 상태를 말한다. 이 사태를 지칭하기 위해 '예외'라는 말을 쓰는 데서 알 수 있듯, 이는 일반적으로 정상을 벗어난 사태이자 매우 특수하고 특별한 사태를 의미하는 것으로 이해된다. 그러나 아감벤은 그것이 정상으로부터 벗어난 특별한 사례라거나 비정상적 이탈이 아니라 사실상 정상적인 법질서를 떠받치는 은폐된 근간이라고 주장한다.[10] 아감벤에게 예외상태란 오히려 일상의 법질서 자체를 가능하게 하는 근본적 힘이다. 이렇게 은폐된 예외상태가 전면적으로 현실화되는 것은 법이 수호하고자 하는 질서가 심각하게 위협을 받을 때이다. 그리고 이때 입법기관의 권력이 실질적으로 행정기관으로 이양되는 양상이 나타나게 된다.[11] 특히 이러한 경향은 1차 세계대전 이후 현대 국가에서 더욱 분명하게 드러나기 시작하는데, 이 시기를 통해서 "예외상태의 가장 본질적인 특성 중의 하나 —— 입법, 행정, 사법 권력의 구분을 일시적으로 폐기하는 일 —— 가 통치의 영속적인 실천으로 전환되는 경향"[12]이 발생하기 시작했다. 그리고 나치 이후 "항구적인 비상상태의 자발적 창출이 현대 국가의 본질적 실천이 되었다"고 아감벤은 말한다. "물론 소위 민주주의 국가까지도 포함해서" 그렇다는 것이다.[13]

예외상태는 전쟁이나 내전 등과 같은 비상사태의 발발로 인해 정상적인 법질서가 붕괴될 위기에 처하였을 때 선포된다. 물론 표면적으로 예외상태는 그러한 위기 상황을 다루기 위해 통치권력이 취하는 형태이다. 하지만 아감벤에 의하면 예외상태가 다루는 보다 심층적인 대상은 전쟁이나 내전과

---

10 조르조 아감벤, 『예외상태』, 김항 옮김, 새물결, 2009.
11 같은 책, 22~24쪽.
12 같은 책, 24쪽.
13 같은 책, 15~16쪽.

같은 소요사태가 아니라 그 소요사태가 불러일으키는 공포이다. 그렇다면 그 공포의 성격은 무엇인가? 그것은 무엇보다 통치권력이 자신의 한계를 경험하게 되는 무질서에 대한 공포이다. 다시 말해 법이 통제할 수 없는 혼돈, 즉 아노미아(anomia)에 대한 공포인 것이다. 예외상태란 근본적으로 이러한 아노미아를 법의 형식, 혹은 주권적 질서의 외부에 두는 것이 아니라 그 형식과 질서 안으로 포함시키기 위해 권력이 작동하는 형태이다.

계엄이 사실상 부르주아 통치의 원리였으며, 질서당의 의회 공화정이 계엄을 배후의 원리로 삼았다면 보나파르트의 제정은 그것을 단지 전면화하고 노골화한 통치형태였다는 이 글의 주장은 바로 이런 맥락에서 제기된 것이다. 계엄이라는 예외상태는 부르주아 통치를 가능하게 하는 최종적 원리이며, 부르주아 지배질서를 위협하는 아노미아가 출현하게 될 때 이 원리가 심층으로부터 부상하여 전면화되는 것이다. 나는 이렇게 심층에서 작동하는 부르주아 통치의 은폐된 원리가 현실 속에서 노골화하여 현실을 지배하는 권력의 작동원리가 된 통치체제를 공안체제라고 부르고자 한다. 공안체제란 부르주아의 사회적 지배라는 자본주의 사회의 근본 질서가 심각한 위기에 처할 경우 그 질서를 방어하기 위해 폭력적 국가기구를 통치의 기본 수단으로 삼아 그 질서를 보장하는 통치체제를 의미한다.

결국 보나파르트에 의한 공안체제의 완성은 아노미아에 대해 부르주아지가 경험한 공포의 산물이다. 그렇다면 그들이 두려워한 아노미아란 어떤 것이었는가? 그것은 바로 부르주아지의 사회적 권력에 따라 사회의 구성원들에게 각자의 몫을 분배하는 질서를 전복할 수 있는 아노미아, 부르주아지의 몫을 보장하기 위해 사물들과 사람들을 질서 있게 각자의 자리에 배치하는 체제를 위협할 수 있는 아노미아, 즉 프롤레타리아트 혁명에 대한 공포였으며 프롤레타리아트가 일으키는 내전에 의해 도래하는 아노미아에 대한 공포였다. 1848년 2월 혁명 직전 발표된 『공산당 선언』에서 맑스는 부르주아지와 프롤레타리아트의 관계를 하나의 역설로 포착한 바 있다. 프롤레타리아트는 부르주아지가 잉여가치를 축적하기 위해서는 반드시 필요한 대상이고 그래서 부르주아지의 착취 아래 놓일 수밖에 없지만, 그들이 단지 희생자로 끝나는 것이 아니라 자신들을 지배하는 부르주아지의 착취를 종결할 혁명적 존재가 된다는 점에 맑스는 주목한다.

> "부르주아지를 그 무의지적 무저항적 담지자로서 가지고 있는 바의 공업의 진보는 경쟁으로 말미암은 노동자들의 고립화 대신에 연합에 의한 노동자들의 혁명적 단결을 가져온다. 이리하여 대공업의 발전과 더불어, 부르주아지가 생산하며 생산물들을 전유하는 그 기초 자체가 부르주아지의 발 밑에서 무너져 간다. 부르주아지는 무엇보다도 자기 자신의 매장인을 만들어 낸다."[14]

프롤레타리아트의 존재야말로 부르주아지가 지키고자 한 질서를 전복할 가능성을 담지한 치명적 아노미아의 실체였다. 이들은 자신들의 지배하에서 사회를 통합하고자 하는 부르주아 통치의 기획을 그 기반부터 뒤흔드는 내전적 존재였던 것이다. 잘 알려진 바와 같이 부르주아지는 1789년의 대혁명 때부터 혁명을 급진화하고 자신들의 지배를 뒤엎으려는 프롤레타리아트로 인해 매우 커다란 곤란에 직면한 바 있었다. 1789년 대혁명기에 부르주아지는 상퀼로트라고 불리던 당대 프롤레타리아트의 혁명적 요구로 인해 자신들의 정치적·경제적 지배가 위기에 처했던 경험을 한 적이 있었으며, 또한 1848년 2월 초기와 1848년 6월에는 프롤레타리아트로 인해 자신들의 지배체제가 전복될 뻔한 위기의 순간을 맞은 적도 있다. 부르주아지에게 프롤레타리아트란 언제나 자신들의 정치적 지배와 경제적 이윤을 보장하는 조건과 체제를 전복할 가능성이 있는 위험세력, 아노미아적 존재였다. 부르주아지에게 프롤레타리아트는 착취의 대상, 지배의 대상일 뿐만 아니라 자신의 권력에 맞서 싸우는 내전 세력이기도 한 것이었다. 민주적 통치형태가 어느 순간 강력한 억압기구를 중심으로 한 집행권력의 폭력적 통치형태로 변모하는 이유에는 바로 아노미아에 대한 공포가 자리 잡고 있는 것이다. 공안체제란 바로 아노미아가 발발하는 시점에서 등장하는 부르주아적 통치의 한 버전, 그것의 가장 경직화된 버전이다.

---

14 맑스·엥겔스, 최인호 옮김, 「공산주의당 선언」, 『선집』, 1, 412쪽.

5. 코뮌의 민주주의, 아노미아에서 아우토노미아로

그렇다면 이명박 정권의 소위 반민주성 역시 이런 맥락에서 이해될 수 있지 않을까? 이미 이 정권 출범 초기부터 공식적으로 억압기구의 강화는 예고된 바 있다. 2008년 3월에 있었던 법무부 업무보고에서 법무부 장관은 시위대 검거 등 정당한 업무 집행 과정에서 발생할 수 있는 경찰의 과실에 대해 과감한 면책을 보장해서 적극적인 공권력 행사를 독려하겠다고 밝힌 바 있다. 이러한 기조는 곧이어 경찰의 시위대 전담 체포조를 운용하는 것으로 이어졌다. 또한 용산 철거민에 대한 살인진압, 쌍용자동차 노조의 파업에 대한 폭력진압 등, 민중들의 권리투쟁 역시 강력한 억압기구에 의해 봉쇄되고 있다. 정부는 2009년 3월에는 공안 관련 예산을 전년대비 30% 증액하고, 2005년 폐지되었던 검찰청 공안3과를 부활시켜 시민·사회단체의 집단행동을 전담하게 했으며, 광화문 일대에 경찰을 불법적으로 상주시키는 등 억압적 국가기구를 강화하고 있다.[15]

사실상 이명박 정권하에서 폭력적인 국가기구의 전면화를 통한 통치는 그 자체로 국가운영의 일상적 원리가 되었다고 할 수 있다. 그러나 이명박 정권의 이와 같은 통치 행태가 단순히 과거 독재로의 회귀라고 볼 수만은 없다. 많은 연구자들이 지적하듯 이명박 정권은 사실상 소위 '민주 정권'이라고 불리는 김대중, 노무현 정권의 신자유주의적 노선이 보다 명확해진 것에 다름 아니기 때문이다.[16] 실제로 김대중, 노무현 정권에서도 폭력기구에 의존하는 통치 행태는 분명하게 나타났었다.[17] 비록 정도와 강도의 차이는

---

15 또한 집권당인 한나라당은 집회에서 마스크 착용을 금지하는 것을 골자로 한 '집회시위에 관한 법률' 개정안, 공안기관의 감청권 권한 강화를 골자로 한 '통신비밀보호법' 개정안, '대공·대정부 전복·방첩·대테러 및 국제범죄조직' 등으로 제한된 국내 정보 수집 범위를 '정책 수립에 필요한 정보 등'으로까지 확대하는 내용을 골자로 한 '국정원법' 개정안 등과 같은 공안적인 법률안을 발의함으로써 이명박 행정부의 노선을 법률적으로 뒷받침하고 있다.

16 이에 대해서는 다음 글들을 참조하라. 고병권, 「불안시대의 삶과 정치」, 『부커진 R 2 : 전지구적 자본주의와 한국사회—다시 사회구성체론으로?』, 그린비, 2008 ; 이계수·오병두, 「이명박 정부의 친기업적 경찰국가화에 대한 비판과 민주법학의 대응」, 『민주법학』 38호(2008년 12월).

17 가령 김대중 정권 당시 구속노동자 수는 892명으로 김영삼 정권 때의 632명보다 많았으며, 노무현 정권하에서는 더욱 늘어 1037명에 이르렀다(『한겨레』 2007년 12월 2일자). 또한 노무현 대통령의 집권시절인 2005년에도 쌀 개방에 반대하는 농민들이 경찰폭력에 의해 살해당했으며, 노무현 정권은 한미 FTA 협상 국면에서 이를 반대하는 진영의 집회를 수없이 원천봉쇄한 바 있다.

있겠지만, 이명박 정권은 한국 사회의 신자유주의적 재편을 위협할 수 있는 가능성을 억압기구를 앞세워 탄압해 왔다는 점에서는 김대중, 노무현 정권과 연속적이라고 파악될 수 있다. 다시 말해, 이명박 정권의 억압적 통치 행태는 바로 김대중 정권 이래로 심화된 신자유주의적 통치방식의 급진적 귀결이며, 부르주아 통치체제의 원리인 공안체제가 신자유주의 대한민국에서 나타난 것으로 볼 수 있다는 것이다.

이러한 상황에서 필요한 것은 야권이나 시민사회의 일부 진영이 주장하듯 김대중-노무현 정권이 성취한 민주적 정부형태로 복귀하거나, 일부 진보적 정치학자들이 지적하듯 시민의 의사를 제대로 대의하는 정당체제의 구축을 통한 민주적 통치 질서를 수립하는 것일까? 이러한 발상들은 여전히 민주주의를 통치형태 혹은 주권형태의 민주화로 사유하고 있으며, 통치형태 혹은 주권형태로서 민주주의가 근본적으로 그 심연에는 폭력적 기구를 통한 아노미아의 억압이라는 반민주적 통치원리를 내재하고 있음을 보지 못하게 한다. 중요한 것은 민주주의를 통치형태나 주권형태와는 다른 방식으로 사유하는 것이다.

이런 맥락에서 파리코뮌에 대한 맑스의 분석은 민주주의를 다르게 사유하기 위한 중요한 통찰을 우리에게 여전히 제공하고 있다. 보불전쟁에서 보나파르트의 패배 이후 프랑스에서는 티에르를 행정부 수반으로 하여 공화정이 다시 한 번 시작된다. 그러나 이 공화정은 패전이라는 또 다른 비상사태를 빌미로 정치적 결사를 금지하고 많은 비판적 언론들을 폐간하였으며 정권에 반대하는 급진파 정치 지도자들을 구속하는 등 공안체제를 여전히 유지하고 있었다. 그러나 프롤레타리아트를 중심으로 한 파리의 인민들은 더 이상 공안체제를 온순하게 받아들이지 않았다. 이들은 부르주아 정권이 프로이센과 강화조약을 맺자 자신들의 독자적인 '정부'의 구성에 착수하였던 것이다. 그것이 유명한 파리코뮌이었다.[18]

---

18 파리코뮌의 형성 과정은 다음과 같다. 패전 이후 티에르 정부에 대항하여 국민 방위군 내의 민주적 세력이 중심이 된 '국민 방위군 공화 연맹'이 출범하였다. 3월 18일 파리 인민들의 무장을 해제시키기 위해 대포를 탈취하려던 티에르의 계획이 실패하자 파리에서 인민 봉기가 일어났다. 본격적인 내전이 발발한 것이다. 다음 날인 3월 19일 '국민 방위군 공화 연맹'의 중앙 위원회는 이 내전의 와중에 파리에서 코뮌 선거를 실시하게 된다. 이로써 최초의 프롤레타리아트 정부가 들어섰다.

그러나 이 정부는 어떤 의미에서 '정부'가 아니었다. 즉 그것은 한 계급이 다른 계급을 지배하는 통치형태 혹은 특정 집단의 이익을 유지하는 주권형태가 아니었다. 맑스는 「내전」에서 혁명이 발발한 3월 18일 중앙 위원회의 "지배계급의 패배와 반역의 한가운데 있는 파리의 프롤레타리아는 공무의 지휘를 자기의 수중에 장악하여 상황을 수습하여야 할 시간이 다가왔음을 파악하였다. ……그들은, 스스로 자기 자신들의 운명의 주인이 되고 정부 권력을 장악하는 것이 자신들의 최상의 의무이며 절대적 권리라는 것을 파악하였다"는 선언을 인용한다. 그리고 그는 곧바로 "그러나, 노동자계급은 기존의 국가기구를 단순히 접수하여 이것을 자기 자신의 목적을 위해 움직이게 할 수는 없다"(「내전」, 61쪽)라고 덧붙인다. 즉 코뮨은 부르주아가 자신들의 통치형태, 주권형태로 구축한 국가기구와 같은 것이 전혀 아니라는 것이다. 부르주아적 통치형식을 통해 프롤레타리아트는 자신들의 정치체를 구축할 수 없다는 것이 맑스의 인식이었다.

파리코뮨은 보통선거를 통해서 선출된 시의원들로 구성되었다. 그들은 주로 노동자들이거나 노동자계급의 공인된 대표들로 주로 이루어져 있었다. 이 기구는 그저 입법부에 머문 것이 아니라 행정과 입법의 업무를 겸한 기구였으며, 코뮨의 모든 공직자들은 선거민에 대해 직접적인 책임을 지게 되었고 언제든지 소환될 수 있었으며, 또한 해임될 수 있었다. 이들뿐만이 아니라 경찰과 사법 공무원들을 비롯한 모든 관리는 코뮨의 공직자들과 마찬가지로 언제든지 해임될 수 있었으며, 노동자의 임금 이상을 받지 않았다. 상비군은 해체되고 인민의 무장에 의한 직접적인 자기 방위가 이루어지게 되었다. 이러한 정치적 조치들과 더불어 코뮨은 당시 노동자를 위해 제빵공 직인의 야간 작업 폐지, 노동자들에게 이러저러한 구실로 벌금을 부과하는 고용주에 대한 과태료 부과, 폐쇄된 작업장과 공장을 노동자 협동조합에 양도하는 등의 정책을 실시했으며, 이외에도 모든 교육기관을 모든 인민에게 무상으로 개방하였고 교육은 더 이상 국가와 교회의 이데올로기적 통제를 받지 않게 되었다. 또한 공창제의 폐지, 임차인과 영세 상인을 위한 보호 조치 등등의 사회적 조치들이 취해졌다. 이러한 조처들이 보여 주는 바는 "코뮨은 공화국에 진정한 민주주의 장치의 기초를 마련"(「내전」, 67쪽)하였다는 것, "이전의 모든 정부형태가 본질적으로 억압적이었음에 반해 코뮌은 철저하게 개방적인 정치형태라는 것을 증명"(「내전」, 67쪽)하는 것이었다.

여기서 중요한 것은 파리코뮌이 내전이라는 상황에서, 즉 자신들이 구축한 질서가 적에 의해 언제든지 전복될 수 있는 비상사태에 수립되었다는 것이다. 파리코뮌은 부르주아지의 폭력적인 국가기구와 대치하는 중이었다. 적과의 전쟁을 위해 간결하고 효율적인 명령체계와 정치체 구성원의 권리에 대한 일시적 중지가 필요했던 상황에 처해 있었다. 즉 파리코뮌 역시 예외상태의 권력으로 나타나는 것이 당연해 보였다는 것이다. 실제로 부르주아지는 내전의 위협 속에서 각종 민주주의적 권리들을 폐지하고, 계엄 상태를 그 본질로 하는 강력한 억압기구의 통치, 즉 공안체제를 수립함으로써 프롤레타리아트와의 내전에 임했다. 그러나 프롤레타리아트는 부르주아지와의 무력적 충돌이라는 현실적 비상사태 가운데서 지금 민주주의적 제도들을 수립함으로써 부르주아지에 맞서고 있는 것이다.

아감벤에 따르면 예외상태란 주권이 아노미아에 대처하기 위해 법질서를 중지함으로써 아노미아를 다시금 법과 관련시키는 주권자의 결정을 의미한다. 아노미아가 법질서 밖에 위치함으로써 법질서 자체를 붕괴시킬 위험을 차단하기 위해 주권이 '정상적' 법질서를 유보하는 상태가 바로 주권이 창출하는 예외상태이다. 티에르의 부르주아지 정권에게 파리코뮌은 한마디로 아노미아였다. 부르주아지 정부는 파리코뮌을 '비천한 대중들'(vile multitude)의 반란으로 규정하였고, 코뮌을 구성하고 있는 대중들을 '폭도'이며, '한줌의 범죄자들'이고, '파리의 추악한 폭군'이라고 선전했다. 부르주아적 통치의 관점에서 보면 파리코뮌은 부르주아적 주권의 질서, 그것의 법질서로부터 벗어난 아노미아였던 것이다. 이 아노미아를 프랑스의 부르주아지는 프로이센의 부르주아지와 손을 잡고 억압적 국가기구로 진압했다.

파리코뮌의 프롤레타리아에게도 부르주아와의 내전이란 분명한 비상사태였다. 하지만 앞에서 보았듯이 그들은 이 시기에 프랑스 역사상 가장 민주적인 정치체를 조직하고 있었다. 코뮌의 조처들이란 비상사태 시에는 예외상태가 요구된다는 주권의 원리에 정면으로 맞서는 것이었다. 왜 파리코뮌은 이 시급하고 절체절명의 순간에 보통선거를 실시하고 민주적 제도들을 구축하는 행동을, 달리 말해 예외상태에 어긋나는 행동을 하고 있었던 것일까?

프롤레타리아트는 부르주아지의 계급지배를 자신들의 계급지배로 대체하기 위해서 혁명을 일으킨 것이 아니었다. 즉 프롤레타리아트가 하나의 계급으로서 다른 계급을 지배하는 또 다른 통치형태를 수립하기 위해 혁명을 일으킨 것이 아니고 계급지배 그 자체를 폐지하기 위해서, 하나의 계급이 다른 계급들을 통치하는 주권적 통치형태 자체를 폐절하기 위해서 혁명을 일으킨 것이었다. 그리고 그러한 계급지배의 폐지란 정확히 프롤레타리아가 '자기 운명의 주인이 되는 것', 즉 아우토노미아(autonomia)를 의미하는 것이었다. 굳이 프롤레타리아트에게 적합한 통치형태를 찾자면 그것은 언제나 자기-통치, 즉 아우토노미아였다. 아우토노미아란 프롤레타리아트의 집단적 삶으로부터 분리된 초월적 통치가 아니라 자신들의 집단적 삶의 형태를 스스로 구축해 가는 정치적 실천의 영속적 과정이다. 부르주아에게 공포의 대상이 되는 아노미아란 정확히 프롤레타리아트의 아우토노미아였던 것이다. 그리고 파리코뮨이 수립된 이후 실시된 모든 민주적 조처들은 이러한 아우토노미아의 실천이었다.[19]

민주주의란 무엇인가? 그것은 과연 민주적 주권형식, 민주적 통치형태를 의미하는 것일까? 그러나 민주주의가 통치형태나 주권형식으로 정의되는 한, 그것은 언제나 예외상태라는 통치권력의 폭력적 지배를 원리로 내장하고 있음을, 더욱이 부르주아의 통치질서는 언제든지 공안체제라는 억압적이고 폭력적인 통치로 변형될 수 있음을 우리는 살펴보았다. 나는 한국사회에서 민주주의에 대한 물음을 다시 던져야 한다고 생각한다. 파리코뮨에 대한 맑스의 분석은 통치형태, 주권형식을 어떻게 민주화할 것인가라는 물음이 중요한 것이 아니라 통치형태와 주권형식이 부재한 민주주의가 지금

---

19 물론 프롤레타리아트의 아우토노미아가 단순히 정치적 권리의 쟁취로만 국한되는 것은 아니다. 맑스의 말대로 코뮨의 비밀은 그것이 프롤레타리아트의 경제적 해방을 추구하는 정치체였다는 데 있다. "노동의 경제적 해방이 완성될 수 있음이 마침내 발견된 정치형태"(『내전』, 67쪽)가 바로 코뮨이었던 것이다. 그리고 "코뮨은, 지금 무엇보다도 노동의 노예화와 착취의 수단인 토지와 자본이라는 생산수단을 자유로운 연합된 노동의 단순한 도구로 전화시킴으로써 개인적 소유를 사실로 만들려고 했다"는 점이 프롤레타리아트 아우토노미아의 핵심이라고 할 수 있다.

여기서 어떻게 가능한가라는 물음이 중요함을 알려 준다. 좋은 주권의 통치가 필요한 것이 아니라 프롤레타리아의 주권 없는 집단적 자기-통치, 다시 말해 프롤레타리아트 혹은 대중의 아우토노미아가 우리의 현실에서 어떻게 가능한지를 묻는 것이 중요하다고 나는 생각한다. 통치형태의 민주화가 아니라, 오늘날 프롤레타리아트의 집단적 연합의 형태를 민주적으로 구성하는 것, 즉 '비천한 대중'의 아우토노미아의 형태를 발명하는 것이 민주주의에 대한 우리의 물음이어야 할 것이다.

05
절대지대에서 절대민주주의로
─공통되기의 존재론을 위하여

조정환

문제설정 : 창조력과 공통되기

우리가 직면한 가장 중요한 문제들 중의 하나는 금융이다. 폴 메이슨은 2008년의 금융위기를 크라카토아 화산의 폭발에 비유한다.[1] 1883년 크라카토아 화산은 히로시마에 투하되었던 핵폭탄의 1만 3천 배의 위력으로 폭발하여 화산가스와 구름과 돌이 반경 40킬로미터로 퍼져 나갔고 이로 인한 해일이 150킬로미터에 이르는 해안선의 주민들을 쓸어가 버렸으며 아황산가스가 지구 전체 기온을 1.2도나 떨어뜨려 5년 동안 세계기후가 정상으로 돌아오지 않았다. 어느 누구도 우리가 지금 이 금융위기의 어느 지점에 살고 있는지 정확하게 말하기 어려우며 그 파장이 어디까지 미칠 것인지 예측하기 어렵고, 그것의 역사적 의미가 무엇인지 단언하기 어렵다.

분명한 것은 지금의 금융위기를 단순한 경제적 사건으로만 이해하거나 순환적 반복의 한 국면으로만 이해하는 것은 사태를 직시하는 것을 회피하

---

[1] 폴 메이슨, 『탐욕의 종말』, 김병순 옮김, 한겨레출판, 2009, 74쪽.

며 유효한 삶의 대안을 창출하는 작업을 방해하는 방법일 뿐이라는 사실이다. 금융위기는 화폐적 축적을 꾀하려는 은행들, 투자은행들, 보험사들, 신용평가기관들에만 책임이 있는 것이 아니다. 자본축적을 규제완화 정책을 통해 보조하거나 혹은 조장한 정부도 그 책임의 한 축이다. 아니 그것은 부동산 투자를 통해 이익을 챙기려 한 중산층, 자신의 임금에서 원천공제된 연기금이 금융자본화하여 투기적 순환을 거친 후 더 높은 수익으로 자신의 노후를 안전하게 보장해 주길 바라는 노동계급, 그리고 부동산가격의 상승을 통해 빈곤에서 빠져나올 수 있길 희망했던 빈민들(서브프라이머들)의 환상이 자본의 탐욕과 결합되어 나타난 일종의 사회적 종합국면(conjuncture)이라 해야 할 것이다. 아주 작은 욕망들 하나하나가 전염적으로 융합되어 전 지구적 삶에 깊은 파장을 나타내는 시대가 현대이다. 금융위기는 경제정치적 사건으로 검토되어야 할 뿐만 아니라 삶과 생명에 대한 존재론적 고찰을 요구한다.

사회적 삶은 자기생성적 조직인 생명의 사회적 표현이다.[2] 여기서 자기생성은 생명적 개체와 환경의 상호섭동(Perturbationen)의 과정이다. 이 섭동적 상호작용에서 환경의 구조는 자기생성 개체의 구조에 변화를 유발한다. 하지만 그것을 결정하거나 지시하지는 않는다. 환경 역시 개체의 작용에 의해 결정되지 않고 그 구조의 변화를 유발당할 뿐이다. 개체와 환경은 이렇게 재귀적으로 상호작용하면서 개체발생과 계통발생의 역사를 만들어 낸다. 환경과 개체가 서로 섭동의 원천으로 작용하면서 상태변화를 유발하는 이 과정을 움베르토 마투라나와 프란시스코 바렐라는 **구조접속**이라고 부른다. 구조접속에서 생명개체들은 부단히 새로운 도전에 직면하며 그 도전에의 적응을 위한 노력은 새로운 세계의 안출로 귀착된다. 그러므로 생명체의 세계란 개체들이 타자들과 함께 만들어 낸 세계이며 이 세계는 다시 각각의 개체들에게 영향을 미친다. 이 사회적 세계에서 모든 개체는 타자에게 의존하고 있다. 그러므로 타자의 인정은 이 세계의 성립조건에 속하며 개체들의

---

2 이러한 관점에 대해서는 움베르토 마투라나·프란시스코 바렐라, 『앎의 나무』, 최호영 옮김, 갈무리, 2007, 56쪽. 그리고 프란시스코 바렐라, 『윤리적 노하우』, 유권종·박충식 옮김, 갈무리, 2009, 40쪽 참조.

상호섭동은 **공통의 조정된 세계**를 만들어 가는 동학(動學)이다.

이것은, 생명이 본원적으로 그리고 항상적으로 공통적인 존재다라고 말하고자 하는 것이 아니다. 맹자의 성선설이 인간이 본래 선하다는 것을 의미하기보다 인간이 선할 수 있는 능력을 갖고 있다는 의미이듯, 생명이 공통적이라고 하는 것은 생명이 본래 공통적임을 의미하기보다 공통되기의 노력과 실천을 통해 공통적으로 조정된 세계를 만들어 나갈 수 있음을 의미한다.

그러므로 생명체에서 인식은 이미 주어진 객관 세계, 즉 실재에 대한 재현에 불과한 것이 아니다. 그것은 상호섭동을 통한 공통되기와 사회적 상호조정에 뿌리를 내리고 있다. 인식행위는 생명체들의 구조접속과 상호섭동의 일부이다. 인식적 '실재'는 그것이 아무리 객관적인 것으로 보일지라도 인식주체의 인식행위의 산물, 즉 창조물이다. 왜냐하면 인식주체가 섭동에 직면하며 수행하는 구별작용을 통해 비로소 '실재'가 존재하게 되기 때문이다. 개념으로서의 실재가 객관적 성격을 띠게 되는 것은 오히려 그것이 개체들 사이에서 상호 조정되는 과정에서이다. 따라서 실재란 자신들 자체의 존재와 지속에 대해서 관심을 가지며, 자신의 존재를 존속시키는 역동적인 추진력을 구현하고 있고 자신들의 현재적 조건을 넘어서야 하는 생명활동의 필요가 인식활동 속에 구현되는 방식이다.

우리가 금융위기라는 문제를 설정할 때, 그것이 실재성을 갖는 것은 이런 의미에서이다. 이 문제는 객관적으로 주어진 것이라기보다 생명체로서의 우리가 우리 시대의 섭동과정에서 제기하는 문제, 공통되기의 수행을 통해 풀고자 하는 구성된 과제이다. 우리는 지난 수십 년간 금융지배를 경험해왔고 최근에 그것의 대폭발과 위기를 또한 경험했다. 사람마다 다른 진단과 대안을 내세우고 있고 상이한 관심들과 이해관계들이 여기에 투여되고 있다. 그것들의 얽힘이 복잡하면 할수록, 그리고 그것의 파급효과가 광범위한 만큼 이 문제의 역사적 성격을 해명하고 그 내적 발전경향을 밝히며 공통적 조정의 의지를 조직하는 것은 주요하고도 긴급한 과제로 되고 있다. 이 글은 이 복잡한 문제를 풀기 위한 작업의 일환으로 맑스의 신용론과 지대론, 특히 절대지대론이 이 문제의 해명에 던지는 시사점이 무엇인가를 조명하기 위한 것이다. 또 이것은 우리의 새로운 섭동의 경험이 가치론과 잉여가치론에 어떤 역사적 변경을 요구하는지에 대한 탐구이기도 하다.

금융과 금융자본 : 금융자본의 형태와 기능의 변화

금융자본은 화폐자본의 한 형태이다. 하지만 화폐 그 자체는 아직 자본이 아니다. 화폐는 **산 노동[노동력]과 교환되어 노동을 강제하고 명령하는 능력을 가짐으로써만, 그리하여 노동력의 가치 이상의 잉여가치를 창출할 때에만** 자본으로 기능한다. 그런데 실제로 화폐는 직접 산 노동과 교환되지 않으면서도 자립적인 자본형태로 기능할 수 있게 되는데 그것은 화폐가 자본의 총생산과정에서 자본의 통과형태로 기능할 때이다. 맑스는 그것을 『자본론』 Ⅲ권 19장에서 29장 사이에서 화폐거래자본, 이자 낳는 자본, 신용과 가공자본, 은행자본 등의 이름으로 다룬다.

그렇다면 우리 시대의 금융자본도 맑스가 분석한 화폐자본의 이러한 고전적 형태들 중의 하나인 것인가? 실제로 우리는 금융자본을 산업자본이 취하는 단순한 통과형태로 이해하거나 혹은 산업자본에 의존하는 기생적이고 비생산적인 자본형태로 파악하는 견해들을 자주 접한다. 만약 금융자본이 산업자본의 통과형태이거나 그것에 기생하는 자본형태라면 금융위기도 산업자본이 겪는 위기들(이윤율의 경향적 저하나 과잉생산, 과소소비 등)의 현상형태 이상일 수 없을 것이다.

그런데 오늘날 우리가 대면하게 되는 것은, 오늘날의 금융체제에서 지배적 금융기관은 더 이상 은행이 아니라 금융시장과 비은행금융기관들이라는 사실이다. 화폐를 조달하여 산업자본에 제공했던 고전적 의미의 은행기능은 오늘날 금융자본의 주류나 핵심 혹은 지배적 기능이 결코 아니다. 핵심적 금융자본은 오늘날 **산업과의 직접적 연결**을 갖지 않은 채 금융영역에서만 활동한다. 자본 집중과 집적의 최신형태들인 사모, 헤지, 뮤추얼 등의 각종 펀드들은, 고전적 은행자본과는 달리, 산업자본의 보조자에 머물지 않고 자립적인 행위자로, 자립적인 상품(예컨대 금융상품 및 파생금융상품) 생산자로 움직인다. 금융자본에서 점점 더 큰 비중을 차지해 가고 있는 거대규모의 연기금과 보험은 고수익을 좇아 주식투자를 넘어 해외투자, 파생금융상품에 대한 투자로 행진하고 있다. 이 새로운 금융행위자들에 비해 고전적 의미의 은행기능은 가장 대규모인 경우조차 난쟁이에 불과하다.[3] 그 결과 생산자본과 금융자본의 관계가 역전된다. 금융자본이 생산자본을 보조하고 있는 것이 아니라 생산자본이 금융자본에 의존하며 생산자본이 오히려 금융자본의 통과형태이고 의제형태인 것처럼 되고 있다. 요컨대 생산자본과 금융자본의 구분이 흐려지고 **생산자본과 금융자본의 관계가 금융자본의 헤게모니 하에서 재배치되면서 총자본이 총체적으로 금융자본의 성격을 띠게 된 것이** 현대이다. 오늘날 금융자본을 가상자본으로, 산업자본을 실물자본으로 보면서 금융자본을 자본의 부당한 가상화라는 관점에서 평가하는 실물주의적 관점이 설득력을 갖기 어려운 것은 이러한 사정을 충분히 고려하지 않고 있기 때문이다.

자본형태들 사이의 역관계의 이러한 변화와 총자본의 성격변화는 돌발적인 것이 아니다. 우리는 금융자본을 자립적 자본형태로 정의하려는 역사적 시도들 속에서 이 변화의 과정을 징후적으로 읽어 낼 수 있다. 맑스는 산업자본주의 초기, 즉 자본주의의 자유주의 국면에서 화폐자본의 변태를 설명했다. 그는 화폐자본의 집적과 집중이 자본관계의 발전에 미치는 효과를 당대의 실제적 발전 이상으로 깊이 있게 분석했고 그 경향을 읽어 냈다. 하지만 맑스에게서 금융자본은 아직 자립적 위치를 갖지 못했으며 이 때문에 화폐자본에 대한 설명은 산업자본의 통과형태로서의 은행자본에 머문다.[4]

힐퍼딩과 레닌은 19세기 말 이후 자본주의의 제국주의 국면에서 점점 강력해지고 있는 금융자본 형태를 분석한다. 예컨대 힐퍼딩은, 산업자본 중에서 그것을 운용하는 산업자본가가 소유하지 않은 자본의 비율이 꾸준히 증대하고 있는 현실에 주목하면서 산업자본가는 오직 은행의 매개를 통해서만 자본을 사용할 수 있고 이 경우 은행은 자본의 소유주를 대표하게 된

---

3 프랑수아 셰네 엮음, 『금융의 세계화』, 서익진 옮김, 한울, 2008, 34쪽.
4 맑스는 『자본론』 I, 31장(「산업자본가의 발생」)에서 은행귀족, 금융귀족, 금리생활자, 중매인, 주식투기업자, 증권거래업자 등에 의한 (그리고 식민제도, 공채, 국채, 국제신용제도 등에서 국가와의 결탁을 통한) 투기적 축적을 다루는데, 이것은 상업자본 헤게모니하에서 산업자본이 발생하는 과정을 묘사하기 위한 것이다. "오늘날에는 산업적 패권이 상업적 패권을 가져온다. 이와는 반대로, 진정한 매뉴팩처 시기에는 상업적 패권이 산업상의 우세를 보장해 주었다."(『자본론』, I(하), 1037쪽)

다고 봄으로써 산업자본에 대한 은행자본의 점증하는 지배경향을 서술한다.[5] 힐퍼딩의 분석에서 은행자본이 산업자본에 비해 우세한 것으로 서술되고 있지만 여전히 그것은 산업자본에의 의존을 벗어나지는 못한다는 것으로 나타난다. 은행은 자기 자본의 더욱더 많은 부분을 산업에 투하할 수밖에 없게 되고 그리하여 은행이 점점 더 산업자본가로 전화되었던 것이다. 그가 금융자본이라고 부른 것은, 이러한 은행자본, 즉 사실상 산업자본으로 전화되는 화폐형태의 자본이며, 그렇기 때문에 그의 금융자본은 **은행이 통제하고 산업자본가가 사용하는 자본**을 의미하는 것이었다.

레닌은 이러한 힐퍼딩의 정의가 "한 가지 극히 중요한 사실, 즉 독점에 달했거나 달할 정도로 생산과 자본의 집적이 증대되었다는 사실에 대해 침묵하고 있는 한 불완전할 수밖에 없다"[6]고 보면서 은행과 산업의 융합에 주목한다. "생산의 집적, 이로부터 생겨나는 독점체, 은행과 산업의 합병 혹은 유착, 이러한 과정이 바로 금융자본의 발생사이며 금융자본이라는 개념의 내용이다."[7] 레닌은 생산과 자본이 집적되어 **화폐자본에 대한 통제와 사용이 합체된 거대 독점자본**을 금융자본으로 부른다. 여기서 화폐자본은 산업자본에의 단순한 의존을 넘어선다. 양자는 유착되어 합병된 행위자로 기능한다. 이것이 자본수출로 표현되는 제국주의의 원동력으로 작용했다는 것은 주지의 것이다.

그러나 이것이 금융자본 발전의 종국은 아니었다. 들뢰즈와 가타리는 금융자본의 그 이후의 발전이 갖는 의미를 파악하려고 시도했다. 그들은 자본주의 이전에는 상업자본이나 금융자본이 자본주의적이지 않은 생산과 결연을 맺었으나 자본주의의 발전과 더불어 상업자본과 금융자본이 자본주의적인 산업과 결연을 맺었다고 본다. 그렇기 때문에 그들은 자본주의가 그 본질이나 생산양식에서 산업적인 것은 사실이지만, 그것은 실제로는 시장자본주의로서만 작동하며 상업자본 및 금융자본과의 결연을 통해서만 작동한다고 본다. 그들이 보기에 자본주의에서 욕망의 체계와 공급 전체를 관리하

5 루돌프 힐퍼딩, 『금융자본』, 김수행·김진엽 옮김, 새날, 1994, 319~324쪽 참조.
6 블라디미르 일리치 울리야노프 레닌, 『제국주의론』, 남상일 옮김, 백산서당, 1988, 77쪽.
7 레닌, 앞의 책, 77쪽.

는 것은 오히려 은행자본이다.[8] 들뢰즈와 가타리에게는 상업자본 패권에서 산업자본 패권으로의 이행이라는 맑스적 시기구분은 (따라서 산업자본 패권에서 금융자본 패권으로의 이행이라는 우리의 시기구분 역시) 없다. 그들은 자본주의적 산업이 전 시대에 걸쳐 상업, 시장, 금융 헤게모니하에서 기능하는 것으로 사고한다.

이렇게 은행자본, 즉 금융자본의 헤게모니를 정식화한 후 이들은 금융자본의 해외수출을 기초로 한 제국주의의 식민지 침탈의 효과를 분석한다. 그것은 주변부에 저개발의 개발을 낳는데, 이것은 낮은 유기적 구성에 기초하여 잉여가치율을 높이는 것으로 작용하고 선진국에서의 이윤율 저하를 상쇄하는 효과를 가져온다. 그것의 장기적 효과는, 선진국이 저개발국에 자본을 공급하는 것이 아니라 오히려 저개발국들이 선진국에 자본을 공급하게 되는 것이다. 그렇다면 중심에서는 높은 유기적 구성으로 인해 잉여가치율이 낮아지는 것일까? 들뢰즈와 가타리에 따르면 그렇지 않다. 중심부에서 인간에 의한 잉여가치율은 낮아질 수 있지만 기계에 의한 잉여가치가 그것을 상쇄한다.

흐름들이 탈코드화한 곳에서는, 공학적이고 과학적인 형식을 취한 코드의 특수한 흐름들은 바로 사회적인 공리계에 종속한다. 이 사회적 공리계는 모든 과학적 공리계보다도, 또 모든 낡은 코드들이나 사라진 탈코드화들보다도 훨씬 더 엄혹하다: 이 사회적 공리계는 세계 자본주의 시장의 공리계이다. 요컨대, 자본주의 체제에 의하여 '해방'된 과학과 기술의 코드의 흐름들이 기계에 의한 잉여가치를 낳는데, 이 잉여가치는 과학과 기술에 직접 의존하는 것이 아니라, 자본에 의존하는 것이요, 또 인간에 의한 잉여가치에 덧붙여져서, 이 잉여가치의 상대적 저하를 수정하게 된다. 그리하여 이 (기계에 의한 잉여가치와 인간에 의한 잉여가치) **양자가 이 체계의 특징을 이루는 흐름의 잉여가치 전체를 구성하는 것이다.**[9]

---

8 질 들뢰즈·펠릭스 가타리, 『앙띠 오이디푸스』, 최명관 옮김, 민음사, 2000, 343쪽.
9 들뢰즈·가타리, 『앙띠 오이디푸스』, 349쪽.

이렇게 두 가지 상이한 흐름의 전체에 의해 생산된 잉여가치는 일반적으로 자본주의에 내적인 것으로 간주되지 않는, 그래서 비생산적인 것으로 이해되어 온 과정에 의해 흡수되고 실현된다. 광고선전, 시민행정, 군국주의, 제국주의 등이 그것이다. 요컨대 국가, 경찰, 군대 등은 바로 그 비생산적 역할을 통해 자본주의에 내재적인 잉여가치 실현의 기능을 담당하며 자본주의적 생산의 조건을 형성한다. 이러한 서술을 통해 들뢰즈와 가타리는 산업자본―은행자본―세계자본주의 공리계로 이어지는 자본주의 체제를 상상하게 하며 금융자본을 산업자본뿐만 아니라 세계자본주의 공리계와 결연된 것으로 이해하도록 만든다.

그런데 이러한 이해의 가능성은 '잉여가치는 노동력의 가치와 노동력에 의해 창조되는 가치 사이의 차이에 의해서 정의된다'는 맑스의 명제를 수정함으로써만 비로소 주어지게 된다.

잉여가치의 정의는 가변자본의 인간에 의한 잉여가치와 구별되는 불변자본의 기계에 의한 잉여가치, 그리고 흐름의 잉여가치 전체의 측정 불가능한 성격을 따라서 수정되지 않으면 안 된다. 잉여가치는 노동력의 가치와 노동력에 의하여 창조되는 가치 사이의 차이에 의해서는 정의될 수 없다. 그렇지 않고 이 두 흐름이 서로 내재하면서도 통약될 수 없는 성격에 의하여, 이 두 흐름을 나타내는 돈의 두 양상 간의 부조화에 의해서, 또 이 두 흐름의 비에 대해서 외적 극한이 부재한다는 것에 의해서 정의될 수 있다. [10]

금융자본하에서 가치법칙의 역사적 수정이 어떻게 이루어지고 있는가는 중요한 문제이다. 우리는 들뢰즈와 가타리의 생각을 이 문제에 대한 해답으로서보다는 하나의 문제제기로 받아들이면서 이제 **금융자본의 헤게모니하에서 잉여가치는 어떻게 발생되고 수취되며 회전하는가**의 문제에 대해 살펴보자.

---

[10] 『앙띠 오이디푸스』, 353쪽.

잉여가치화와 공통되기

노동계급 투쟁과 금융의 자유화

우리가 금융자본을 진화의 관점에서, 화폐자본의 역사적 변태의 관점에서 이해하기 위해서는 20세기, 특히 그 후반에 전개된 화폐정치의 양상을 간단하게라도 살펴보아야 한다.

1971년 브레턴우즈 체제의 붕괴는 30년 장기호황의 종말과 미국의 쌍둥이 적자를 조건으로 하는 것이었다. 이로써 금태환은 중지되고 국제통화체제는 고정환율제에서 변동환율제로 변경되었다. 1979~1981년에 폴 볼커와 마거릿 대처는 자본의 대외적 운동에 대한 통제를 철폐하고 국민적 금융제도들의 자유화를 시도했다. 그 결과 1980년대 초 이후에 국제적으로 상호연계된 채권시장들이 급속히 팽창했다. 자유화된 채권시장은 정부와 기금이라는 두 행위자의 필요에 부응하는 것이었다. 정부는 채권시장을 외국 금융투자자들에게 개방하여 재정적자를 보전할 수 있게 되었고 OECD 나라들이 재정적자의 보전방식을 금융시장에서의 채권발행으로 전환함으로써 연기금을 금융화할 수 있는 길이 열렸다.

연기금의 성격은 복합적이다. 한편으로 연기금은 임금이나 봉급에서 나온 분담금이 누적된 것이며, 그 공인된 목적은 퇴직 임노동자들에게 규칙적이고 안정된 연금을 보장하는 것이다. 따라서 연기금은 저축을 집중시키는 제도형태로서 대개 기업이 의무적으로 시행해야 하는 민간제도이기 때문에, 그 최초의 자금원은 (넓은 의미에서의) 임금소득이다. 다른 한편으로, 이 기금들이 집중시킨 저축이 일정 한도를 넘어서면 이들은 비은행금융기관으로서의 지위를 획득하며, 그 기능은 대규모 화폐자본을 유동성 원칙과 동시에 수익의 극대화 원칙하에서 자체 증식을 도모하는 것으로 바뀌게 된다. 이리하여 기금의 경제적 성격에 일정한 변화가 초래되고 그 영향력이 커지는 것은 불가피하다. 이제 기금은 보잘것없는 저축이란 표현과는 전혀 어울리지 않는다. …… 기금들은 금융자본의 중추기관으로 등장하고, 또 '투기

금융'의 주력부대의 역할을 한다."[11]

연기금이 이렇게 금융자본의 중추기관으로 등장함으로써 노동계급과 금융자본의 관계는 복잡해진다. 애초에 금융자본화는 1968년의 투쟁들과 그 파도가 가져온 효과였다.[12] 어떻게 당시의 반란들이 신용확장과 금융자본화를 자극했을까?

1960년대 말에 동구와 서구에서 시작된 전 세계적 투쟁은, 자본이 더 이상 공장에서의 노동력에 대한 직접적 통제에 의존할 수 없음을 의미했다. 중심부에서 노동 생산력의 착취는 한편에서는 불변자본의 고도화로 인한 이윤율의 저하에, 다른 한편에서는 노동계급의 저항으로 인한 이윤량의 상대적 축소에 직면했다. 사회적 노동력에 필요노동 이상의 노동, 즉 잉여노동을 부과하는 자본의 능력이 이런 과정 속에서 제한됨에 따라 노동착취 그 자체가 너무 비싸게 되었다. 게다가, 노동의 파괴적 권력은 1960년대 말에 노동 강도 강화에 반대하는 저항 속에서, 그리고 임금을 인하하려는 시도들(직접적 소득 재분배 정책이나 인플레이션을 통한 간접적 소득 재분배 정책)에 반대하는 저항 속에서 드러났다. 달리 말해, 노동계급은 더 이상 그 자신을, 어떤 한계를 넘어 착취되도록 허용하지 않겠다는 태도를 분명히 밝혔다. 자본은 이것에 공장을 도피시키는 것으로 대응했다. 자본이 공장에서 노동력을 착취하기보다 화폐형태 속에서 부를 축적할 길을 찾기 시작한 것이다. 자본은 이제 생산의 늦은 속도와 더러운 장소를 망각한 것처럼 행동했다. 자본은 노동과의 대면이나 교환 혹은 충돌 없이 자신을 청결하게 만들기 위해 애썼다. 그것은 금융투자에 의해 가능해졌는데 금융투자 속에서 수익은 훨씬 더 쉽게 산출될 수 있었다. 그리고 이자 소득에 대한 보장은 국가에 의해 조장되고 촉진되었다. 그런데 노동에 대한 승리나 노동으로부터의 해방으로 보여지는 이 금융형태 자본의 부상이 다른 한편에서는 **노동의 불복종적 힘**의 실재성을 보여 주는 것이라는 점을 잊지 않을 필요가 있다.

11 「금융의 세계화」, 34~35쪽.

12 워너 본펠드 엮음, 「화폐와 계급투쟁」, 「신자유주의와 화폐의 정치」, 이원영 옮김, 갈무리, 1999 참조.

자기 자신을 착취의 경합 지대로부터 '해방'시키려는, 그리고 화폐자본이라는 가장 '합리적인' 형태 속에서 그 자신을 드러냄으로써 그 자신을 넘어서려는 자본의 시도는 노동의 불복종의 권력을 나타낸다. 그것은 또 노동에 대한 봉쇄의 허구적 성격을 나타낸다. 화폐적 축적은 실제로는 '비고용' 자본, 즉 공장을 떠나 미래의 노동 착취에 내기를 거는 것에서 화폐를 벌어들이는 자본의 축적이었다. 달리 말해, 축적의 투기적 차원과 노동의 불복종의 권력은 같은 호두열매의 두 부분이다.[13]

이 두 부분은 금융자본의 발전 속에서 분리되는 것이 아니라 실제로는 서로 점점 긴밀히 얽혀든다. 예컨대 연기금의 금융자본화는 노동계급을 이자 수령 계급으로 전환시킴으로써 이들을 잉여가치를 분유하는 계급으로 바꾼다. 분명히 이것은 자본과 임노동 사이의 명확한 분기선을 따라 전개되던 고전적 계급투쟁 형태를 약화시키는 데 기여한다. 하지만 계급투쟁 자체가 사라지는 것은 아니다. 이제 금융자본 그 자체가 임금을 자신의 구성부분으로 삼음으로써 계급투쟁의 무대가 된다. 게다가 금융자본의 주요한 축적 수단인 부채는 기업가만을 고객으로 삼던 고전적 은행의 틀을 벗어나 점점 더 노동자를 고객으로 삼고 심지어 빈민까지 자신의 심장부로 끌어들임으로써 첨예하고 보편적인 계급투쟁의 장, 반란의 무대로 전환된다.[14]

인지자본주의적 축적과 금융화

앞서 살펴보았듯이 힐퍼딩과 레닌은 금융자본의 구성의 변화를 분석했다. 들뢰즈와 가타리는 이에서 더 나아가 노동력에 의한 잉여가치를 기계에 의한 잉여가치로부터 분리시키고 흐름의 잉여가치의 총체 속에서 축적의 문제를 분석하기 시작했다. 노동력에 의한 잉여가치를 통해 이들이 염두에 두고 있는 것은 노동력의 가치와 그것이 창출한 가치 사이의 차이이고 기계적 잉여가치를 통해 이들이 염두에 두고 있는 것은 저축과 대부활동, 금융조작

---

13 『신자유주의와 화폐의 정치』, 312~313쪽.
14 채무자 반란에 대해서는 안토니오 네그리·마이클 하트, 『다중』, 조정환 외 옮김, 세종서적, 2008, 299~301쪽 참조.

및 신용통화의 특수한 순환이다.[15] 네그리와 하트는 이 두 계열 중에서 후자 계열의 지배를 주목한다. 이들은 금융자본에서 자본이 최고의 추상성에, 자본의 일반적 권력에 도달하며 그 권력은 부채, 통화조작, 이자율 통제 등의 형식으로 나타난다고 봄으로써 들뢰즈와 가타리의 기계적 잉여가치화 장치를 자본의 일반적 권력으로, 삶권력으로 정의한다.[16]

그렇다면 금융자본에 의해서 추상화되고 포획되고 잉여가치화되는 것은 무엇인가? 그것은 확실히 노동력 가치와 그것이 창출한 가치 사이의 차이만이 아니다. 네그리와 하트는 **금융자본에 의해 잉여가치화되는 것은 공통적 부**라고 말한다. 그렇다면 노동시간이 아닌 공통적 부가 어떻게 가치화되며 또 잉여가치를 창출하는 원천이 되는 것일까? 이 어려운 문제를 풀기 위해서는 일단 화폐의 추상력에 주목하지 않을 수 없다. 금융자본은 수학적 추상을 통해 공통적인 것을 재현하고 그것을 신비화한다. 여기에서 우리는 특이한 것들의 추상을 통해 공통적 부를 사적으로 소유될 잉여가치로 전환하는 자본의 흐름을 확인할 수 있다. 그 흐름의 강력함에 대한 주목이 현대의 유럽정치철학에 강한 묵시록적 어조를 드리운다. 예외상태, 주권의 절대성에 대한 일방적 강조와 노동에 대한 희생자적 관점(호모 사케르, 쓰레기 등)의 부활이 그것이다.[17] 그러나 주권의 예외적 절대성에 대한 일방적 강조는 오늘날 금융자본화가 그 내부에 임금을 본질적 구성요소로 삼고 있고 소비자신용이 금융자본을 반란과 봉기의 가능성의 장으로 만들고 있다는 사실을 잊게 만든다. 우리가 잊지 말아야 할 것은 수학적 추상을 통한 금융자본의 잉여가치화 시도의 맞은 편이 아니라 그 한가운데에서 금융자본을 환골탈태시킬 공통되기의 잠재력이, (잉여가치화의 흐름 속에서 그것에 대항하면서 그 흐름을 넘어서는) 특이성들의 공통되기의 흐름이 성장하고 있다는 사실이다. 양자는 잉여가치의 흐름으로 일방적으로 통합되기만 하는 것이 결코 아니다. **금융적 잉여가치화의 흐름과 공통되기의 흐름은 긴밀히 얽혀들어 유착**

---

15 『앙띠 오이디푸스』, 344쪽.
16 Michael Hardt & Antonio Negri, *Commonwealth*, Harvard University Press, 2009, p.7.
17 조르조 아감벤, 『호모 사케르』, 박진우 옮김, 새물결, 2008; 지그문트 바우만, 『쓰레기가 되는 삶들』, 정일준 옮김, 새물결, 2008 참조.

되면서도 동시에 서로 분기하기를 반복한다. 이 두 흐름의 유착과 적대가 오늘날 정치의 새로운 시간을 구성한다고 해도 과언이 아니다.

금융적 잉여가치화는 노동력의 착취를 포함하지만 그것에 국한되지 않는다. 오히려 그것은 아래로부터 전개되는 공통되기를 포획한다. 공통되기의 물질적 과정은 무엇보다도 노동의 재구성과 비물질노동의 헤게모니의 발전을 통해, 그리고 그에 상응하는 삶정치적 요구들의 분출에 의해 구체화되고 있다. 이 사실은 금융자본의 흥기가 노동의 인지화 및 삶정치적 생산의 흥기와 동시적임을 시사한다. 금융은 자본에게 직접적인 노동시간을 넘어 그것에 외부적인 공통적인 것을 재현하고 수탈할 적절한 수단을 제공한다. 금융은 그것의 추상성으로 인하여 유연하고 포괄적이고 범역적이며 신속한 기능을 보장받기 때문이다. 모든 경계를 넘을 수 있는 금융자본의 특성은 금융자본으로 하여금 특이한 것들의 공통성의 유일한 재현자로 보이도록 만드는데, 이 사실은 금융자본이 공통적인 것의 은신처이자 그 실재적 장임을 의미하는 것이기도 하다.[18]

금융자본이, 점점 자율화되고 적대적으로 되어 가는 사회적 노동력의 도전에 직면하여 자본이 취한 변태양식이라는 점에 대해서는 앞에서 말했다. 사회적 노동의 멈추지 않는 도전으로 말미암아 자본은 간헐적으로 커다란 위기에 직면했고 이때 자본이 선택할 수 있는 방법은 두 가지였다. 하나는 전쟁이고 또 하나는 금융이다. 전쟁은 21세기 첫 몇 년간의 일방주의적 군사모험에서 대규모로 시도되었다. 그것은 보안조치, 감금, 사회적 감시를 수반했다. 하지만 그것은 자유, 소통, 상호작용이 필수적인 인지적 노동의 생산성을 침식했다. 21세기에 전 지구적 귀족들이 군주적 미국의 일방주의적 군사모험을 끝내는 데 조력했던 것은, 인지적이고 삶정치적인 노동에 의존하고 있는 자신들의 사업에 그것이 나쁜 영향을 미쳤기 때문이다. 또 하나의 옵션인 금융은 전쟁보다 더 효율적이었다. 금융은 전 지구적 사회적 노동의 인지적 생산성을 침식하지 않으면서 그것에 명령을 부과할 수 있었기 때문이다. 그것은 사회적 노동의 유연성, 이동성, 불안정성을 감독하고 강제할 수

---

18 Hardt & Negri, *Commonwealth*, p.158

있었다. 왜냐하면 금융은 생산과정 외부에 남아 사회적 노동의 삶정치적 생산에 자율성을 주면서도 그것으로부터 부를 추출할 수 있는 수단들을 제공했기 때문이다.

어떻게 그것이 가능했을까? 화폐는 두 가지 기능을 갖는다. 첫째로, 화폐는 보편적 등가물이자 교환수단이다(상품가치의 재현능력). 둘째로, 화폐는 가치재현의 배타적 지형으로 됨으로써, 그리고 사회적 생산의 핵심적 조건으로 됨으로써 노동을 명령하고 사회적 생산을 지배할 권력을 획득한다(사회적 명령능력). 금융자본에서 화폐는 이 두 가지 기능 중에서 두번째 기능을 확장하고 증폭시켜 첫번째 기능을 포괄함으로써 삶정치적 생산의 공통적 부를 잉여가치화하고 그것을 전유하며 그것에 대한 통제력을 행사할 수 있게 된다. 이 과정에서 다양한 방식의 금융통제는 오늘날 금융자본이 잉여가치를 창출하고 또 수취하는 주요한 권력장치로 나타난다.

맑스의 지대론과 지대수취 자본으로서의 금융자본

오늘날의 금융자본을 이렇게 재현기능과 명령기능을 통합한 자본형태로 이해할 때 금융자본의 역사적 성격은 무엇인가? 재현기능과 명령기능은 금융자본 속에서 대등하지 않다. 재현기능은 명령기능에 종속된다. 예컨대 평균이윤율이 성립되고 거기에서 평균이자율이 추론되는 것이 아니라 평균이자율이 정책적으로 결정되고 평균이윤율은 그것에 종속된다. 금융자본의 지배하에서는 착취가 교환의 결과이기보다 교환이 명령의 종속변수가 되는 것이다. 우리는 이러한 변화를 '한 상품의 생산에 필요한 사회적 노동시간에 따른 교환'을 중심으로 정의된 가치론으로 설명할 수 있는가? 가치론에서 명령의 문제가 어떻게 이해될 수 있는가?

맑스는 두 곳에서 명령의 문제를 고찰한다. 하나는 사회적 노동에 대한 화폐의 사회적 명령기능을 서술하는 곳이며, 또 하나는 토지 소유의 독점에 기초한 명령으로서의 절대지대를 서술하는 곳에서이다. 화폐로서 금융자본의 명령기능에 대해서는 앞서 간단히 서술했다. 그런데 그것으로 금융자본의 정치적 지배력을 설명할 수는 있지만 이자 수취권을 설명하기는 어렵다. 이자 수취권은 오히려 맑스의 절대지대 개념을 통해 이해의 실마리를 잡을 수 있다.

맑스에게서 차액지대는 독점될 수 있는 자연력을 이용하고 있는 개별자본의 개별적 생산가격과 그 생산부문에 투하된 자본의 일반적 생산가격의 차액, 즉 초과이윤이다.[19] 그리고 그것은 자연력인 토지의 소유자에게 돌아간다. 그 이유는 그 차액이 자본에서 발생하는 것이 아니라 (자본에 의하여 창조될 수 없는) 자연력의 독점적 이용에서 발생하는 것이라는 이유 때문이다.[20] 이 때 최열등지의 개별적 생산가격이 시장조정적 생산가격으로 됨으로써 생산물량의 총시장가치는 늘 총생산가격을 넘게 된다. 여기서 가치의 실체적 기초로서의 노동이 결여된 '허위의 사회적 가치'가 산출된다. 이 가치가 토지소유자에게 귀속되는 것이 차액지대이다.

차액지대에서도 토지의 독점은 전제되어 있으며 그것이 있음으로써 비로소 초과이윤은 지대로 전형할 수 있다. 그런데 차액지대는 생산가격을 전제로 하는 시장의 가치법칙을 통해 그 발생과 귀속의 메커니즘을 해명할 수 있다. 단 이것은 최열등지에서는 지대가 지불되지 않는다는 전제 위에서만 가능하다. 그러나 현실에서는 최열등지에서도 지대지불의 요구가 있고 실제적인 지대의 지불이 있다. 어떻게 그것이 가능한가? 토지 생산물의 시장가격이 자연력의 상대적 차이와는 무관하게 생산가격 이상으로 오르기 때문이다. 이것이 최열등지에 대한 지대지불을 가능케 한다. 무엇이 토지 생산물의 시장가격을 실제 생산가격 이상으로 올릴 수 있게 하는가? 단적으로 말해, 최열등지에서도 발생하는 지대청구는 지구상의 특유한 자산인 토지에 대한 소유의 제한, 즉 토지소유의 독점 때문이다. 이와 같이 토지소유 자체가 시장가격을 생산가격 이상으로 앙등시키는 명령기능을 수행하고 그 초과분이 토지소유자에게 귀속되는 것이 절대지대이다.[21]

그렇다면 절대지대를 낳게 하는 토지소유의 명령기능은 어떤 조건에서 실효적일 수 있을까? 일반적으로 상이한 생산부문에서 동등한 양의 자본은

---

19 그러므로 독점은 차액지대의 조건이기도 하다.
20 요컨대 잉여가치의 발생이 자연력에 기인하는 한에서 그 자연력의 사적 소유인 지주가 지대를 획득한다는 뜻이다.
21 여기서 '특정한 생산력을 갖는' 토지의 독점(차액지대의 조건)과 토지소유의 독점(절대지대의 조건)을 잘 구별해야 한다.

동등한 잉여가치율 아래서는 자본의 평균구성의 차이에 따라 상이한 양의 잉여가치를 생산한다. 농업의 평균구성은 불변자본에 비해 가변자본이 높고 따라서 농업자본이 가동하는 잉여노동량(즉 잉여가치량)은 사회적 평균구성을 가진 동일한 크기의 자본에 의해 생산되는 잉여가치량보다 높을 수밖에 없다.[22] 일반적으로 공업 내부에서는 생산부문 간의 자본의 자유로운 이동을 전제로 경쟁을 통해서 상이한 분량의 잉여가치가 평균이윤으로 균등화된다. 그런데 농업부문의 자본투하에 대하여는 토지소유의 독점이 자본투하에 대한 외적인 힘, 즉 제한으로 작용한다. 그래서 생산된 높은 잉여가치가 평균이윤으로 일반화되지 않는다. 따라서 농업부문에서는 생산가격을 넘는 가치의 초과에 의하여 일종의 초과이윤이 발생하고 이것이 생산가격보다 높은 시장가격을 가능하게 할 수 있는 것이다. 이렇게 소유독점을 통해 특정 생산분야에 대한 투자를 제한하여 잉여가치의 평균이윤으로의 일반적 균등화를 전적으로 혹은 부분적으로 배제하는 토지소유자에게로 이 초과이윤이 귀속되어 절대지대를 성립시킨다.

분명히 절대지대는 생산물의 일반적 생산가격(비용가격＋평균이윤)과 그것의 내적 가치에 입각한 시장가격(비용가격＋평균이윤＋초과이윤)의 차이에서 발생하므로 상품의 잉여가치의 일부분에서 파생되는 것이다. 이 점에서 절대지대는 가치법칙의 테두리 속에서 이해할 수 있는 것이다. 하지만 절대지대를 자립적 범주로 지속하게 하는 것은 가치법칙이라기보다 투하자본들의 이윤율 평균화를 제한하는, 그리하여 **자본에 외적인 힘**으로 작용하여 초과이윤을 필연화하는 토지소유 자체이다. 그래서 맑스는『자본론』에서 절대지대가 (설령 그것에 대한 관념적 청구가 있는 경우에도 현실적으로는) 소멸하는 두 가지 경우를 가정한다. 첫째는 한 나라에서 농업에 사용될 수 있는 모든 토지가 임대되어 버리는 경우이다. 이때에는 모든 지대가 차액지대로 되어 절대지대는 사라질 것이다. 둘째는 농업자본의 평균구성이 사회적 평균자본의 구성과 동등하든가 또는 보다 높은 경우이다. 이때에는 절대지대로 귀속될 초과의 잉여가치 자체가 생산되지 않게 되므로 절대지대가 사

---

22 맑스, 「자본론」, III(하), 937쪽.

라질 것이다.[23] 이 두 경우는 토지의 사적 소유에도 불구하고 실효적으로 지대발생이 사라지는 경우에 대한 가정이다. 맑스는 『잉여가치학설사』에서 이 두 가지 경우 외에 토지의 사적 소유를 국가의 소유로 전환하는 경우를 가정해 보고 있다.

이 자연 요소(토지―인용자)의 소유를 폐기하려는 자본가의 몽상은 그 때문에 나오는 것이다. 이 문제에 대한 리카도의 견해에서 정당한 것은 오직 다음과 같다. 자본주의적 생산방식에 있어서 자본가는 생산에서 기능하는 필요한 당사자일 뿐만 아니라 지배적인 당사자이다. 이와 반대로 토지소유자는 이 생산방식에서는 전혀 쓸데없는 자이다. 자본주의적 생산방식에 필요한 모든 것은 토지가 공동소유가 아니라는 것, 그것이 노동계급에게 속하지 않는 생산조건으로서 그와 대립한다는 것이며 이 목적은 토지가 국가의 소유로 되고 따라서 국가가 지배를 받는 경우에 완전히 달성된다. 고대 및 중세기 세계에서 생산에서 그렇게 본질적 기능을 수행한 토지소유자는 공업적 세계에서는 쓸데없는 혹이다. 그러므로 급진적 부르주아는 (그뿐만 아니라 기타의 모든 세금의 폐지를 바라면서) 이론적으로 사적 토지소유를 부정하는 데로 나아가며 그것을 국가소유의 형태로서 부르주아계급 즉 자본의 공동소유로 전환시켰으면 한다. 그러나 실제로는 그들에게는 용기가 없다. 왜냐하면 한 소유형태에 대한――노동조건의 한 사적 소유형태에 대한――공격은 다른 형태에도 매우 위험한 것으로 될 것이기 때문이다. 그뿐만 아니라 부르주아 자신이 토지를 소유하였던 것이다.[24]

이 세 경우 모두에서 지대는 토지자본과 산업자본 사이의 관계 문제로, 즉 창출된 잉여의 분배와 귀속을 둘러싼 자본가계급 내부 갈등의 문제로 다루어진다. 이 점은 오늘날도 지속된다. 토지는 농업의 중요한 생산조건이었듯이 오늘날 대도시의 생산에서도 중요한 생산조건 중의 하나이다. 토지소

---

23 『자본론』, III(하), 929~930쪽.
24 칼 맑스, 『잉여가치학설사』, 아침, 1991, 46쪽.

유의 독점은 여전히 투자를 제한하는 힘으로 기능하며 잉여가치의 평균이 윤으로의 일반적 균등화를 배제하는 조건으로 작용한다.

그런데 지금 우리가 고찰하려는 더 중요한 것은 물적 토지가 아니라 토지소유와 금융의 유사성이며, 토지에 대한 지대가 아니라 지대와 이자의 접근경향이다. 좀더 엄밀하게 말하면, 맑스가 다루고 있는 두 가지 명령기능이 금융자본 속에서 중첩되고 있는 경향이다. 그리하여 명령이 부르주아계급 내부의 갈등 문제를 넘어 계급 간 문제로 첨예화되고 전 계급적 문제로 일반화되는 경향에 관한 것이다. 이 문제는 가치관계와 권력관계 전체를 규정하는 생산의 영역에서부터, 노동의 변용이라는 지형에서부터 고찰해 나가지 않으면 안 된다.

현대의 지배적 생산은 상품생산이라기보다 삶정치적 생산이다. 자본주의적 생산이 고전적 의미의 상품의 생산이라기보다 사회적 관계와 삶형식들의 생산으로 되고 있기 때문이다. 토지는 물질적 상품을 생산하는 농업의 생산조건일 뿐만 아니라 공업의 생산조건이기도 하다. 삶정치적 생산에서는 토지보다 언어와 정보, 화폐와 신용, 시민권과 자유 등이 중요한 생산조건으로 작용한다. 이 비물질적 조건들은 농업에서 토지가 그러하고 공업에서 기계가 그러하듯이 현대의 생산의 중요한 조건이자 생산수단이다.

맑스는 '자본의 유기적 구성'이라는 개념으로 불변자본과 가변자본(노동력)의 가치비율과 역할을 식별했다. 가치비율을 식별하는 이 개념의 근저에는 '누가 생산하는가', 그들이 '무엇을 생산하는가', 그들이 '어떻게 생산하는가'를 식별하기 위한 **자본의 기술적 구성** 개념이 수반된다. 앞서 살펴본 바처럼 지대론의 전개에서 맑스는 자본의 가치구성, 즉 유기적 구성을 절대지대 발생의 원인으로 해명했다. 즉 절대지대는 농업과 공업의 유기적 구성의 차이를 조건으로, 농업과 공업의 이윤율 평균화를 저지하면서 투자에 제한을 가하는 토지소유의 독점을 원인으로 발생하고 재생산되는 것이다.

그런데 삶정치적 생산에서는 **상품생산**이 아니라 **수행성**이 핵심적 요소로 등장한다. 맑스 시대에 수행노동은 대개의 경우 자본관계 외부에 놓여 있었고 그래서 맑스의 자본 분석은 수행성 노동을 예외로만 간주했다. 수행성 노동이 **예외가 아니라 정상**으로, 심지어 **지배적인 노동형태**로 될 때, 맑스의 자본 분석에서 배경에 놓였던 기술적 구성이 전경(前景)으로 떠오른다. 수행성은 상품생산과 상품교환에 기초한 가치관계에 이질적이며 그만큼 수행적 생산에서 자본의 가치구성을 측정하는 것은 쉽지 않다. 이 어려움은 자본의 기술적 구성의 근본적 변화에서 유래한다.

그러므로 기술적 구성의 개념에 비추어 현재의 노동구성의 변형을 먼저 살펴보자. 우리는 두드러지는 세 가지 주요한 경향을 발견할 수 있다. 첫째는 비물질노동의 헤게모니화 경향이다. 여기에서 ①생산물은 비물질적이며 ②인간에 의한 인간의 생산이 두드러지며 ③고정자본으로서의 인간이 변형의 중심에 놓이고 ④생산의 목표가 상품이라기보다 바로 주체이다. 둘째는 노동의 여성화이다. ①노동시장에서 여성의 비율이 증가하고 ②노동일(日)의 질이 여성화하여 시간적 유연성을 띠고(시간제, 비공식고용, 비정규시간, 복수일자리 등) ③노동의 질이 여성화한다(즉 정동적, 정서적, 관계적 업무로 된다). 셋째, 사회적·인종적 혼합과정과 이민의 새로운 유형이 나타난다. 특정한 국가는 지역노동력을 보충하기 위해 합법 불법 이주민의 부단한 흐름을 필요로 하면서도 도덕적·민족주의적·인종주의적 의식이 그것과 대립하는 모순이 나타난다. 남에서 남으로의 노동력의 새로운 흐름도 나타난다. 이 흐름에서 이주는 비상한 노고와 고통의 조건을 창출하지만 동시에 (탈주와 대치를 통해) 인종분할을 전복하고 변형할 잠재력을 갖는다.[25]

이 세 가지 경향은 정치경제학 비판의 개념과 방법에 중요한 도전을 제기한다. 이러한 경향의 노동들은 ①양적 척도를 초과하며 ②공통적 형식을 띤다. 양적 척도를 강제하기 어려운 공통적 활동을 사유재산으로 획득하는 것은 쉽지 않다. 이 새로운 경향에 비추어서 우리는 맑스의 자본 개념의 세 가지 측면 중에서 강조점의 역사적 이동이 나타남을 발견할 수 있다. 맑스는 자본을 ①상품생산 ②잉여가치 생산 ③사회적 관계의 생산이라는 세 측면에 따라 서술했다. 그것은 『자본론』의 논리적 구성에 투영되어 있다. 이것은 다른 한편에서 역사적 과정을 반영하는 것으로 보이기도 한다. 초기 자본주의에서는 자본의 상품생산적 측면이 강조된다. 발전된 자본주의에서는 잉

---

25 Hardt & Negri, *Commonwealth*, pp. 132~135 참조.

여가치 생산이라는 측면이 부각된다. 기존의 사회주의들에서도 상품생산은 부차화되지만 잉여가치 생산은 더욱 중요한 것으로 되었다. 이제 현대의 자본주의 생산의 기술적 구성의 새로운 경향에 비추어 볼 때 부각되는 것은 세 번째 측면, 사회적 관계의 생산이라는 측면이다.[26] 우리 시대에 부상하는 수행노동에서 '잉여가치의 생산'의 측면은 '사회적 관계의 생산'의 효과로 나타나며 '상품생산'은 부차적 측면으로 떨어진다. 수행노동은 상품생산을 필수적 요소로 갖지 않으며 잉여가치 생산은 사회적 관계의 생산에 의존하는 것으로, 다시 말해 사회적 관계의 생산에 대한 명령의 효과로 되고 있기 때문이다.

어떻게 사회적 생산에 대한 명령이 축적 원천으로서의 잉여가치를 가져오는 것일까? 이 문제의 해명이 현대 자본주의, 특히 금융적 축적 문제의 해명에 열쇠를 쥐고 있다. 절대지대와의 연관지점은 이곳에서 발견되는데, 그 핵심은 생산의 현재적 삶정치적 국면에서 중요한 생산조건이 되고 있는 공통의 자원들을 특정한 계급집단들이 사적으로 독점하고 있다는 것이다. 지적재산권은 문화자본으로 하여금 언어와 정보라는 생산조건에 대한 소유를 독점할 수 있도록 강제한다. 관념으로서뿐만 아니라 제도로서 물화되어 있는 인종주의와 민족주의는 시민권과 자유라는 생산조건을 배타적으로 사용할 수 있는 권한을 주권에 부여한다. 무엇보다도 금융(금융자본, 금융기관 및 신용평가기관, 국가의 조세와 재정 등)은 화폐와 신용에 대한 배타적 통제권을 독점한다. 이리하여 본원적으로는 공통적인 생산조건들이 현실적으로는 사적으로 소유되거나 점유되거나 행사된다. 이것이 생산조건들에 대한 투자나 그것들과의 결합을 제한하고 결국에는 삶정치적 활동 그 자체를 제한하게 되는 것이다. 이런 배치를 통해 독점된 사적 소유권과 통제권은 공통적인 것의 자기생산활동에 대한 착취 및 수탈의 절대권리(절대지대)를 가질 뿐만 아니라 공통적인 것의 분할과 차등화(지역 차이, 교육 차이, 네트워크의 차이, 활동유형의 차이 등등)를 통한 차액지대를 발생시킨다. 그 결과 노동력의 착취와 잉여가치 축적은 이제 자본주의적 이윤 술어보다 자본주의적 지대 술

---

26 _Ibid._, p. 136.

어를 중심으로 재편된다. 산업자본보다 금융자본이 점점 더 중요한 자본형 태로 부상하는 것은 이러한 조건 속에서이다. 금융자본이 헤게모니적 역할 을 수행하면서 전통적인 지대는 물론이고 금융자본의 이자, 산업자본의 이 윤, 심지어 노동계급이 수령하는 임금까지도 점차 공통적인 노동활동으로 서의 삶정치적 생산에 대한 명령권의 분유로서의 성격, 즉 지대의 성격을 띠 게 된다.

금융자본의 실체는 전 지구적 다중의 공통노동이다

앞서 말했듯이, 초국적 금융자본은 노동과의 대결을 회피하여 국경을 넘어 이동하는 자본에서 기원했다. 하지만 현재의 금융자본은 전 세계의 저축, 연 기금, 산업잉여자금 등을 흡수하여 다중의 삶과 생산을 명령하는 자본으로 변신해 있다. 2008년의 금융위기는 그것을 잘 보여 준다. 금융위기는 미국 에서 발생했지만 그것의 파장은 순식간에 전 세계적인 평면으로 확장되었 다. 이 과정에서 명확하게 드러난 것은 전 세계의 금융적 연결망이다. 중국, 러시아, 인도, 일본, 한국 등 아시아의 저축과 연기금 및 잉여자금은 미국 시 민들의 소비를 위해 지출되었다. 서브프라임 모기지는 미국의 최하층 민중 들에게 노동을 명령하고 그로부터 나오는 잉여가치를 고율(이른바 고수익상 품)로 수탈하기 위해 만들어진 프로그램이었다. 이 프로그램을 위한 자금은 많은 부분이 미국 이외의 다른 지역, 특히 아시아로부터 흡수되었다. 다시 말해 아시아가 자기 지역의 민중들로부터 (저축이나 연기금, 착취 혹은 수탈 의 형태로) 거둬들인 화폐를 금융화하여 미국을 비롯한 다른 지역의 민중들 을 억압하고 강탈할 수 있는 자금을 댄 것이다. 전 지구적 다중의 공통적 삶 의 성과를 파편화하면서 수탈하는 것, 이것이 세계화한 자본주의의 금융동 학이다.

　여기에서 부채는 결정적으로 중요한 역할을 한다. 20세기 후반까지도 제3세계는 제1세계의 채무국으로 남아 있었다. 그러나 신자유주의하에서, 특히 최근 십여 년 사이에 이 관계는 완전히 역전된다. 미국의 채무에 동아 시아가 자금을 대는 데에서 뚜렷이 나타나는 것처럼 오히려 가난한 나라들 이 부자 나라들을 먹여 살리는 형상이 창출되기 때문이다. 한편에서 이것은 중국을 필두로 한 동아시아에서 노동보다 자본이 훨씬 우세해진 계급관계 불균형의 효과이다. 노동이 약해질수록 잉여가치는 물론이고 임금의 일부까지 금융자본으로 흡수할 수 있고 그렇게 집중된 죽은 노동으로 더 많은 산 노동을 명령할 수 있으며 잉여자금을 수출할 수 있기 때문이다. 1968 혁명에 대한 신자유주의적 반혁명과 사회주의 붕괴 이후 이러한 흐름은 가속되었고 중국은 그 전형적 사례로 되고 있다.

다른 한편에서 부채는 이러한 실물적 가치흐름을 넘는 훨씬 더 괴물적인 역할을 수행한다. 오늘날은 기축통화인 달러 그 자체가 부채화폐이다. 연방준비은행권은 채무를 표시하지 자산[금]을 표시하는 것이 아니다. 미국 정부는 화폐발행권을 갖고 있지 않고 민영은행인 연방준비은행만이 화폐발행권을 갖고 있다. 미국 정부는 오직 채무발행권만을 갖는다. 즉 정부가 국채를 발행하여 민영중앙은행인 연방준비은행에 담보로 제공하면 연방준비은행이 달러를 발행해 주는 구조이다.[27] 이렇게 달러는 채무의 화폐화요 화폐화된 채무이다. 그 채무의 이행권력은 달러에 내재하는 것이 아니라 달러 외부의 힘에 의해 강제되지 않으면 안 된다. 요컨대 달러를 통화로서 유통되게 하는 것은 권력이다.

그렇다면 달러로 표시된 채무의 궁극적 상환주체는 누구인가? 달러의 근원이 국채인 한에서 그것은 일차적으로는 미국 국민이라고 할 수 있겠지만 오늘날의 세계정치 상황은 그것을 미국 국민으로 한정할 수 없게 만든다. 미국은 지구제국에서의 군주적 위치를 차지해 왔고(기축통화로서의 달러를 발행할 수 있는 독점적 지위는 그것의 중요한 표지이다) 제국의 권력은 전 세계의 다중들을 잠재적 기반으로 삼고 있기 때문이다. 즉 전 세계의 다중들이 채무를 상환해야 하는 궁극적 주체들로 된다.

이 사실 역시 서브프라임 모기지와 그에서 촉발된 금융위기, 그리고 그것의 수습과정에서 명백히 드러났다. 이제는 비교적 널리 알려진 그 메커니즘을 간략하게 요약해 보자. ①미국 외 지역에서 집적된 거대한 규모의 자금이 미국으로 유입된다. ②초저금리로 가난한 사람들에게 융자하고 은행

---

27 이에 대해서는 쑹훙빙, 『화폐전쟁』, 차혜정 옮김, 박한진 감수, 랜덤하우스코리아, 2008 참조.

들은 거액의 수수료를 챙긴다. ③주택가격이 상승하는 기간에 서브프라이머들은 이자를 갚는 데 성공하며 심지어 추가대출의 능력과 기회를 갖게 된다. ④은행들은 서브프라이머들의 채무를 담보로 증권을 발행하고 보험을 든다. ⑤주택가격이 하락하고 원리금 상환불능자가 속출한다. ⑥은행들과 금융기관들, 심지어 보험사들이 파산한다. ⑦이 금융흐름망에 연결되어 있는 세계 전역의 은행들과 금융기관들 및 금융행위자들이 연쇄적으로 파산한다. ⑧금융부문과 연결된 생산부문의 파산이 잇따른다. ⑨정부들이 국채발행을 통해 은행과 금융기관들의 부실채권을 정상가격 이상으로 매입한다(은행의 준국유화와 채무상환책임의 국민화). ⑩미국의 국채를 갖고 있는 주체들이 바로 그 국채의 가치를 보전하기 위해 미국 정부의 붕괴를 막아야 할 필요가 발생하고 이 때문에 미국 외 지역의 달러가 다시 미국으로 유입된다.

분산된 개인들, 가난한 사람들, 서브프라이머들의 채무는 모두 개인들의 몫으로 돌아간다.[28] 그 결과는 주택에 대한 압류와 개인파산이다. 하지만 국가(특히 미국)의 채무, 거대은행의 채무, 거대한 비은행 금융기관들의 채무, 거대한 생산기업들의 채무는 그들 행위자들 및 관리자들의 몫으로 돌아가지 않는다. 작은 채무의 문제는 채무자들의 몫이지만 거대한 채무의 문제는 오히려 채권자들의 몫이 되는 것이다. 거대 채무들의 전 세계적 네트워크의 실제적 상환책임은 다중들의 현재와 미래의 공통노동에 귀속된다. 국가체제가 유지되고 국가가 조세권을 갖는 한에서 국채의 궁극적 상환책임은 국민에게 부과되며 주권이 전 지구적인 것인 한에서 국민들의 책임은 전 세계의 다중들에게 분산되기 때문이다. 앞의 과정 '⑨'에서 확인되듯이 부채를 실체로 하는 금융은 이렇게 환류와 위기, 그리고 그 수습의 과정에서 전 세계의 다중들을 누적된 채무의 상환책임자로 만들면서 미래의 삶과 시간을 담보로 제공한다.

자본의 지배를 보여 주는 이 과정은 전혀 다른 측면도 갖고 있다. 금융자본이 그 원천(예컨대 저축과 각종 보험 및 연기금)에서 점점 노동의 것으로 되

---

28 서브프라이머들이 자신들의 채무를 체제가 책임져야 할 채무로 정치화할 가능성도 있다. 그것은 이들이 서로 단결하여 반란적이고 자율적 정치주체로 등장할 때이다.

고 있고 그 책임도 노동의 것으로 되고 있는 것은 노동이 금융흐름을 타자화, 대상화하기보다 오히려 **주체화하고 전유하는 것**이 필요함을 말해 준다. 이 때문에 지금, 계급투쟁의 수준에서는 새로운 문제가 제기되며 그 문제는 다음과 같이 첨예하다. 다중이 자본주의적 욕망주체로 남아 금융자본에 몸을 대주면서 자신을 채무상환의 궁극적 책임주체로 용인할 것인가, 그래서 자본의 축적 제단에 스스로를 희생자로 바칠 것인가, 아니면 채무(신용)를 다중들 사이의 신뢰와 공통되기의 활력으로 재전유하면서 자신을 공통의 삶정치적 주체로 세울 것인가?

금융체제의 모순과 금융위기의 역사적 위치

금융지대를 하나의 생산관계로 이해할 때 그것은 분명히, 화폐가 다중의 삶에 대한 제한과 명령을 통해 다중의 노동 총체를 지배하고 그것으로부터 잉여를 착취하는 방식이다. 요컨대 금융화는 자본가적 명령의 현실적 형태이다. 금융지대는 화폐와 화폐체제에 대한 사적 소유의 독점을 전제한다. 화폐 발행권은 중앙집권화되어 주로 국가의 수중에 있고 기축통화인 달러의 발행권은 제국의 군주국인 미국(의 연방준비은행)에만 있다. 총화폐는 각종의 소득형태로 분유되지만 은행과 금융기관들은 다양한 방식으로 한 사회의 화폐를 집중시키고 그것을 명령권력으로 전화시킨다. 일반화되고 통합된 세계자본주의 체제에서 화폐 없이는 생산을 시작할 수도 없고 생존을 유지할 수도 없기 때문이다. 이렇게 사적으로 소유된 화폐에 대한 분배권을 획득함으로써 금융자본은 생산과 생존 모두에 대한 통제력을 갖게 된다.

물론 금융자본으로 집중된 화폐가 금융기관들 자신의 소유인 것은 아니다. 기능하는 금융인들은 타인의 화폐를 집중시켜 관리하는 단순한 관리인일 뿐이다. 개별의 화폐소유자를 금융자본가라고 부르기도 어렵다. 개개의 화폐소유자는 자신의 화폐를 금융인과 금융기관에 대출하거나 위탁할 뿐이기 때문이다. 이 화폐소유자에게 귀속되는 것은 이자이며 이것은 화폐소유에 대한 단순한 보상으로서만 취득된다. 화폐소유자는 화폐가 기업에 투자되어 산 노동과 교환되고 잉여가치를 창출하는가, 개인적 봉사의 구매에 사용되는가, 투기에 사용되는가 등에는 관심을 갖지 않는다. 즉 화폐자본은 그화폐의 현실적 기능과 사용가치의 발현에서 완전히 분리된다. 이 분리는 화폐관리인의 화폐소유로부터의 분리와 병행한다.

그러나 이 분리는 가상이다. 금융자본은 화폐의 사용으로부터 분리되는 것으로 보이고 자동적으로 이자를 낳는 것으로 나타나지만 그 이자는 노동으로부터 분리될 수 없다. 그것이 잉여가치인 한에서 그것은 노동을 떠나서는 사고할 수 없는 것이기 때문이다. 다시 말해 금융지대는 노동력을 자신의축적에 필요한 요소로 포함하지 않을 수 없다. 문제는 노동과 대면하지 않는 금융자본이 노동력을 축적의 요소로 포함하는 방식이 무엇인가 하는 점이다. 오늘날도 금융자본은 기업에 대출되어 산업자본가로 하여금 미래의 노동력을 착취하게 하고 그 잉여가치 중의 일부를 이자의 형태로 수취하는 고전적 형태를 지속한다. 그러나 이것만으로 오늘날 금융자본의 축적 메커니즘을 설명할 수는 없다.

우선 호황과 확장의 시기에는 금융에 의지하는 기업들 자신이 점점 더큰 차입을 하는 경향이 있는데, 이것은 결국은 산 노동과 교환될 수 없게 되고 그래서 상환불가능하게 된다. 이것은 거대한 부채의 누적을 가져온다. 둘째, 주택담보대출·학자금대출·신용카드대출·자동차대출 등은 직접 노동자들에게 주어지고 있고 생산을 위해서가 아니라 소비를 위해서 사용된다. 현대에 점점 대규모화하는 소비자신용을 통해, 노동계급도 총임금으로는 상환될 수 없는 규모의 차입을 하는 경향이 있고 그래서 또 부채는 누적된다. 셋째, 선도·선물·옵션·스왑(1차 파생상품)이나 장외옵션·선물옵션·스왑선물·스왑션(2차 파생상품) 등의 파생금융상품들은 통화·채권·예금·주식 등의 미래의 가격변동에 투기하게 만든다. 이것들은 실현이 보장되지 않는 미래 이익에 위험을 무릅쓰며 내기를 거는 방식들이다. 이것들이 부채를 기반으로 거래되는 한에서 채무는 증폭된다. 오늘날의 금융자본의 지배적 부분은 실현된 잉여가치의 분유자라는 고전적 축적양식을 따르기보다 아직 실현되지 않은 잉여가치의 잠재적 분유자로서 기능하며, 그 잠재적 분유의 몫은잉여가치의 실제적 가능성을 훨씬 초과하게 되고 그만큼의 부채가 사회 전체적으로 누적된다. 그 차이는 특정한 순간에 거품으로 계상되어 금융위기와 금융폭발의 원인이 되고 그 결과 신용철회, 신용회수가 이어지게 된다.

오늘날의 금융자본의 회전에서 중요한 것은 '신용'과 '부채' 관계하에서의 '위험'(리스크)과 '불안'이며 그렇게 되는 것은 금융자본이 '미래'의 것, '잠재'된 것, '파생'된 것과 관계하기 때문이다. 오늘날 금융지대를 고용된 노동력의 노동시간 분할을 통해 착취된 잉여노동 시간 중의 일부로 보기 어려운 것은 이 때문이다. 총노동시간 중 노동력의 재생산에 필요한 노동시간을 공제한 잉여노동시간 부분으로부터의 공제로서 금융지배를 이해하는 방식으로는 오늘날의 삶정치적 생산의 특징을 설명할 수가 없다.

실제로 금융지배하의 자본주의는 점점 더 많은 사람들을 비정규고용과 실업자의 형태로 직접적인 자본관계 외부로 밀어낸다. 즉 외관상으로 자본은 산 노동과의 교환을 축소하는 방향으로, 즉 고용된 총노동시간을 축소하는 방향으로 움직이는 것처럼 보인다. 이것은 금융적 축적의 대규모화라는 현실과 모순된다. 그러므로 금융지배하에서 잉여생산과 축적에 대한 다른 관점이 필요하다. 금융자본은 오히려 사람들의 미래시간을 가치화하고 잠재적인 것을 가치영역으로 끌어올리는 역할을 수행한다. 그것이 아직 현재적이거나 현실적이지 않기 때문에 따르는 위험 그 자체가 가치화의 정도를 높이는 수단이 된다. 고위험에 고가치(고수익)가 부여되는 것이다.

삶정치적 생산은 노동을 고용과 비고용을 넘어 착취할 수 있는 생산체제다. 삶정치적 생산은, 앞서 말했듯, 유통과정의 매개 없이 직접적으로 소비되는 생산이며 그것의 노동은 상품생산적이라기보다 수행적인 성격을 갖는다. 자본관계에 외부화된 이 노동들의 수행활동은 자본에게 무상으로 전유되어 내부화된다.[29] 돌아보면 자본의 역사는 바로 외부성의 착취/수탈의 역사였다. 최초에는 자연력을 무상으로 전유했고 그 다음에는 부불노동 시간을 무상으로 전유했으며 이제 다중의 수행적 삶활동을 무상으로 전유한다. 그 전유는 부채와 화폐조작을 매개로 현재뿐만 아니라 미래로, 현실뿐만 아니라 잠재로 뻗어 나가면서 **삶 전체에 대한 명령**으로 작용한다. 개개인들에게 무엇을 할 것인가, 어떻게 할 것인가를 지시하는 것이 바로 금융자본이다.

---

29 이런 의미에서 자본과 삶정치적 노동은 분리접속(disjonction) 관계에 있다.

그렇다면 이제 우리는 (맑스에 의해 분석된 바의) 잉여가치 착취를 외부성에 대한 착취의 역사적으로 특수한 형태들 중의 하나로 이해할 수 있다.[30] 물론 현재와 미래의 수행노동들에 대한 무상의 착취가 상품생산 노동에 대한 잉여가치 착취나 자연에 대한 수탈을 배제하는 것이 아니며 그것들과 공존한다. 금융지배하의 자본주의는 비물질적 수행노동의 착취, 불안정노동으로의 외부화와 파편화, 수십억 임금노동자의 세계시장에의 통합을 동시화한다. 역사적으로 등장한 외부성의 착취의 모든 형태들이 금융지배하에서 통합된다. 이제 자본은 자연, 생물, 인간, 기계의 공통적 활동이 화폐를 통해 매개되도록 강제함으로써 그것에 지대를 매긴다. 이런 의미에서 금융자본은 지대수취자본이다.

그래서 금융지대하에서는 이윤이 아니라 지대가 잉여가치의 중심범주로 나타난다. 화폐소유자는 배당금과 이자를 지급받으며, 기능하는 금융자본가들은 봉급과 거액의 보너스를 챙긴다. 이윤도 투하된 화폐에 대한 이자의 성격을 지니게 된다. 심지어 임금조차도 노동력의 생산과 재생산에 사회적으로 필요한 노동시간으로서 나타나기보다 금융자본에 집중되는 공통적인 것의 분유로서의 성격을 띤다. 정규직 임금노동자 부분이 여성노동자, 불안정노동자, 이주노동자의 희생 위에서 지대임금=임금지대를 획득할 수 있는 것은 주요한 소득범주들인 임금, 이윤, 이자 사이의 경계가 희미해져 모두 지대로서의 성격을 띠게 되는 조건 위에서이다.[31]

그러나 이러한 금융지배는 커다란 모순과 적대를 함축한다. 첫째, 자연에 대한 착취는 거대한 생태적 재앙을 현실적인 것으로 만들고 있다. 생태위기는 자연에 대한 자본의 착취가 무한정 지속가능한 것이 아님을 웅변한다. 둘째, 노동자에 대한 착취는 부불노동의 재전유를 위한 투쟁을 넘어 착취 그 자체에 대한 거부, 즉 반자본주의를 상상하도록 만들고 있다. 세번째의 착취, 즉 인지화된 수행노동에 대한 착취는 좀더 자세히 살펴보아야 한다. 먼저 얀

30 Yann Moulier Boutang, "Finance, instabilité et gouvernabilité des externalités", *Multitudes*, no.32, 2008, pp.92~102 참조.

31 Antonella Corsani, "Rente salariale et production de subjectivité", *Multitudes*, no.32, 2008, pp.104~114 참조.

물리에 부탕의 생각을 읽어 보자.

이러한 착취와 경제적 가치실체에서의 이 변화는 세 가지의 심각한 새로운 모순에 부딪친다. ①2수준의 인식들/지식들[주의, 돌봄과 보살핌, 지성, 도제수업 그리고 혁신 등—인용자]은 코드화할 수 없고 상품들로 환원할 수 없다. 코드화는 인식 2를 1수준의 인식/지식[계산가능하게 코드화되고 디지털화된 정신활동—인용자]으로 환원하며 특이성이, 맥락화가, 따라서 지성이 암묵적으로 사라진다. ②심지어 디지털화된 1수준의 인식들/지식들(connaissances)도 배타적/독점적(privative) 전유의 주요한 문제를 드러낸다. 그것들의 비용은 일정하다(때로는 생산하는 데 상당한 비용이 든다). 그러나 그것들의 수적 재생산은 그 한계비용을 거의 0으로 줄이며 지적 소유권 협약을 점점 행사되기 어렵게 만든다. ③산 노동 및 발명력의 예속은 함축적 지식/앎(savoirs)을 코드화된 과정 속에 객관화하면서만 비로소 달성된다. 인식/지식 과정에 대한 임금적 통제는 더 이상 노동과정에 대한 통제가 아니다. 그것은 완전한 통제하에서는 행해질 수 없다. 발명력은 완전히 프롤레타리아화될 수 없다. 왜냐하면 발명력을 그것의 주요한 생산도구(뇌)로부터 분리시키는 것은 불가능하기 때문이다. 만약 오늘날 비물질노동이, 컴퓨터에서 노동하며 네트워크(인터넷)에 의해 연결된 뇌들 사이의 협력에 의해 생산된다면, 통제가 가해지는 것은 네트워크이지 더 이상 (노동력의 생산수단으로부터의 분리로 이해되는) 프롤레타리아화가 아니다. 그러나 네트워크에의 자유로운 접근과 뇌들 사이의 협력은 이제부터 설비재가 되고, 생산재의 새로운 부문이 되며, 요컨대 인지자본주의의 새로운 "권력설비들"(프랑수아 푸케)의 중심이 된다. 다른 한편, 인지자본주의가 새로운 생산적 노동을 형식적으로 포섭하는 데 성공하는 것은, 그 과정들을 (생산물들 속으로보다는 오히려) 행동들 속으로, 함축적 인식/지식을 시장에 흡수되지 않고 유지되는 외부성들로 통합하면서이다.[32]

---

32 Boutang, "Finance, instabilité et gouvernabilité des externalités", *Multitudes*, no. 32, p. 100.

그렇기 때문에 자연력과 노동력은 자본의 역사적 생산자로 기능했지만 이제는 그것이 자본에 대한 위협으로도 나타나고 있다고 말해야 한다. 금융자본은 공통적인 것을 착취하기 위해 적합한 자본형태로 진화해 왔다. 그것은 고용된 노동의 발명력은 물론이고 고용되지 않은 노동들의 발명력도 착취한다. 인지노동이 주된 생산력으로 되는 사회에서 주식이나 기업채를 통한 기업부채는 고용된 노동자들의 발명력을 가치화하고 착취한다. 그것은 다종다양의 파생상품들을 통해 잠재적 발명력과 미래적 발명력을 미리 가치화하여 발명력에 대한 명령기능을 행사한다. 고용된 노동자들의 발명력이 부불노동에 대한 전유라는 방식으로 착취된다. 착취되는 것은 고용된 노동자들만이 아니다. 비고용노동자들의 자기고용되고 자기생산하는 발명력들도 사회적 가치회로 속으로 끌어들여져 일종의 무상의 부불노동으로서 착취된다. 거대하고 다양한 발명력들의 소통공간인 공통적인 것 자체가 각종의 장치를 통해 가치화되고 집적, 집중되도록 만드는 데에는 기업들과 국가의 공동노력이 필요하다. 화폐조절을 통한 인플레이션과 디플레이션 장치, 환율과 금리 및 물가에 대한 조정과 조작은 공통적인 것을 가치회로 속으로 끌어들이는 중요한 장치로 기능한다.

무엇보다도 부채관계의 확산이 중요하다. 기업신용은 잉여가치를 창출하는 고전적 방식이다. 오늘날 빠른 속도로 커지고 있는 소비자신용은 다중들 개개인이 비고용 상태에서도 발명력을 발휘할 수 있는 여지를 제공하고 (물론 그 결과는 부채의 누적이다) 그 삶시간에 발휘된 발명력의 성과는 자본에게로 흡수되곤 한다. 하지만 소비자신용의 확대가 반드시 자본에게 기회인 것만은 아니다. 그것은 화폐를 노동계급과 다중이 이용할 수 있게 한다.[33] 화폐의 소유와 이용의 세번째 분리가 나타난다. 첫번째 분리는 법적 화폐소유주와 금융화된 화폐의 운영자인 관리인 사이의 분리이다. 두번째 분리는 기업신용을 통해 화폐가 소유주와 관리자로부터 분리되어 기업에 의해 이용되는 것이다. 세번째 분리는 소비자신용을 통해 화폐가 소유주와 관리자

---

33 화폐의 노동계급적 이용에 대해서는 해리 클리버, 「현재의 위기에서 명령 ― 으로서의 ― 화폐의 전복」(『신자유주의와 화폐의 정치』, 233~255쪽) 참조.

로부터 분리되어 다중에 의해 이용되는 것이다.

여기서 자본소유와 그 기능의 분리에 대한 맑스의 통찰은 의미심장한 참조점으로 다가온다. 그는 주식회사에서 나타나는 자본소유와 그 기능의 분리, 그리고 노동과 생산수단의 분리를 새로운 사회로의 이행을 위한 통과점으로 읽었다.

> 이리하여 (총)이윤[이윤의 일부, 즉 차입자의 이윤에 의해 정당화되고 있는 이자뿐만 아니라]은 오로지 타인의 잉여노동을 취득한 것으로 나타나는데, 잉여노동은 생산수단이 자본으로 전환되는 것 ——즉 생산수단이 실제의 생산자로부터 분리되어 타인의 소유로서[경영자로부터 최하의 일용노동자에 이르기까지] 현실적으로 생산에서 활동하는 모든 개인에 대해 대립한다——에 의해 발생한다. 주식회사에서 기능은 자본소유와 분리되고 그리하여 노동도 생산수단·잉여노동의 소유와 완전히 분리된다. 자본주의적 생산의 최고의 발전이 낳는 이러한 결과는 자본을 생산자들의 소유 ——그러나 이제는 개별생산자들의 사적 소유로서가 아니라, 연합된 생산자들(associated producers)의 소유 또는 직접적인 사회적인 소유—— 로 재전환시키기 위한 필연적인 통과점이다. 더욱이 이러한 결과는 재생산과정에서 자본소유와 결부되어 있던 모든 기능들을 연합된 생산자들의 단순한 기능으로, 사회적 기능으로 전환시키기 위한 통과점이다.[34]

금융자본에서 화폐소유와 그 기능 및 이용의 분리에도 이와 동일한 논리를 적용할 수 있지 않을까? 만약 그 적용이 가능하다면 금융자본의 현대적 발전은, 화폐를 네트워크화된 다중의 사회적 공통적 기능으로 전환시키기 위한 통과점으로 이해될 수 있을 것이다. 물론 오늘날의 금융자본은 맑스가 분석한 주식회사보다 한층 진전된 자본형태이다. 금융자본은 주식회사와는 달리 노동의 신체적 특질을 완벽하게 추상하면서 노동과 노동, 노동과 자연, 노동과 기계, 기계와 자연 등의 상호적 구조접속을, 공통되기를 분할하

---

34 맑스, 『자본론』, III(상), 542쪽.

고 파편화하여 그 흐름을 가치회로 속으로 흐르게 하는 것을 통해 축적하기 때문이다. 금융자본은 완전히 추상화된 흡혈귀적 착취의 공동체를, 전적으로 양화되고 물구나무선 공동화를 전개한다. 이런 의미에서 금융지대는 공통적인 것의 착취이다. 만약 주식회사가 소유와 기능 및 이용의 분리를 통해 그 기능을 결합된 생산자들의 사회적 기능으로 전환시키기 위한 통과점으로 이해될 수 있다면 금융자본은 화폐소유와 기능의 분리를 고도화함으로써 그 추상화와 공통되기의 기능을 다중의 공통체의 사회적 기능으로 전환시키기 위한 통과점으로 이해될 수 있지 않겠는가? 이 발전을 염두에 두고 좀더 엄밀하게 표현하면, 맑스에게 주식회사가 자본의 사회주의를 의미한다면 우리에게 발전된 **금융자본은 자본의 코뮤니즘**을 의미한다. 우리가 서브프라임 위기에 기초하여 2008년에 폭발한 금융위기를 자본의 코뮤니즘의 1차 위기로 진단하는 것[35]은 이 때문이다. 이제 긴급한 것은 위기의 연쇄적 폭발로 나타나고 있는 자본의 코뮤니즘을 **다중의 코뮤니즘**으로, **다중의 실제적 공통되기**로 전환하는 것이다.

절대지대에서 절대민주주의로

그러나 다중의 공통되기는 하나의 장애에 직면해 있다. 모든 소득의 지대화와 더불어 임금까지 지대화하면서 다중 내부에 균열이 도입되고 있는 것이다. 모든 소득의 지대화는 소득 내부의 경계를 흐리고 다중을 개인화하는 경향을 갖는다. 집단적 소비의 대상이자 활동인 건강, 교육, 연구 등도 점차적으로 개인화한다. 과거에 연대의 논리에 기초한 사회적 보호체제에 의해 보장되었던 권리들도 개인화하고 자본화되며 위험 부담의 방식도 개인화한다. 이것은 **임금의 개인화**의 자연스러운 귀결이다. 임금의 개인화는 사회적 복지와 연대 논리의 해체에서 발원하며 노동계약의 협상양식에서 강화된다. 임금노동자들이 저축을 하고 이자를 받는 것은 자본가들과 임금노동자

---

35 조정환, 「금융위기와 다중지성의 코뮌」(맑스코뮤날레 조직위원회, 『맑스주의와 정치』, 문화과학사, 2009, 64~67쪽) 참조.

들 사이의 가치의 분배비율(즉 이윤 대 임금)을 수정하지는 않는다. 그런데도 그들의 저축은 자본의 동기에 의해 투자결정을 하는 자본의 힘으로 작용한다. 임금노동자들은 다양한 유형의 저축과 그것에 대한 이자의 취득(즉 저축과 이자)을 통해 임금과 이윤 사이의 소득 분배에 개입할 만큼의 힘이 없이도 잉여가치의 일부를 지대의 형태로 분배받는다. 금융지배하에서 지대를 수령하는 임노동자들은 임금/이윤 관계 속에서 자본과 적대하면서 저축/지대 관계 속에서 자본과 공모하는 분열증적 위치에 놓인다.[36]

임금과 소비의 이러한 개인화와는 달리 자본은 끊임없이 사회화한다. 금융자본은 자본들의 경계를 추상화하여 자본의 코뮤니즘을 구축한다. 물론 그 동학은 경쟁과 주권화이다. 시장유통은 경쟁의 시공간이며 주권은 이것을 기초로 구축된다. 개별 자본들은 더 많은 잉여가치를 찾아 고투하며 다른 자본보다 더 높은 이윤을 얻기 위해 목숨을 건다. 하지만 경쟁은 끊임없이 이윤을 평균화시킨다. 평균이윤, 평균이자, 평균지대는 경쟁을 통해 자본이 사회화되는 형상들이다. 개별 자본들은 본원적으로 이기주의적이지만 경쟁은 자본들 사이에 평등주의를 관철시킨다. 개별 자본들은 자유주의적이지만 자본 일반은 사회주의적이다. 개별 자본들은 더 많은 가치를 착취한 자본과 더 적은 가치를 착취한 자본으로 나누어지지만 평균화, 사회화, 일반화로 인해 이들의 소득률은 투자자본의 크기에 비례하여 평등해지는 경향을 갖는다.

금융자본이 다중들의 집단적이고 공통적인 생산을 착취하는 데 반해 금융지대는 개인화한다. 자본들의 경쟁은 **자본을 사회화**하는데 노동들의 경쟁은 **임금을 개인화**한다. 경쟁을 통해 자본은 평등화되는데 임금은 차등화된다. 이 모순의 극복은 중요하다. 앞서 살펴본 맑스의 통찰을 응용하면, 집단적 발명력이 착취의 대상으로 되고 축적이 점점 자본관계 외적인 소유독점에 근거한 절대지대로 변이하며, 자본들이 경계를 넘어 금융자본으로 사회화하고 공동화되는 것은 절대민주의로의 이행을 위한 역사적 계기들로 될 수 있다. 절대지대를 추구하는 금융자본이 자본주의의 사회적 공동화의

---

36 Corsani, "Rente Salariale et Production de Subjectivité", *Mutitudes*, no. 32, pp. 112~113.

기능을 소유로부터 분리시킴으로써 다중의 삶정치적 네트워크가 그 기능을 전유할 수 있을 가능성을 높이기 때문이다.

만약 다중의 절대적 통치가 가능하다면 그것은 금융화된 화폐자본에 대해 어떤 태도를 취할 수 있을까? 앞서 살펴본 것처럼 화폐는 두 가지의 기능을 수행한다. 첫째로 그것은 보편적 등가물이자 교환수단으로서 상품가치를 재현하고 지불수단으로 기능한다. 둘째로 그것은 가치재현의 배타적 지형으로서의 노동 일반을 명령할 권력을 산출하고 사회적 생산을 지배할 권력을 갖는다. 화폐는 이제 이 두 측면을 확장하고 증폭시켜서 삶정치적 생산의 가치를 전유하고 그것에 대한 통제력을 행사한다. 화폐의 명령기능은 다중의 발명력, 다중의 표현욕망, 생산욕망을 관리하고 통제한다. 그런데 인간의 표현욕망은 화폐로 환원될 수 있는 것이 아니다. 그것에 가치화가 겪는 난점이 있다. 교환공간으로 발전해 온 시장은 결코 자기충족적이고 스스로 균형에 이르는 효율적 공간이 아니다. 그것은 점점 가치화 불가능한 것을 인위적으로 가치화해야 하는 곤란에 직면하고 이로 인해 시장이 정치에 의한 보완을 더욱더 간절히 요구하게 된다. 지적재산권과 그것에 대한 법적·경찰적 보호 없이 오늘날 인지화된 생산체제는 가동될 수 없다. 금융자본은 이런 의미에서 그 어떤 자본형태보다도 더 직접적으로 계급투쟁에 노출된 정치적 자본형태라고 할 수 있다.

그렇기 때문에 금융자본의 시대는 다중이 자본주의적 가치화와 시장적 가치화에 맞서 자신의 표현력과 창조력을 다르게 가치화할 기회로 나타나기도 한다. 다중은 투쟁을 통해 자기조직화되고 다른 양식의 제도적 가능성을 구축함으로써 스스로의 제헌권력을 행사해 나갈 수 있다. 이 과정이 상품가치의 재현능력으로서의 화폐를 폐지하게 될 것인가? 아니면 공정한 화폐를 창출할 것인가? 사실상 (다양한 유형의) 부채라는 형태하에서이지만 이미 실제로 이루어지고 있는 다중에 의한 화폐 이용이 화폐에 대하여 결합된 다중의 집단적 전유와 결합될 때 화폐의 전혀 다른 기능양식이 창출될 수 있을지 모른다. 이때 화폐의 첫번째 기능, 즉 재현기능이 존속할 수는 있을 것이다. 그러나 그것이 다중의 발명력의 자기표현을 종속시키고 억압하는 것으로서 존속하지는 않을 것이고 또 그렇게 하도록 방임해서도 안 될 것이다.

재현으로서의 화폐가 존속한다면 그것은 생명과 삶의 자기표현을 위해, 그리고 그 표현의 계기로서만 존속할 것이다.[37] 이것은 화폐의 민주화라고 부를 수 있을 것인데, 이때 화폐운동은 절대지대로서의 화폐운동으로부터 절대민주주의로서의 화폐운동으로 전화하게 될 것이다. 이렇게 하여 그것은 생명의 새로운 도약을 산출하는 계기가 될 것이다.

---

[37] 이러한 경우에 화폐는, 인간이 자신을 표현하기 위해 언어의 재현기능을 사용하는 것과 유사할 것이다.

예술과 정치

❶ 백남준: 퍼포먼스의 정치학과 기계주의적 존재론[1]

이진경

1 기계에 반하는 기계

백남준은 「사이버네틱스」라는 글에서 파스퇴르와 로베스피에르를 들어 "독은 독에 의해 다스릴 수 있다"고 하면서, 전자제품을 이용하는 삶에서 우리가 느끼는 좌절을 치유하기 위해 전자제품에서 오는 충격과 카타르시스를 필요로 한다고 말한 바 있다.[2] 좀더 단적으로 말해 자신은 "기계와 대결하기 위해 기계를 이용한다"고 말한 바 있다. 그래서 가령 1963년 파르나스 갤러리에서 개최된 첫 전시회 「음악의 전시 — 전자텔레비전」에서 13대의 TV를 다양한 방식으로 변형시켜 전시한 것을 두고 "TV를 관객의 지배하에 둔 것"이라거나 당시 대중문화의 성상이자 우상이던 TV를 공격하고 해체한 것으로 이해하기도 한다.[3] 물론 그렇게 볼 수도 있을 것이다. 그러나 그 경우 그것은 TV나 기계를 증오하는 사람이, 그걸 내던지고 부수고 망가뜨리는 것과 크게 다르지 않을 것이다. 이 경우 백

• • • •
1 이 글은 2009년 2월 4일∼5일 백남준 아트센터에서 개최된 국제 세미나 〈백남준의 선물〉에서 발표한 글을 수정한 것이다.
2 Nam June Paik, *Nam June Paik: Videa 'n' Videology, 1959~1973*, Everson Museum of Art, 1974.
3 이용우, 「백남준, 그 치열한 삶과 예술」, 열음사, 2000, 109∼110쪽.

남준이 잘나가던 퍼포먼스를 접고 비디오 작업에 집중해야겠다고 했던 생각의 무게를 감지할 수 없고, 방송국에서 일을 하거나 심지어 위성방송까지 이용하면서 'TV 쇼'를 했던 것은 납득할 수 없는 모순적 행동이 될 것이다. 더구나 의학용 전기공학기술을 이용하여 여러 신호를 머리, 두뇌, 신체에 보내 그 반응양상을 이용하는 '직접 접촉 예술'(direct-contact art)이라는 새 장르를 창조하고 싶어하던 그의 발상은 지극히 자가당착적인 것이 되고 말 것이다. "독을 이용하여 독을 다스린다"고 했던 말처럼, 기계를 다스리기 위해 그는 기계가 갖는 힘과 능력을 적극적으로 이용하겠다고 했던 것이고, 그래서 기계의 능력을 변형시켜 이용하기 위해 비디오 신시사이저나 로봇을 만들었던 것이고, 아베 같은 "최고의 기술자와의 협력이 자신의 삶에 대한 견해를 확대하거나 바꾸었다"(「전자 TV와 컬러 TV 실험」)고 말했던 것일 게다.

이런 점에서 하이데거나 아도르노 같은 이가 본다면, 그는 차라리 기계나 기술의 힘과 기능에, 혹은 저속한 대중문화에 매혹되어 그것을 찬양하는 사람처럼 보이기도 할 것이다. 실제로 그는 자신의 스타일에 대해, 혹은 대중문화에 대해 그런 태도를 표명하기도 했다. 이런 면모로 인해 그는 포스트모더니스트로 분류되기도 한다. 그러나 모두에서 인용한 그의 말은 기계의 기능과 힘에 천착하는 그의 작업이 기계화된 세계에 대한 단순한 찬사가 아니라 반대로 그에 대한 비판을 위한 것이었음을 정확하게 보여 준다. 다다와 비교하면서 팝아트에는 통렬한 비판정신이 없다고 비판할 때, 그리하여 자신은 "모든 전자적 방법을 이용하여……현대 세계에 대한 조소를 표현하고자 한다"고 말할 때[4] 우리는 이를 다시 확인할 수 있다. 이런 점에서 백남준은 대중으로부터 외면당하는 저주받은 운명을 자처했던 모더니스트와도, 반대로 대중의 취향에 쉽게 영합했던 포스트

・・・
4   Nam June Paik, "Letter to John Cage", *Nam June Paik: Videa 'n' Videology, 1959~1973.*

모더니스트와도 다르다고 해야 한다.

"기계와 대결하기 위해 기계를 이용한다"는 말에는 백남준의 작업이 갖는 세 가지 중요한 측면이 함축되어 있다. 첫째, 그에게 예술적인 작업이란 극히 정치적인 것이었다는 점이다. TV라는 말로 표현되는 세계, 하이데거라면 그 근본에서 니힐리즘을 발견했을 그런 세계와 그는 대결하고자 하고 있는 것이다. 이유가 무엇이든 자신에게 주어진 세계와 대결하는 것을, 그 세계를 유지하는 권력과 대결하는 것을 정치라고 부른다면, 그의 작업이 정치적임은 차라리 명시적이다. 물론 이 경우 정치란 단지 '대결'이라는 말의 표면적 의미에 머물지 않는 무엇이라고 해야 할 것이다.

둘째, 이러한 대결을 위해 하이데거처럼 고향상실의 분노 어린 노스탤지어 속에서 시적인 존재의 목소리에 귀를 기울이기보다는, 혹은 많은 철학자들이 예술이나 철학은 물론 삶을 황폐화할 위험만을 발견했던 불모의 땅, 과학기술이라는 척박한 땅을 고발하고 외면하기보다는, 오히려 거기에 달라붙어 거기서 새로운 예술과 삶의 가능성을 창조하고자 한다는 점에서, 그는 매우 긍정적인 사고방식을 갖고 있었다는 점이다. 그저 이동하며 사는 사람을 '유목민'이라고 부르는 통념과 반대로, 그리고 불모가 된 땅을 버리고 떠나는 '이주민'과 대비하여 "유목민이란 불모가 된 땅에 달라붙어 거기서 살아가는 법을 창안하는 자"라고 정의하고, 그런 의미에서 유목민은 '움직이지 않는 자'라고 말했던 들뢰즈/가타리라면 진정 유목민이라고 부르길 주저하지 않았을 그런 사고방식을.

셋째, TV-세계와 대항하기 위해 TV를 이용하려면, 이용하려는 TV는 물론 이용하려는 자신조차 자신의 적인 TV-세계와 동일한 평면에서 만나지 않으면 안 된다는 것이다. 적과 동지를 가르는 확연한 경계선을 넘어서, 양자가 섞여서 종종 구별불가능해지는 어떤 동일성을 감수해야 한다는 것이다. 그러기 위해선 TV와 인간, 기계와 생명을 넘을 수 없는 심연으로 갈라놓고 시작하는 오래된 사유의 지반을 포기해야 한다. 그것은 필경 기계와 인간, 기계와 생명이 하나의 평면에서 만나고 하나의 평면에서 관계 지어지는 그런 존재론적 사유를 요구한다. 다시 말해 백남준이 생각한 대결은 인간이나 생명을 특권화하는 것을 넘어서는, 존재론적 차원에서의 어떤 근본적 변화 없이는 불가능하다는 것이다. 그가 종종 자신의 작업을 존재론적인 것이었음을 표명할 때, 그는 이를 어느 정도 인식하고 있었던 것이라고 말해도 좋을 것이다.

2 존재론적 평등성

백남준의 사유나 활동의 출발점은 미술 아닌 음악이었다. 흔히 '미술'이라고 부르는 영역에서 작업할 때에도 그는 자기 작업의 음악적 성격을, 혹은 적어도 음악적 기원의 의미를 명확하게 표명하고 있었다. 그런데 이는 단지 음악에서 시작했다는 의미나 음악과 결부되어 있다는 의미뿐만 아니라, 훨씬 근본적인 의미를 갖고 있다. 그의 퍼포먼스가 항상 음악적 성격을 갖고 있었다는 점은 말할 것도 없고, 이미 음악이라고 말하기 힘든 비디오 작업조차 사실은 강한 의미에서 음악적 바탕 위에서 이루어진 것이란 점에서 그렇다. 이는 '존재론적'이라고 불러 마땅한 그의 사유 전체가 음악에서 기원할 뿐 아니라 그가 선택한 활동의 영토가 음악적 사유의 연장선상에서 자연스레 도출된 것이었다는 점, 따라서 사실은 음악적 영토와 잇닿아 있다는 점에서 그렇다.

이는 세 가지 측면에서 그렇다. 첫째는 음악 안에서의 탈영토화가 음악 자체를 탈영토화하여 존재론적 지평 자체로까지 밀고 나가는 방향으로서, 루이지 루솔로(Luigi Russolo)와 피에르 셰페르(Pierre Schaeffer)의 구체음악에서 존 케이지를 잇는 선을 따라 진행된다. 둘째는 음악 내적인 탈영토화가 절대적 극한에 이르면서 발생한 것으로서, 쇤베르크와 다름슈타트의 음악강좌, 슈톡하우젠(Karlheinz Stockhausen)에서 전자음악으로 이어지는 선을 따라 진행된다. '전자영상'이나 비디오 신시사이저가 출현하는 것은 그 지점에서였다. 세번째는 존 케이지의 우연음악을 통해서 우연성이나 비결정성, 예측불가능성이라고 하는 범주가 작품이나 창작의 중심으로 들어서게 되는데, '외부성'이라고 표현해야 할 이러한 범주의 요소들은 무의식적으로 형성되고 있는 백남준의 존재론적 사유를 전통적인 철학적 사유와 전혀 다른 방향으로 돌려놓게 된다. 여기에서는 일단 첫째 측면으로 제한해서 말해야 할 듯하다.

1958년 자신의 형이 발행하던 『자유신문』에 기고했던 글 「피에르 셰페르와 구체음악」은 백남준이 루솔로와 셰페르가 발전시켰던 구체음악의 발상에 대해 깊은 관심을 갖고 있었음을 보여 준다. 먼저 그는 이 글에서 소음에 착안했던 사람으로 셰페르 이전에 미래주의자 루솔로를 언급한다. 그리고 셰페르에 대해 이렇게 쓰고 있다. "1948년 자동차 고동에서 수세변소의 물소리까지 모든 소음 구체음을 실험한 셰헬[셰페르]은 그후 「기관차 습작」, 「에로이가와 에로티가」를 포함한 「한 사람을 위한 교향곡」, 「멕시코의 피리」 등을 세간에 내놓았다."(「피에르 셰페르와 구체음악」)

알다시피 루이지 루솔로는 흔히 소음이라고 불리는 비-음악적인 소리를 음악에 사용하고자 했던 사람이었다. 에드가 바레즈(Edgard Varése) 또한 「이온화」(Ionization) 같은 작품에서 사이렌이나 슬랩스틱 같은, 악기가 아니라고 간주되던 것의 소리를 사용해서 작곡했지만, 그의 경우에는 원래의 소리의 정체가 가능한 한 드러나지 않는 방식으로 조심스레 사용했기에, 원래 '악기'의 소리를 알아채기는 쉽지 않았다. 반면 방송국 기술자였던 셰페르는 녹음기술을 이용해 기차소리나 회전문 돌아가는 소리, 냄비소리 등을 녹음하고 편집하여 음악적인 작품으로 만들었다. 그러나 바레즈와 달리 그것이 음악이라고 간주되지 않는 구체적인 어떤 소리임을 표제에 명시했다. 「철로 연구/연습곡」(Étude aux chemins de fer), 「회전문 연습곡」, 「냄비 연습곡」 등이 그것이다.

악기가 아니라고 생각했던 물체의 소리를 사용함으로써 이들은 음악적 소리와 비-음악적 소리의 경계를 깨고 모든 소리가 음악적 소리가 될 수 있음을 보여 준 셈이다. 존 케이지의 음악적 실험은 우연성이란 범주를 도입했다는 전혀 새로운 면모와 더불어 이런 비음악적 소리를 음악적으로 사용하는 방법에 대한 탐색을 이론적으로까지 밀고 나가 전면적으로 확대하는 계기가 된다. 역시 『자유신문』에 실렸던 글(「우연하는 음악—다름슈타트 음악강좌」, 1959.1.6.)은 그가 케이지의 이런 면모에 주목하고 있었음을 보여 준다. 이 글에서는 먼저 「피아노를 위한 음악」을 들어 『역경』(易經, 주역)을 이용해 이루어지는 우연적인 작곡법에 대해 얘기한다. 그리고 이어서 그의 '협주곡'의 세 버전에 대해 말한다. "라

음악적 소리와 비음악적 소리의 경계를 무너뜨린 존 케이지의 작품 활동

디오, 피리, 괘종시계 등을 사용한 제1버전은 놀라움의 연속이었다. 피아노의 소음성을 이용한 제2, 제3버전에서는 깊은 사색을 느꼈다. 피아노는 이미 건반악기이기를 그만두었다."

알다시피 케이지는 '프리페어드 피아노'(Prepared Piano)에서 피아노 줄 사이에 못이나 나사, 깃털 등을 끼워 넣음으로써 악기를 악기-아닌-것으로 만들어 비음악적 소리와 음악적 소리의 혼합을 시도한 바 있다. 거기서 음악적 소리와 비음악적 소리의 구별은 식별불가능한 지대를 이루며 섞여 버린다. 음악적 소리와 비음악적 소리를 가르는 통념적 위계는 와해되고 두 가지 소리는 평등한 지위를 갖게 된다. 물론 여기서 '평등하다'는 말은 그저 '같다'는 게 아니라 하나의 평면에서 함께 섞이거나 사용될 수 있게 되었다는 것을 뜻한다. 이를 하나의 평면으로 '평면화'된 것이라고 말할 수 있을 것이다.

케이지의 또 다른 유명한 작품 「4분 33초」에서 그는 4분 33초간 오직 침묵을 연주하게 한다. 음악적 소리와 비음악적 소리, 음악과 소음의 구별을 넘어서 이제는 침묵과 음악, 침묵과 소리를 하나의 평면으로 평면화하고 있는 것이다. 그것은 이제 모든 소리가 '음악'이라는 하나의 평면을 형성하게 된 것을 뜻한다. 그리고 아무 소리가 나지 않는 이 연주를 통해 거꾸로 거기 있는 모든 소리가 들리게 된다. 비움으로써 모든 것이 들어올 수 있음을, 어떤 자성도 없기에 어떤 다른 것도 될 수 있는 공의 불교적 사유를 그는 이런 식으로 음악적으로 표현했다.

백남준은 이를 소리가 아닌 다른 영역으로까지 확장해 간다. 그의 퍼포먼스들은 소리들 사이의 평등성에서 더 나아가 악기와 비악기의 평등성, 음악과 연극, 음악과 미술의 평등성으로 그의 생각이 확대되어 가는 것을 보여 준다. 그리고 샬롯 무어맨(Charlotte Moorman)과의 유명한 퍼포먼스에서 그는 인간과 첼로의 평등성을(「인간 첼로」), TV와 첼로의 평등성을(「TV 첼로」), TV와 브래지어의 평등성을(「TV 브라」), 첼로의 활과 수숫대의 평등성을 보여 주는 실험적 시도들을 만들어 낸다.

백남준의 이러한 확장 과정에서 그의 사유는 이미 음악의 영역에서 벗어나고 있다는 점에서, 끝까지 음악가이고자 했던 케이지보다 훨씬 과격하다/근본적이다(radical). 음악적 퍼포먼스의 형식을 통해서였지만, 인간과 첼로가 평등성을 갖게 되었을 때, 그러한 평등성이 음악적 영역 안에 굳이 머물 이유는 없을 것이다. TV와 첼로, TV와 브래지어도 그렇다. 「TV 브라」에 대한 글에서 그는 TV와 같은 기계가 인간의 가장 내밀한 곳에서까지, '인간을 위해' 사용되는 것을 사유하고자 했음을 말한 바 있다. 이것은 이미 음악의 영역을 벗어난 생각이다. 사실 「TV 첼로」나 「인간 첼로」에서 그가 음악적 소리 자체에 관심이 있었다고 보기는 어려울 듯하다. 그의 퍼포먼스는 이미 음악적 영역을 넘어서 인간과 첼로, TV와 첼로 간의 평등성을 보여 주는 그런 새로운 수행적 실천(performative practice)이었던 것이다. 이는 인간과 기계, 인간과 도구, 기계와 생명이 존재론적 차원에서 평등성을 갖는다는 생각과 아주 가까이 인접되어 있다. 그렇다면 여기서 형식적 구별을 넘어서 아주 빠르고 과격하게/급진적으로(radically) 진행되는 그의 추상적 사고능력이, 존재자들을 가르는 넘을 수 없는 심연이란 없다면서 모든 존재자를 하나의 존재론적 평면으로 모으자고 말하는 지점으로까지 나아갔을 거라고, 모든 존재자는 존재론적으로 평등하다는 생각으로까지 나아갔을 거라고 믿어도 좋지 않을까? 이를 '존재론적 평등성'이라고 말해도 좋지 않을까?

이를 잘 보여 주는 것은 비디오 「존 케이지에게 바침」에 그가 끼워 넣은 인터뷰다. 거기서 앨빈 루시어는 러셀 코너에게 왜 자신이 말더듬을 그대로 받아들이는지를 설명하면서, 그가 모든 현상이 평등하므로 말을 더듬는 언어와 '정상적인' 말 또한 평등하다는 것을 존 케이지를 통해 알게 되었다고 말한다. 루시어만큼이나 그의 인터뷰를 끼워 넣은 백남준도 이를 잘 알고 있었을 것이다. 「백남준의 머스에 의한 머스」에서도 그렇다. 머스 커닝햄이 제작한 그 비디오의 1부에서 머스는 춤을 추는 장면을 매우 다양한 다른 장면들 속에 옮겨 놓음으로써, 무용에서 무대라는 장소의 특권성을 제거하고 일상의 모든 공간으로 무용의 영역을 확대한다. 즉 무용과 관련해 모든 장소는 평등하다는 것을 보여 준다. 모든 장소가 춤의 무대인 것이다.

백남준이 구보타와 함께 제작한 그 비디오의 2부에서 백남준은 좌우로 흔들리며 맨해튼 거리를 달리는 택시를 보여 주면서, "이것은 무용인가"라고 반복하여 질문한다. 그리고 그 질문에 대해 "이것은 택시무용이다"라고 대답함으로써, 무용을 무용수는 물론 인간의 춤에서 탈영토화하여 택시를 포함하는 움직이는 모든 것의 리드미컬한 동작들로 확장한다. 아마도 그것이 무용의 개념을 일상 전반으로 확대했던 커닝햄에게서 그가 배운 것일 것이다. 아니, 좀더 정확하게 말하자면, 그는 커닝햄이 무용으로부터 시작했던 추상적 평등화의 과정을 인간에서 택시로, 결국은 움직이는 물체 전체로 확장하고 일반화하고 있는 것이다. 인간과 택시의 평등성, 인간과 움직이는 모든 물체의 평등성을 이해하지 못했다면, 이게 어떻게 가능했을까? 덧붙이면, 이미 소리와 침묵의 평등성을 잘 알고 있는 백남준이라면, 움직이는 물체와 움직이지 않는 물체를 갈라놓을 수 있는 심연 또한 없음을 잘 알고 있었을 거라고 나는 믿는다.

이처럼 존재의 평등성을 수립하는 다양한 실험을 통해서 백남준은 기계와 인간, 기계와 생명을 가르는 깊은 심연을 넘어서 '기계주의적' 일관성의 평면에 도달한다.[5] 이는 TV나 비디오를 이용한 이후의 작업들과 초기의 퍼포먼스를 이어 주는 어떤 공통의 철학적 지반이었다. 또 그것은 백남준의 비디오 작업이 통상적인 관념과 매우 다른 존재론적 평면 위에 있었다고, 아니 그런 존재론적 평면을 만들면서 진행된 것이었음을 함축한다. 백남준의 작업이 단지 음악이나 미술이 아니라 존재론 자체였다는 것은 일차적으로 이런 의미에서다. 따라서 그의 작업은 문자를 대신해 '기계들로 쓴 존재론'이었다고 말해도 좋을 것이다.

• • •

5 여기서 기계주의(machinism)라는 말은 모든 사물을 기계로 다루는 관점을 지칭하는데, 들뢰즈/가타리가 『천의 고원』에서 사용한 개념이다. 이는 생명과 대립되는 것으로서 기계의 개념을 전제하는 기계론(mechanism)과 대비된다. 기계주의란 생명조차 하나의 기계로 다루는 관점으로, "다른 기계와 접속하여 흐름을 절단하고 채취하는 방식으로 작동하는 모든 것"을 기계라고 정의한다. 가령 "세포란 화학적으로 작동하는 기계"라는 모노의 정의가 그것이다. 여기에는 기계와 생명을 가르는 심연 같은 것은 없다는 입장이다. 그래서 들뢰즈/가타리는 가령 사람의 입이란 식도와 접속하여 영양소의 흐름을 절단하고 채취하며 작동하는 경우에는 먹는-기계가 되지만, 성대와 접속하여 소리의 흐름을 절단 채취하며 작동하는 경우에는 말하는-기계라고 말한다. 이는 인공물이나 인간 또한 자연의 일부분이란 점에서 모든 것을 자연이라는 하나의 평면 위에 놓는 스피노자적인 '일반화된 자연주의'와 동일한 외연을 갖는다.

3 퍼포먼스의 정치학과 존재론적 '소통'

잘 알다시피 미셸 푸코는 담론이나 규율에 대한 섬세한 분석을 통해 우리의 일상적 삶에서 작동하는 권력의 양상에 대해 매우 구체적으로 보여 준 바 있다. 그것이 알려 주는 핵심은 우리로 하여금 특정한 양상으로 반복하여 행동하게 만드는 요소들을 통해 우리가 특정한 형태의 주체로 생산된다는 것이다.[6] 가령 학교에서 우리는 시간표에 따라 할당된 행동의 집합을 반복하여 실행한다. 그리고 그것은 학교뿐만 아니라 사무실, 공장, 나아가 가정이나 사적인 만남에서조차 시간적 규율에 따라 생활하는 주체로 생산된다. 시간표에 따라 심지어 하나의 동일한 동작을 오랜 시간 반복하며 지속할 수 있는 신체, 시간표에 따라 사는 삶을 올바른 삶, 정상적인 삶이라고 믿고 행하며 타인에게 요구하는 그런 주체로. 이는 단지 학교만이 아니라 우리가 사는 모든 삶의 공간에서 진행되고 있는 사태다. 이를 통해 우리는 남성이 되거나 여성이 되고 그 사이의 어중간한 무엇이 되지 않게 된다. 이를 통해 우리는 노동자가 되고, 학생이 되고, 아들이 되고, 딸이 되고, 선배가 되고 후배가 되고, 사회학자가 되고, 문헌학자가 되고, 시민이 되고, 국민이 된다. 삶의 방식, 그것은 우리의 일상적인 존재방식이지만 동시에 그것은 우리를 특정한 방식으로 살고 사고하며 행동하도록 길들이는 권력의 작동방식이다. 그런 방식의 사고나 행동을 수행하면서, 그리고 거기에 필요한 담론적 실천을 수행하면서 우리는 우리의 정상적 신체, 정상적 지성을 형성한다. 이런 의미에서 삶이란 양식화된 수행적 실천(performative practice)의 반복적 집합이라고 말할 수 있을 것이다. 제도란 이러한 수행적 실천을 안정적으로 반복하도록 유지하고 재생산하는 다양한 장치들의 집합이다.

이는 일상만이 아니라 철학이나 예술에 대해서도 마찬가지다. '창조'를 본질로 한다는 이들 영역에서도 사실 우리는 우리 이전에 이미 존재하던 양식화된 실천들을 반복함으로써 이미 존재하는 삶의 양식에 길들고 그것을 실행시킨다. 예술작품의 생산양식은 물론 그런 생산양식을 유지하고 재생산하는 제도들

---

6 미셸 푸코, 『감시와 처벌』, 오생근 옮김, 나남, 2003.

이 그런 활동을 하고자 하는 사람을 훈련시키고 길들이며 이를 통해 과거의 습속을 실행하게 한다.

백남준이나 플럭서스, 혹은 존 케이지의 '퍼포먼스'(performance)는 이러한 일상적 삶의 양식화된 수행적 실천들(performative practices)과 정면으로 대결한다. 일단 그것이 비록 특정 예술이라는 국지적 영토에서 진행된다고 해도, 그것은 모두 지배적인 삶의 방식, 사고방식을 근본적으로 교란시키고 그 확고해 보이는 경계를 깨부수는 방식으로 이루어진다. 마키우나스(G. Maciunas)가 썼다는 플럭서스의 선언문은 이를 명확하게 표명한다. "부르주아의 병든 세계를, '지적이고' 전문화되었으며 상업화된 문화를 축출하라. 죽은 예술, 모방, 인위적인 예술, 추상적인 예술의 세계를 축출하라. 살아 있는 예술, 반미술을 발전시켜라." 이는 단지 예술만의 문제가 아니라 사람들의 현실적인 삶의 문제다. 이런 이유에서 그들은 "비평가, 예술애호가, 전문가만이 아니라 모든 사람이 이해할 수 있는 비-예술적 현실성을 촉진하라"고 외친다. 플럭서스, 말 그대로 '흐름'을 추구하는 것, 그것은 그들이 생각하는 예술적인 실행(performance)이 지배적인 예술이나 문화를 재생산하는 경계와 벽들을 가로질러 흘러가고자 하기 때문이다. "예술에서 혁명적 흐름과 조류를 촉진하라." 그럼으로써 다른 삶, 다른 사고의 길을 열고자 한다.

퍼포먼스라고 명명되는 새로운 예술적 실천의 실행, 그것은 예술적 활동을 생산하는 방식의 전복을, 일상적 삶을 생산하고 재생산하는 권력의 전복을 시도한다. 이런 점에서 그것은 일상적인 삶에서 작동하는 미시-권력의 전복으로 규정되는 푸코적인 '저항'의 정의에 부합할 뿐 아니라, 생산양식의 전복으로 정의되는 맑스적인 '혁명'의 정의에 부합한다. 따라서 플럭서스에 속해 있었을 뿐 아니라, 거기에 속하기 이전부터 악기나, 음악, 예술의 통념을 '과격하게' 전복하고 음악과 연극, 음악과 미술의 경계를 횡단하고 와해시키고자 했던 백남준의 퍼포먼스는 직접적으로 정치적이다.

이러한 퍼포먼스가 '소통'을 지향하고 있었다고 말할 수도 있을 것이다. 가령 백남준은 TV 같은 매체들이 남편들에 대해 섹스-기계가 된 여성들처럼, 혹은 파블로프의 개처럼 일방적인 방식으로 대중을 통제하고 수동화한다는 점을

비판하면서(1970년 뉴욕현대미술관 「Machine Show」 도록)
매체에서 소통의 문제를 중요하게 생각했다는 것은 잘 알
려진 이야기다. 그런데 가령 「음악의 전시」에서 13대의 TV
는 정말 소통의 매체가 되고 있다고 할 수 있을까? 「달은
가장 오래된 TV다」라는 작품이나, 수많은 멀티비디오 설
치작품들에서 TV는 정말 관객의 참여를 위한 매체가 되고
있다고 할 수 있을까? 그건 차라리 일방적 송출의 발신자
가 방송국에서 백남준 자신으로 바뀐 것에 불과하다고 해
야 하지 않을까? 그렇다면 그는 자신의 말을 다시 뒤집고
있는 것일까? 더구나 그 자신 역시 "극소수의 사람들만이
저의 TV작업을 이해하고 있습니다. 그만큼 저의 작업은
고독하고 외로운 것입니다"[7]고 말하고 있음을 보면, 소통
은 전혀 이루어지지 않은 것처럼 보인다.

백남준의 퍼포먼스, 「살아 있는 조각을 위한 TV 브래지어」

　그가 소통하기 위해 선택한 퍼포먼스는 메시지의 해
독을 가능하게 해주는 이전의 코드들을 깬다는 점에서, 그
리고 자신의 행동의 의미가 굳이 이해되어야 한다고 생각
하지 않는다는 점에서 차라리 소통에 반하는 방법처럼 보인다. 그것은 무언가
를 알려 주고 전달하기 위한 것이 아니라, 누구나 알고 있고 누구나 의미를 받아
들이고 해석하는 양식화된/코드화된 관념의 체계를 가로지르는 것이다. 그것은
'정상적'이고 지배적인 전달의 통로를 깨는 것이고, 정상적인 전달을 위해 만들
어진 경계와 벽들을 깨는 것이며, 그럼으로써 그 벽들에 의해 분할되거나 그 경
계에 의해 배제되어 보이지 않던 것을 보게 하는 것이고 들리지 않던 것을 들리
게 하는 것이다. 따라서 백남준이나 플럭서스에게 소통이란 메시지를 쌍방향으
로 전달하고 서로 이해하는 과정이 아니라, '정상적 소통'을 위해 만들어진 벽을
깨고 경계를 가로지르는 것이다. 소통에 반하는 소통.
　그것은 퍼포먼스에서는 주로 과격한 해체의 양상을 취하지만, 단지 그런 것

● ● ●
7 "Letter to John Cage", *Nam June Paik: Videa 'n' Videology, 1959~1973*.

만은 아니다. 가령 「글로벌 그루브와 비디오 공동시장」에서 백남준은 "베트남에
서의 미국의 실패는 소통과 이해의 부재에 기인한다"는 베트남전 참전군인회의
전 회장인 돈 루스의 말을 인용하면서 이렇게 쓰고 있다. "재즈는 흑인과 백인을
융합시키고, 모차르트는 아시아인과 유럽인을 화합시켰다. 베토벤은 2차 세계
대전 중 독일인과 미국인을 결합시켰다. 현재 록 음악은 젊은 사람과 늙은 사람
사이의 유일한 통로이다." 여기서 소통이란 흑인과 백인, 아시아인과 유럽인을
가르는 벽을 넘는 것이지만, 그것은 '화합', '융합', '결합'을 의미한다. 재즈는 흑
인이 하는 말을 백인에게 전달하는 게 아니라 그들로 하여금 만나게 만들며 화
합하게 했다. 만남과 화합, 혹은 공존, 그것이 여기서 발견하는 '소통'의 방법인
것이다. 그러한 만남과 화합이 인종 간의 벽을 가로지르고 그것을 와해시킨 것
이다.

TV와 인간, TV와 첼로, TV와 식물, TV와 물고기, TV와 촛불 등을 동등한
하나의 평면에서 만나게 했던 그의 음악적 퍼포먼스나 설치작품들 역시 이런
관점에서 이해할 수 있지 않을까? TV와 물고기를 결합하여 나란히 놓고, TV와
식물들을, 혹은 TV와 인간을 결합하여 하나의 '작품'으로 만들었을 때, 그는 서
로 "소통불가능한 것"을 소통케 하고 싶었던 것이 아닐까? 인간과 기계, 기계와
식물, 혹은 인간과 동물을 가르는 경계를 가로질러 서로를 만나게 하고 함께 무
언가 새로운 것을 구성하게 하는 것. 이로써 이들을 가르는 심연은 사라지고 위
계는 해체되며 동등한 '위상'에서 가능한 새로운 관계들이 출현할 수 있게 된다.
위너를 인용하면서 "동물과 기계 사이의 소통의 제어"를(「노버트 위너와 마셜 맥
루언」), 그것을 위한 '관계의 학문'으로서 사이버네틱스를 이해한다고 말할 때
(「사이버네틱스」), 이런 생각의 일단을 엿볼 수 있는 게 아닐까?

이것이 백남준이 생각한 '소통'이라면, 그것은 앞서 보았던 존재론적 평등
성의 개념과 매우 밀접한 것임을 이해하기는 쉬운 일이다. 통상 소통이란 발
신자와 수신자가 있고 그 사이를 메시지가, 혹은 메시지를 담은 매체가 전달
되는 사태를 지칭한다. 이는 가령 섀넌(C.E.Shannon)의 정보이론이나 야콥슨
(Roman Jakobson)이 일반화한 소통의 일반이론에서 좀더 명시적인 형태를 취
한다. 메시지의 교환, 의사소통이나 토론을 뜻하는 하버마스의 개념 역시 이런

범주에서 크게 벗어나지 않는다. 이런 관점에서 본다면 백남준의 작품이 소통을 위한 것이라고는 보이지 않는다. 그의 퍼포먼스는 케이지조차 '과격하다'며 당혹하게 했던 것이었다. 비디오 작품조차 너무나 빠른 진행속도를 통해 거기 담긴 메시지의 전달을 방해하는 것처럼 보인다. 그렇다고 전달할 때마다 자기 식으로 변형시키는 '헤르메스적 소통'[8]이라고 하기도 어렵다.

백남준에게 '소통'이란 개념이 있다면, 그것은 존재론적인 것이라고 해야 한다. 통상적으로 '소통불가능하다'고 가정되는 존재자들 사이의 벽을 해체하고 그 경계를 넘어 하나의 단일한 존재론적 평면에서 만나고 공존하게 하는 것이다.[9] 그것은 모든 존재자들 사이에 존재론적 평등성을 수립하고 위계와 단절이 사라진 하나의 동일한 평면 위에서 새로운 방식으로 만나 새로운 관계를 구성하는 과정의 이름이다. 즉 소통은 인식론적인 게 아니라 존재론적인 것이고, 전달과 대화의 양상이 아니라 횡단과 해체, 혹은 뜻밖의 만남과 접속이란 양상으로 진행된다. 이러한 존재론적 소통을 통해 존재자들의 여러 범주를 가르는 심연은 해소된다. 그리고 이질적인 것들이 하나의 평면에서 만나고 함께-작동하게 함으로써 그것들 사이에 일종의 '공동성'(commun-ity)을 생산한다.

여기서 '공동성'이란 존재자들 모두에 공통된 어떤 성질(property)도 아니고(이런 점에서 공동성은 공통성과 다르다), 어떤 존재자와 만난 모두가 동일하게 공유하는 어떤 '메시지'나 의미도 아니다. 그것은 어떤 복수의 존재자들이 함께-작동하여 어떤 하나의 사건을 만들어 내는 현행적인 실천을, 그 실천을 통해 형성되는 공동의 감응(affect)을 뜻하며, 그것에 의해 만들어지는 잠재적 능력을 뜻한다. 그것은 이질적인 별개의 개체들이 함께 리듬을 맞추어 움직이고 작동하면서 만들어지는 공동의 리듬이기도 하다. 그런데 공동의 작동은 하나의 결과를 만들어 내지만, 거기 참여한 상이한 개체들이 그로부터 얻는 것은, 자신의 참여

8 Michel Serres, *Hermès 1. la communication*, Minuit, 1969.
9 흑인과 백인 사이에 심연이 있다고 믿는 자들은 '인종주의자'이고 남성과 여성 사이에 건널 수 없는 심연이 있다고 믿는 자들이 '남근주의자'라면, 남성/여성의 심연을 가로질러 존재의 평등성을 수립하려는 입장을 '여성주의'라고 하듯이, 인간과 기계 사이에 넘을 수 없는 심연이 있다고 믿는 자들이 '인간주의자'들이라면, 인간과 기계 사이의 심연을 가로질러 존재의 평등성을 수립하려는 입장을 '기계주의'라고 부를 수 있을 것이다. 이런 의미에서 백남준의 기계주의는 '인간주의'를 넘어서 있다.

방식이나 참여 정도, 과거의 기억이나 '지평', 그리고 자신이 그것을 통해 하고자 했던 것에 따라 각각 다를 수밖에 없다. 하나의 공동의 사건을 통해 그들 각각은 서로 다른 것을 나누어 갖는 것이다. 그러나 그 다른 것들은 공동의 참여, 공동의 리듬을 통해 형성된 것이란 점에서 쉽게 만나고 쉽게 섞일 수 있는 것, 혹은 쉽게 '소통'될 수 있는 것이리라는 점은 분명하다. 그것은 공동성을 통해 그들이 다시 만나서 다시 무언가를 함께 만들어 내고 어떤 공동의 사건을 함께 만들어 낼 잠재력을 뜻한다.

백남준을 통해 TV와 인간의 육체, 기계와 식물, 인간과 동물의, 결코 통상적이지 않은 만남은 그것들이 또 다른 통상적이지 않은 만남을, 새로운 종류의 만남을 가능하게 하는 잠재성을 형성한다. 그리고 그러한 작품과 만난 우리 역시, TV나 물고기, 육체와 기계, 악기와 소음 등의 특이한 관계 속에 쉽게 말려–들어 갈 수 있는 잠재성을 갖게 될 것이 분명하다. 그것들 각자와 새로운 관계를 형성할 잠재성을 얻게 될 것이 분명하다. 그것은 물론 보는 사람마다, 참여하는 개체들마다 다른 공동성을, 다른 잠재성을 얻게 되었음이 틀림없지만.

이처럼 우리는 작가가 창조한 하나의 동일한 '작품'을 함께 만나고 접하는 경우에도 대개는 사람마다, 그리고 심지어 만날 때마다 다른 의미를 발견하고 다른 '메시지'를 받는다. 그것은 작가가 보낸 메시지가 아니다. 우리는 누구도 보낸 적이 없는 메시지를 받는 것이다. 각자가, 그때마다 다르게. 그러나 그것은 쉽게 만나고 '소통'될 수 있는 공동성을 공유하는 것들일 것이다. 이런 점에서 존재론적 의미의 소통은 동일한 하나의 메시지가 아니라 수많은 상이한 '메시지'의 소통이고, 그러한 메시지의 공존이다. '작품'은 그런 존재론적 소통의 상황을 창출하며, 그것을 통해 생각지 못했던 것을 생각하게 한다. 이런 의미에서 '작품'이란 우리에게 던져지는 질문이다. 우리로 하여금 우리가 생각지 못한 것에 대해 질문하게 하는 질문. 요컨대 작가란 그런 식으로 작품을 통해 수신자 없는 메시지를 발송하는 것이고, 우리는 각자가 발신자 없는 메시지를 받는 것이다.

존재론적 공동성, 이것이 존재에 대한 질문, 다시 말해 존재자를 넘어선 존재 자체에 대한 질문을 통해서 얻게 되는 결과일 것이다. 백남준의 기계주의적 존재론, 그것은 그 벽들을 가로질러 TV와 인간이, TV와 식물이, 기계와 생명이 만나고 공존하는 새로운 생성의 지대를 사유하자는 제안의 이름이다. 이러한 제 안이 정치적인 '공동체성'(communality)으로, 코뮨적 관계의 구성으로 이어질 수 있음을 우리는 잘 알고 있다. 그것은 인간들이 서로 기대어 공존하는 공동체 만이 아니라, 필경 기계와 인간, 기계와 생명, 기계와 '자연'이 서로 기대어 공존 하는 그런 공동체일 것이다.

해체와 정치[1]

우카이 사토시(鵜飼哲)
이진경 옮김

일본 도쿄에서 왔습니다. 우카이 사토시라고 합니다.

오늘 이러한 자리에서 말씀드릴 기회를 얻은 것에 거듭 감사하는 마음으로 참석했습니다. 초대해 주신 〈연구공간 수유+너머〉의 친구들 모두에게 깊이 감사드립니다. 또 오늘 와 주신 모든 분들께도 깊이 감사드립니다.

여러분들로부터 '해체와 정치'라는 주제를 받았습니다만, 여러분들 사이에 제가 이렇게 있다는 것만으로, 이렇게 말을, 일본어라는 이 언어를 말하고 있다는 것만으로도, 이 주제를 둘러싼 무한의 대화가 시작되어도 이상하지 않을 것처럼 느껴집니다.

한국에 일을 위해 올 기회를 얻은 것은 6년 만이고, 세번째입니다. 과거 두번은 모두 프랑스 유학시절 친구인 부산대학교 최우원 선생의 초대를 받은 것이었습니다. 첫번째는 광주에서 열린 '고등 교육의 위기'에 관한 회의였고, 두번째는 부산에서 열린 '민족들 간의 대화'를 위한 회의였습니다. 따라서 서울을 어떤 일로 방문한 것은 이번이 처음입니다.

---

1 2009년 3월 2일 〈연구공간 수유+너머〉 제2회 국제워크숍에서 행해진 공개강연에서 발표된 글이다. 국제워크숍은 2008년 시작되었는데 통상적인 국제교류와 다르게, 초대한 학자의 글을 읽고 토론하는 반년간의 준비세미나와 5회 정도의 강의나 상호발표 등을 통해 진행된다.

지금까지의 두 번의 회의에서는 어떤 언어로 강연을 할 것인지를 모두 주최자가 지정했습니다. 첫번째는 프랑스어로, 두번째는 일본어로 한국의 청중들 앞에서 이야기했습니다. 첫번째 회의에서 프랑스어는 한국의 고등 교육에 커다란 영향을 미치고 있는 미국식 교육제도에 대한 대안적인 생각의 매체로서 위치지워져 있었다고 생각합니다. 그에 비해 두번째 회의에서 일본어는 회의의 주제가 아시아 시대라는 전망이었기에 아시아 언어의 하나로서 요청되었던 것입니다. 어느 경우든 제가 한국에서 말할 언어의 선택은 결코 자연스러운 게 아니라 제도적으로 결정되어 있었던 것입니다. 다시 말해 이러한 선택에서 저는 책임을 지지 않았습니다.

오늘은 전혀 다른 사정 속에서 저는 지금 일본어를 말하고 있습니다. 그리고 말하면서 이것이 대체 어떤 사태인가를 가능한 한 긴장된 마음으로 생각하려고 하고 있습니다. 한국의 서울에 있는 〈수유+너머〉 연구공간에서 2009년에 일본인 연구자가 일본어로 말한다고 하는 것은 대체 어떠한 상황인 것일까? 이러한 상황을 구성하는 컨텍스트 모두를 저는 철저하게 파악할 수 없습니다. 지금 제 자신이 역사상 임의의 순간에 있는 것도 아니고 한국의 임의의 장소에 있는 것도 아니라는 것은 알고 있습니다. 우리들 공통의 친구인 김우자(金友子) 씨에 의해 작년 일본에서 〈연구공간 수유+너머〉의 사상과 실천에 관한 최초의 본격적인 소개가 이루어졌습니다. 『걸으면서 묻는다』[2]라는 제목의 이 책을 통해 저는 이 놀랄 만한 집단적인 지적·정치적 실험의 실재에 다가설 수 있었습니다. 그리고 이 공간에서는 한국어 이외에도 최소한 영어, 중국어, 프랑스어, 독일어, 일본어가 사용되고 있음을 알고 있습니다.

저는 오늘 과거 두 번의 경우와는 달리 주최자에 의해 강연의 언어를 지정받지 않았습니다. 그러나 이 장소에서 지금 제가 일본어로 말하고 있다는 것이 제가 일본인이고 일본어가 모어라는 사실의 자연스러운 결과라고는 생각하지 않습니다. 한국의 임의의 장소가 아닌 바로 여기에서 제가 한국어를 할 수 없기 때문에 어쩔 수 없이 주어진 선택이라는 것도 아마 아닐 겁니다. 여기에서 이런

---

2 金友子 編訳, 『歩きながら問う: 研究空間「スユ+ノモ」の実践』, インパクト出版会, 2008.

언어로 말하는 것에 관해서 자연도 제도도 더는 알리바이를 제공해 주지 않습니다. 이러한 때 저의 책임은 이 언어를 응답가능성이라고 번역해 둔다고 하는 조건 위에서 전에 없이 커다란 시련에 처하게 된 것이라고 저는 생각하고 있습니다. 그것은 제 생각에 일본어가 〈수유+너머〉에서 사용되고 있는 언어 중 하나이고, 다름 아닌 여기에서 어떤 새로운 위치를 부여받고 있는 중이라는 사실이야말로, 그것만으로 한층 심각하고 중요하며 흥미로운 시련인 것입니다.

머지 않아, 한일합방으로부터 1세기가 되는 해가 올 것입니다. 언어의 역사에서 백년은 어떤 의미에서는 길고 다른 의미에서는 아주 짧은 시간입니다. [백년이라는][3] 이 시간 사이에 일본어도 한국어도 크게 그 모습이 달라졌습니다. 그러나 그 변화의 역사적 성격, 원인, 결과는 결코 동일한 것이 아니었습니다. 한국어에 일본의 식민지 지배결과가 야기한 상처, 그 흔적은 그것이 새겨진 것과 동일한 속도로 지워지지 않을 겁니다. 그 결과, 한마디로 말해 이 두 언어는 시간을 공유하고 있지 않으며 동일한 근대를 살아왔던 것도 아닙니다. 번역이란 일을 해왔던 사람들, 문학작품을 만들어 왔던 사람들은 이러한 시간의 불일치라는 형태로 우리들의 현재에 새겨진 부정(不正)을 순간마다 호흡하고 있는 것이라고 생각합니다.

셰익스피어의 희곡 『햄릿』에는 주인공이 시간에 직접 새겨진 이러한 부정을 한마디로 표현하는 대사가 있습니다.

The time is out of joint. O cursed spite,
That ever I was born to set it right.

"시간이 이음매에서 어긋나 버렸도다. 오, 저주받은 운명이여,
이를 교정하도록 태어난 몸이라니."

자크 데리다는 1993년 저서 『마르크스의 유령들』(*Spectres de Marx*)에서

---

3 이후 대괄호([ ]) 속의 문구는 옮긴이가 추가한 것이다.

이 햄릿의 말로, 그 책에서 그가 제시하는 주장을 집약하며, 거기에 매우 중요한 역할을 부여하고 있습니다. 여기에서는 "시간이 이음매에서 어긋났다"고 하는 최근의 번역을 인용했습니다만, "out of joint"는 영어로는 시대의 부패, 습속의 퇴락, 사회의 타락이란 의미도 있어서 앙드레 지드는 이 말을 프랑스어로 "Cette époque est déshonorée", 즉 "이 시대는 명예를 잃어버렸다"고 번역한 바 있습니다. 이 표현에서는 이러한 윤리적·정치적 함의가, 'time'이란 말을 '시대'나 '세상'(世の中)이 아니라 문자 그대로 '시간'이라고 해석할 때 비로소 드러나는, 관절에서, 이음매에서 벗어난 '시간'이라는 존재론적 함의와 결부되어 있는 것입니다. 개개의 단어를 보면 누구나 알고 있는 기본적인 것뿐이지만, 이 6개의 단어로 이루어지는 문장은 그것만으로 존재론과 윤리학, 정치학의 이음매 없는 이음매들을 형태짓고 있습니다.

생각해 보면 'déconstruction', 일본에서는 '탈구축', 한국에서는 '해체'라고 번역되고 있는 자크 데리다의 사상은 처음부터 시간개념의 '해체' 작업이었습니다. '현전(現前)의 형이상학'의 해체란 현재라는 시간의 일차원에 존재를 결집하는 서양의 중심 사상의 존재방식을 근본적으로 재검토하는 작업입니다. 그것은 무엇보다 과거, 현재, 미래가 동일한 선상에서 이어지는, 아리스토텔레스 이래 계속된 시간의 표상을 문제 삼고 있습니다. 후설은 현재를 점으로 간주하고 그것에서 이어지는 것으로 시간을 표상하는 [서구의] 전통을 되당김(Retention)과 미리-당김(Protention)이라는 개념으로 바꾸어 쓴 바 있습니다. 그렇지만 시간이 선형성의 지속이라는 점은 여전히 유지되고 있습니다. [하지만] 프로이트의 사후성(Nachträglichkeit)이라는 개념은 유아기의 망각된 어떤 사건이 시간적으로 한참 지난 뒤에 의식되지 않은 채 정신에 어떤 작용을 미친다는 것을 분명히 해주었고, 현재 일어난 어떤 것이 그 직전의 과거에만 인과적으로 규정되는 게 아니라 아득한 과거의 흔적의 작용을 받는다는 것을 생각할 수 있게 해주었습니다. 데리다는 여기서 힌트를 얻어 아직까지 한 번도 현재였던 적이 없는 '흔적'이란 생각을 다듬어 갔습니다. 그의 『그라마톨로지에 대하여』에서 말이지요.

'해체의 정치'라는 주제는 현전, 현재라는 가치를 이처럼 그 근저에서 의문에 부치려는 사상의 정치적 귀결을 묻는 것이라 할 수 있겠지요. 『마르크스의 유령들』에서 데리다는 앞서 말한 햄릿의 대사에서 물음에 대한 하나의 답을 찾고 있습니다. 이 장면 직전에 햄릿은 아버지의 유령임을 칭하는 유령에게 아버지의 죽음에 얽힌 비밀을 듣게 되고 아버지의 왕위를 차지한 살인자인 숙부를 살해하라는 명령을 받게 됩니다. 죽은 자가 과거로 사라져 버리지 않고 현재로 되돌아온 겁니다. 이러한 이상한 사태는 시간의 관절, 이음매가 해체되어 현재가 점으로 이어지기를 그치고 과거가 흘러가 버리는 게 아님을 보여 주고 있습니다. 그때 미래는 또 이미 [자연스레] 도래하기를 그치고, 와야 할 [어떤] 것으로 남게 됩니다. 바야흐로 햄릿이 복수의 의무를 이행할지 여부에 모든 것, 다시 말해서 덴마크 왕국의 정의의 수복, 시간의 '교정', 정상화가 걸려 있는 것입니다.

데리다는, 하지만, 햄릿의 탄식에 담긴 이중적 성격에 주의를 기울일 것을 촉구합니다. 그가 처한 상황에서 정의의 실현은 복수의 의무와 동일한 것입니다. 게다가 그 의무는 태어나기도 전에 그에게 짐 지워져 있었습니다. 아시는 것처럼 희곡 『햄릿』은 이 복수의 의무에 직면한 주인공의 기묘한 망설임, 결단하지 못함, 고뇌를 주제로 합니다. 그가 왜 이토록 머뭇거리는 것인가가 이 작품의 핵심 수수께끼를 구성하고 있습니다. 이 작품의 비평사는 이 물음에 대한 다양한 답변이 있었음을 보여 줍니다. 셰익스피어에 대한 전 세계의 연구자들은 물론이고, 괴테, 콜리지 등의 문학자, 프로이트, 어니스트 존스, 자크 라캉, 니콜라 아브라함 같은 정신분석가에 이르기까지 [정말] 다양한 대답을 내놓았습니다. 그럼에도 여전히 이 수수께끼는 풀리지 않은 것 같고 풀릴 것 같지도 않습니다.

[그런데] 데리다는 햄릿이 결국 어떻게 해서 [자기에게] 요청된 결단에, 그 행동에 이르는가보다는, 그 특유의 비결단에, 다시 말해서 결단이나 결정에서 나타나는 특이한 불가능성에 역점을 두고 이 희곡을 읽었습니다. 이 작품의 비극성, 그것은 햄릿이 정의를 행하기 위해서 태어났다는 것입니다. 이 운명, 이 불행을 그는 저주합니다. 자신의 사명, 자기 자신이기조차 한 사명을 저주하는 그는, 시간과 마찬가지로 자기와의 이음매에서 어긋나 있습니다. 이 대사에서 햄

릿의 광기를 읽어 냈던 것은 『비극의 철학』[4]의 저자 셰스토프(Lev Isakovich Shestov)였습니다. 데리다는 이 비극적 광기 속에서 이제는 복수의 다른 형태들이 아니라 정의를 향한 또 하나의 희구를 읽어 내려는 겁니다.

햄릿이 ── 니체 이전에, 하이데거 이전에, 벤야민 이전에 ── 불평하는 것처럼 보이듯, 만약 법이 복수에서 유래한다면, 언젠가는, 더 이상 역사에 속하지 않는, 유사 메시아적인 어느 날엔가는, 마침내 복수의 숙명에서 벗어날 정의를 염원해 볼 수 없는 것일까? 단지 벗어날 뿐만 아니라 자신의 기원과 무한하게 낯선, 이질적인 어떤 정의를 말이다. 그리고 그날은 우리 앞에, 도래할 것으로 있는 것일까, 아니면 기억보다 더 오래된 [과거에 있는] 것일까? **오늘** (aujourd'hui) 이러한 두 가지 가설 사이에서 결정하는 것이 어렵다면, 사실 불가능하다면, 이는 정확히 "시간이 이음매에서 어긋나 있기"(The time is out of joint) 때문이다.(『마르크스의 유령들』, 진태원 옮김, 이제이북스, 2007, 58쪽)[5]

여기서 우리들이 주의해야 할 게 있습니다. 복수의 저편에 있는 또 하나의 정의가 우리들이 일상적으로 듣는 '복수의 부인(否認)'[으로서의 정의] 언설과 비슷한 것 같지만 사실은 다르다는 점입니다. 니체, 하이데거, 벤야민은 각각 근대적 법제도 전체를 복수 정신의 구현으로 간주합니다. 니체가, 그리고 그의 사고를 다듬고 고쳐 갔던 하이데거는 범죄와 징벌, 손해와 보상의 등가성을 전제로 하는 법 관념에 선행하는 정의를 소크라테스 이전의 그리스에서 탐색하려고 했습니다. 벤야민은 '법정립적 폭력'과 '법유지적 폭력'에 기대고 있는 현행 법제도 전체를 '신화적 폭력'으로 규정하고, 그것을 무화시키며 도래할 또 하나의 폭력을, 유대교의 어떤 메시아주의적 전통과 맑스주의가 만나는 지점에서 '신적 폭력'이라고 명명하고 있습니다.

이러한 사상가들의 발본적인 문제제기와 우리들이 일상적으로 듣는 법중

---

4 『도스토예프스키, 톨스토이, 니체: 비극의 철학』, 이경식 옮김, 현대사상사, 1987.
5 이 부분은 필자가 인용하는 일역본과 국역본의 번역에 차이가 있는데 국역본의 문장을 수정하여 사용했다.

심주의의 언설 사이에는, [즉 이런 문제제기와] 우리 인간의 복수의 연쇄를 끊기 위해서 국가의 법이나 공공적인 법이 요청되며 바로 그렇기 때문에 법은 그것이 법이라는 이유로 존중되어야 한다고 주장하는 언설, 혹은 더 나아가 복수의 정신에서 자신을 해방하기 위해서 화해를 목표로 해야 한다고 주장하는 언설 사이에는 무한한 거리가 있습니다. 후자의 언설[법중심주의]에서 주장하는 복수의 부정을 전자의 문제제기의 지평에서 바라보게 되면, 그것은 자신의 기원이 복수(復讐)라는 것, [그것을] 정신분석적 의미에서 부인하는 것에[6] 지나지 않습니다.

복수란 우선 공동체가, 그리고 결국은 개인이 서로 평등하다는 것을 인간이 알기 위해 경험해야 할 규율＝훈육의 과정입니다. 말하자면 그것은 인간이 인간으로 되기 위한 기원의 폭력이어서, 흔히들 잘못 믿고 있는 것처럼 비인간적이고 야수적이라고 간주되어야 할 폭력이 아닙니다. 니체는 복수란 일체의 사회적 계산가능성의 조건이고 평등이란 관념의 기원이라는 것을 명확히 인식하고 있었습니다. 공화주의적이든 사회주의적이든 극히 근년까지 많은 혁명사상이 복수를 숭고한 정념으로 찬양하고 있는 것은 이런 이유에서입니다. 국민 간의, 혹은 민족 간의 화해의 관념도 일견 대조적으로 보이겠지만, 사회적 계산의 동일한 가능성을 조건으로 하고 있음은 부정할 수 없을 것입니다.

앞의 인용문에서 데리다는 "자신의 기원과 무한하게 낯선, 이질적인 어떤 정의(正義)"에 관해서, 그것이 "기억보다 더 오래된 것"인가 어떤가를 묻고 있었습니다. 이를 좀더 자세히 바꿔 말하자면 인간이 인간이 되는 데서, 타자를 동류(同類)로서 승인하고 자신과 타자를 포함하는 집단의 카테고리, 예를 들면 '인간'[이란 카테고리]을 획득하기 이전의 것이라는 의미, 사회적 계산에 기초한 평등의 관념 이전의, 그런 의미에서 전-'인간'적인 것이라는 의미, 우리가 자신을 '인간'이라고만 규정하고 표상하는 한 우리의 기억이 미치지 않는 것이라는 의미입니다. 데리다는 이 '기억이 미치지 않는 것'을 '증여'라는 말을 통해서 사유하려고 합니다. 이때 '증여'는 일체의 사회적 계산, 바꿔 말하면 교환으로 귀착되

. . .

6 정신분석에서 '부인'이란 어떤 것을 감추기 위한 것이고, 그런 점에서 역으로 그것이 있음을 드러내는 것이다.

지 않는 사건의 이름인 것입니다.

이를 알고 있든 모르고 있든 간에 햄릿은 그가 "시간이 이음매에서 어긋나 있
다"고 선언할 때 이 질문이 열어 놓은 공간 속에서 ——선물에 대한, 특이성에
대한, 사건의 도래에 대한, 타자와 맺는 과도한 또는 초과하는 관계에 대한 부
름 속에서 ——말하고 있다.(『마르크스의 유령들』, 61쪽)

『마르크스의 유령들』에 선행하는 1991년의 저작 『시간을 주다』(時間を与
える)[7]에서 데리다는 마르셀 모스의 『증여론』을 들어 이 문제에 관한 기본적인
생각을 전개하고 있습니다. 이 보고서[『증여론』]는 트로브리얀드 제도(諸島) 등
폴리네시아 지역의 민족들이나 북미선주민족들에 대한 인류학적 연구를 바탕
으로 1920년대에 제출된 것으로, 모든 미개사회의 상호적 증여의 관행을 다루
고 있습니다. 이 보고서는 출판 당시부터 맑스주의의 강한 영향 아래 있었는데,
사회정의의 또 하나의 이념, 자본주의에 대한 또 하나의 비판을 탐구하고 있던
사회활동가와 지식인 사이에 커다란 반향을 일으켰습니다. 모스는 특이한 사회
활동가로서 정치·경제문제에 관한 수많은 발언을 남기고 있습니다. 저는 1982
년 데리다가 처음으로 일본을 방문하여 교토에서 3일간 세미나를 할 때, 당시
미간이었던 이 『증여론』 분석에 대해 들을 기회가 있었는데, 그 이후 증여라는
물음은 그의 작업에 대한 제 관심에서 하나의 초점이 되어 왔습니다. 그렇지만
모스로부터 착상을 얻고자 했던 사람들은 데리다 이전에도, 그와 동시대에도,
그리고 근년에도 학술권이나 운동권을 가로질러 전 세계에 많이 있습니다. 그
가운데서 데리다가 취한 입장의 두드러진 특이성을 언급하고 싶습니다.

역설적이고 궁극적인 [방식으로] 문제를 정립하고 정식화하는 데 데리다가
어떤 흥미를 갖고 있음은 부정할 수 없을 겁니다. 『시간을 주다』에서 그는 모스
의 『증여론』에서 증여는 전혀 논의되지 않고 있다고 주장합니다. 증여라는 이름
을 바탕으로 이 보고서에서 서술되고 있는 사회현상은 모두, 데리다에 의하면,

. . .
7 Jacques Derrida, *Donner le temps 1. La fausse monnaie*, Galilée, 1991.

교환입니다. 교환과 증여의 개념적 구별이 명확하지 않기 때문에 여기에서는 증여라고 할 수 없는 것이 증여라고 말해지고 있다고 하는 겁니다. 증여는 증여기때문에 어떠한 보답이나 반대급부에 의해서도 상쇄되어선 안 됩니다. 그런데 그반대급부가 반드시 동등한 물질적 재화나 사회적 서비스일 필요는 없습니다. 증여를 받는 측이 그것을 증여로 인식하고 증여를 베푼 측에게 감사의 뜻을 표시하는 것만으로도, 아니 그런 [감사의] 기분을 갖는 것만으로도, 데리다가 보기에증여는 교환으로 전화되는 것입니다. 시간의 선형적 연쇄를 절단하는 사건이어야 할 증여가 그때 이 상징적 교환의 원환 속으로 회수되어 버리고 맙니다. 그리고 이 교환의 원환은 증여가 이루어지기 이전에 증여를 베푸는 측이 자신의 의식 속에서 그것을 증여로서 인식하거나 증여를 의도하여 증여를 받는 측이 감사해 하리라고 상상하자마자 이미 형성됩니다. 따라서 증여가 있기 위해서는, 그것이 발생하기 위해서는, 그것을 베푸는 쪽도 받는 쪽도 그것을 **그것으로서**, 증여로서 지각해선 안 됩니다. 이러한 '것'(もの), 이러한 '일'(こと)에 관해서는 현상학에서 말하는 본질직관이 불가능하기에, 그것은 결코 현전적으로 경험될수 없는 것입니다. 한마디로 말해 증여는 '프레젠트'(present) 즉 현전[하는 것]이어선 안 되는 것입니다.

이 모든 경우에 증여는 확실히 그 현상성(現象性)을, 혹은 그 증여라는 외관(apparence)을 유지하려고 한다. 그러나 그 외관 자체, 증여의 단순한 현상이그것을 증여로서는 무화시켜 버려 출현＝환(幻, apparition)을 유령으로, 그리고 그것을 행함을 모상(시뮬라크르)으로 바꾸어 버린다. 증여가 무화되기 위해서는 증여의 대상, 주어지는 대상, 사물은 말할 것도 없이, 증여가 갖는 증여라는 의미 내지 성질을, 그 특성을, 그 지향적 의미를 타자가 지각하고 간직하는것만으로 충분하다. 타자가 증여의 현상성을 간직하는 것으로 충분하다고 우리는 의도적으로 말했다. 하지만 **간직하는**(garder) 것은 **취하는**(取る, prendre)것의 시작이다. [그 경우] 타자가 받아들이든 말든, 취하든 말든 이미 증여는 아니다. 이런 파괴가 일어나기 위해서는 받아들임(파악, 수령)의 운동이 조금 지속하는 것만으로도 충분하다. [그 지속이] 아무리 짧다 해도, 일순간 이상 시간

화의 종합 안에서 이미 파악된 것만으로……바꿔 말하면 시간이 '자기와 함께 있는 것'으로 이미 파악되는 [어떤] 한 순간 이상 지속하는 것만으로 [충분하다].(Derrida, *Donner le temps*, p.27)

2001년 가을, 파리에 머물던 저는 '유로 통화로의 이행의 의의'를 다룬 심포지엄에 참가한 뒤 돌아가는 길에, 역시 거기 참가했던 데리다와 걸으며 잠시 대화를 했습니다. 그때 그가 증여를 둘러싼 자신의 작업이 장-뤽 마리옹(Jean-Luc Marion) 같은 현상학자들로부터도, 모스의 의발을 잇고 있는 사회학자들로부터도 찬동을 얻지 못하고 있다고, 다소 섭섭한 듯한 어조로 말했던 것이 생각납니다. 이러한 표정의 뒤에서 그가 무엇을 생각하고 있었던가를 상상하는 것은 쉽지 않습니다. [하지만] 그가 증여를 사회학적·인류학적 영역 바깥으로 끄집어내 현상학의 한계에서 다시 사고하려는 자신의 시도가 기성의 학문이나 철학 방법론에 대한 도전임과 더불어 일반상식으로부터도 얼마나 멀리 떨어진 입론인지를 알지 못했을 리 없습니다. 그의 입론에 따르면 대개 윤리적 행위는 그 의도가 선하든 그렇지 않든 자기만족적인 결백의식을 만들어 내 저절로 무화되어 버리고 마는 것입니다. 그가 생각하는 사건으로서의 증여는 개인적 내지 집단적인 어떤 주체의 역량에 속하지 않습니다. 저나 우리들은 주는 것이 불가능합니다. 그런 의미에서 증여는 불가능한 사건으로서만 도래할 수 있는 것입니다.

제 생각에 '해체와 정치'라는 주제는 어떤 형태로든 이러한 곤란과 교섭할 필요가 있습니다. 철학사의 한 한계에서 나타난 '해체'라는 작업, 증여불가능성의 사고를 요청하는 이 작업을, 그 외부에 존재한다고 상정되는 정치라는 영역에 단순히 응용하는 것, 적용하는 것은 불가능합니다. 많은 사람들이 '데리다는 사용할 수 없다'고 생각했던 것은 어떤 의미에서는 맞습니다. 그의 작업, 그가 남긴 텍스트는 그렇게 간단히는 '사용할 수 없'도록 만들어져 있습니다. 이 곤란에 눈을 감아야 하는 것일까요? 그리고 이 곤란은 데리다 자신이 누구보다도 잘 감지하고 있었다고 저는 생각합니다. 바로 그렇기 때문에 [데리다는] 불가능한 사명 앞에서 머뭇거리는 햄릿의 형상에, 햄릿의 어느 대사에, 자신의 맑스론이라고 할 [어떤] 중요한 역할을 부여하고 있는 것입니다.

'해체'의 윤리＝정치적 전회라고 불리는 주제로의 경향적 변화가 1980년
대 이후 데리다의 작업에서 관찰되는 것은 사실입니다. 그러나 그의 작업에는
『그라마톨로지에 대하여』 이래 항상 예리한 정치적 감성과 사고가 구석구석까
지 두루 미치고 있습니다. 그리고 거꾸로 정치적 주제가 전면화(前面化)된 한 시
기 이후에도 여기에서 우리가 더듬어 가고 있는 아포리아나 불가능성의 사고는
오히려 점점 더 강조되고 있습니다. 1984년, 제가 프랑스에 건너갔던 해에 데리
다가 시작했던 세미나의 타이틀은 '철학의 국적과 철학적 내셔널리즘'이었습니
다. 그리고 89년 프랑스 혁명 200주년 되는 해에는 이 시기의 작업을 정리하는
형태로 '우정의 정치학'이라는 주제로 세미나가 조직되었습니다. 그것은 『마르
크스의 유령들』이 출간된 다음 해 책의 형태로 출판되었습니다.

이 책에서 데리다가 칼 슈미트의 『정치적인 것의 개념』(Der Begriff des
Politischen)[8]을 논하는 부분은 '해체와 정치'를 표제로 내건 이 강연에서 어떻게
해도 건드리지 않을 순 없겠지요. 아시다시피 슈미트는 20세기의 가장 문제적
인 법학자고 정치학자였습니다. 가톨릭이라는 사상적 주축을 갖는 이 사상가는
1920년대에는 보수적 입장에서 바이마르 헌법을 옹호하는 자세를 취했습니다
만, 1933년 이후 나치 정권에 가담하여 제2차 세계대전 후에는 전쟁범죄자로서
소추되었습니다. 그러나 그의 사상은 전후의 세계에서 우파뿐만 아니라 극좌적
인 사상조류에도 누차 기묘한 방식으로 영향을 미쳤습니다. 1932년의 저서 『정
치적인 것의 개념』은 윤리로도, 경제, 기술, 문화로도 환원불가능한 순수한 정치
적인 것의 정의(定義)를 추구하여, 그것을 적과 동지(친구)의 구별에서 찾고 있
습니다.

아마도 이것이, 실은 역설적인 것입니다만, 그의 사상적 영향이 정치적인
좌우의 구별을 넘어서 확장되는 이유일 겁니다. 왜냐하면 정치적 영역에서의
'우리'의 자기동일성은 '우리'의 적이 누구인가에 의해 규정되기에, 근대의 정치
사라는 게 좌우를 막론하고 정치적 주체가 본래의 적, 유일해야 할 적을 설정할
수 없어서 항상 복수(複數)의 적에 직면하게 되고, 그로 인해 사상적 동일성이

• • •

8 칼 슈미트, 『정치적인 것의 개념』, 김효전 옮김, 법문사, 1992.

흔들리고 상실될 위험에 처하게 되었던 경험의 연속이었기 때문입니다.

슈미트가 주장하는 적과 동지의 구별은 언제 어디서 어떻게 그것으로서 나타나는 것일까요? 이 구별가능성을 논증하려는 슈미트의 노력에 대해 데리다는 특별히 관심을 기울이고 있습니다. 『정치적인 것의 개념』의 한 절을 인용하여 그는 [이렇게] 주석을 달고 있습니다.

> "……적과 동지의 정치적 배치[布置]의 극한적 귀결이 현저하게 되는 것은 **현실적인**(effectif, wirklichen) 전투에서만이다. 인간들의 삶은 극한적인 **가능성**(possibilité, Möglichkeit)으로부터 출발하여 특수하게 **정치적인** 긴장을 획득한다(gagne, gewinnt)."

이 **긴장은 획득된다.** 즉 그것은 주어진 사실이 아니다. 그것은 획득된다, 도달해야만 할 장소처럼, 그것은 획득된다, 저항을 극복하고 쟁취해야 할 승리처럼, 그것은 획득된다, 항상 증대할 수 있는 강도, 그리고 **너 자신에게** 이겨 그 극한적 한계까지 늘려 갈 강도처럼.

이러한 명제의 극한적 귀결, 피하기 어려운 듯하고, 하지만 또 실은 우리에게는 파멸적으로 보이는 귀결, 슈미트는 물론 그것을 끌어내지는 않는다, 최소한 이런 형태로는. 하지만 우리는 그렇게 해야 한다. 지금 말했듯이 예외상황 내지 결단적 상황이 드물게 혹은 있을 것 같지 않게 될수록, 그것은 한층 더 결정적이고 강력해지며, 또 더 잘 드러나게 되며, 최종적으로는……정치화된다는 게 정말이라면, 그 경우에는 희소화가 긴장을, 그리고 (정치적인 것의 '진리'를) 드러내는 힘을 강화한다고 결론지어야 한다. 전쟁이 적어지면 적어질수록 적대는 증대한다 등등……

슈미트가 우리 현대의 내부에서 교묘히 고발하는 중립화와 탈정치화의 징후로 폭로하는 것은 무엇인가? [그것은] 실은 과잉된 혹은 초과적인 정치화일 것이다. 정치는 적으면 적을수록 많고, 적은 적으면 적을수록 많다. 친구/동지의 수는 정확히 같은 리듬, 같은 비율로 늘어난다……우리는 다만 정치적인 것에 관한 이 언설의, 과잉된 상식과 동맹을 맺은 광기의 언설의 핵심에 있으며, [거기서] 폐허의 혹은 유령성의 원리를 형식화했을 뿐이다.(*Politiques de l'amitié*,

Galilée, 1994, pp. 152~153[ジャックデリダ, 『友愛のポリティックス-1』, 鵜飼哲 訳, みすず書房, 2003, 205~206頁].)

이렇게 하여 [데리다가] 그려 낸 것은 우리 시대가 정치적으로 어떻게 이음매가 어긋나 있는가 하는 것에 다름 아닙니다. 글로벌화에 의해 국민국가 간의 장벽이 낮아지고 민중이 '자유로이' 왕래하는 것처럼 될수록 슈미트적 사고에서 생각해 보면 주권국가에 집약된 고전적인 정치의 힘은 감소합니다. 그러나 그때 적은 단순히 없어지는 게 아니라 희소화되는 것이고, 점차 있을 것 같지 않은 것으로 되어 가는 것이며, 그 예외성으로 잠재적으로 규정되는, 고정될 수 없는 채, 한정될 수 없는 채 늘어 가고 있는 것입니다. 이 가설은 구체적인 정치상황에서 다양한 사고의 가능성을 엽니다.

예를 들면 현재의 한국 혹은 일본의 사회운동 속에서 최근 늘어나고 있는 것처럼 우리의 세대가 일찍이 혹은 한동안 경험한 적이 없던 적대성의 출현과 조우했을 때, 우리는 이 현상을 오래전의 시대, 한국이라면 독재기로의 회귀, 일본이라면 전전(戰前)으로의 회귀와 같이, 다시 말해 고전적인 대립구도로 파악해야 하는 걸까요? 그렇지 않으면 여기에서 데리다가 슈미트로부터 인용하여 변형시킨 도식에 따라 전에 없는 탈정치화의 진행이라고, 전에 없이 역설적인 초정치화의 징후라고 간주해야 할까요? 이 후자의 가설에 입각한다면, 우리는 적어도 지금까지와는 다른 풍으로 정치적 존재로서의 우리의 존재방식에 깊은 주의를 기울여, 정치적 상황에서 판단을 위한 시간을 지금까지와는 다른 감응으로 스스로에게 부여해야 하는 것이겠지요. 시대의 부패에 대한, 이음매에서 벗어난 시간에 대한, 또 그것을 수복해야 한다고 하는, 날 때부터의 의무에 대한 햄릿의 이중의 탄식으로, 우리 자신의 모습을 다른 방식으로 인정하는 게 되겠지요. 그와 마찬가지로 우리는 모두 정의를 행하기 위해 태어난 것이라고 저는 믿고 있습니다. 우리가 현재 살고 있는 부정은 모두 우리가 태어나기 전인 과거에 뿌리가 있지요. 그렇지만 그것을 바로잡는 것이 우리의 의무인 것입니다. 햄릿의 한탄, 햄릿의 광기와 더불어 그의 기지도 또한 우리의 것일 터입니다.

"The time is out of joint"라는 햄릿의 대사, 그리고 그것을 둘러싼 데리다

의 고찰은, 90년대 [중]반 이후 동아시아의, 혹은 중동의 식민지 내지 포스트식
민지적 상황을 상상하고 사고하며 분석하려고 시도할 때, 항상 저의 길잡이 실
이 되어 주었던 말이었습니다. 조우하고 대면할 기회가 점차 늘어나고 있는데,
실제로 말을 주고받으면서도 시대경험, 시간감각이 너무 격절하여 있음을 그때
마다 서로 확인해야 하는 사람들 사이에서야말로 지금까지 없던 정치의 공간이
이제 발명되어야 합니다. 그 격절은 선진국과 제3세계, 침략국와 피침략국, 신구
의 식민지와 그 종주국 사이에서뿐만 아니라 가족 속에서도, 민족 '내부'에서도,
친구, 연인 사이에서도 때로 예리하게 감지됩니다. 이 시대의 부정, 이음매에서
벗어난 시간 속에서 우리들이 이루어야 하는 것은 단지 시간의 관절을 교정하
여 [하나의] 역사로 잇는 것, 결국 다시 단선화해서 민족, 국가, 정치공동체의 이
야기를 재구성하는 것에 멈추지 않고, 사회적 계산, '과거청산'으로 환원될 수 없
는, 아직도 우리가 모르는, 도래해야 할 정의를 향해, 개인적·집단적으로 자신을
여는 것이라고 저는 믿고 있습니다.

❸ '정치의 원점'으로서의 텐트
—사쿠라이 다이조 씨 인터뷰

참가: 이진경, 고병권, 오선민, 신지영
통역: 윤여일, 오하나
녹취 해제: 김우자
번역: 윤여일

사쿠라이 다이조(桜井大造) 씨는 일본과 대만, 중국, 한국 등을 오가며 활동하고 있는 일본의 유명한 연극인이다. 특히 텐트를 치고 거기서 연극을 하는 그의 '텐트 연극'은 일본과 대만에서 아주 유명하다. 1973년부터 1980년까지 '곡마관'(曲馬館)으로 이곳저곳을 옮겨 다니며 텐트 연극을 했다. 해산 후에는 '바람의 여단'(風の旅団)을 창단해 10년간 전국 공연을 다녔고, 1994년 다시 '야전의 달'(野戦の月)을 꾸렸다. 1999년에 대만에서 「EXODUS 出核害記」를 공연하면서 이후 일본과 대만을 오가며 작업을 하고 있다. 2002년부터는 극단 이름을 '야전의 달＝해필자'(野戦の月=海筆子)로 바꾸어 활동하고 있다.

우리가 〈수유너머〉에서 그를 처음 만난 것은 6~7년 전쯤이었던 것 같다. 그의 작품을 처음 보았을 때의 강렬함은 지금도 뭐라 표현하기가 힘들다. 2008년 'G8 대항포럼'에 참가하기 위해 일본을 방문했을 때 우리는 그의 집에 머물렀다. 재밌는 건 우리가 일본에 도착했을 때 공항에서 강도높은(!) 경찰의 심문을 받았는데, 사쿠라이 씨 집에 머물 거라는 사실이 알려지면서 그 심문 시간이 더 길어졌다는 점이다. 사쿠라이 씨는 확실히 문제의 인물이었던 것이다. 그때의 인터뷰(2008. 7. 4)는 우리로 하여금 '예술과 정치'에 대한 매우 중요한 시각을 열어 주었고 결국 『부커진 R』의 기획으로까지 이어지게 되었다.

1 텐트 – 이동하며 농성하기 혹은 농성하며 이동하기

이진경 사쿠라이 씨는 2, 30년간 줄곧 텐트 연극을 해오셨습니다. 텐트는 사쿠라이 씨의 트레이드 마크처럼 보이는데요, 먼저 연극에서 텐트가 지니는 의미를 여쭈면서 인터뷰를 시작해 볼까 합니다.

사쿠라이 텐트 연극을 해온 지 35년이군요. 하지만 프로라고 말할 수는 없습니다. 즉 '텐트 연극이라는 표현'으로 생계를 유지하며 사회참여를 해온 것이 아닙니다. 또한 사회참여를 하려고 텐트 연극을 방법으로 사용하지도 않았습니다. 다만 이 행동은 늘 많은 사람을 부릅니다. 그 관계성으로 말미암아 텐트에는 언제나 어떤 '장'(場)이 형성됩니다. 이것을 사회성 혹은 공공성이라고 부를 수 있겠죠. 따라서 얇은 천 한 장으로 현실의 사회공간 가운데 일부를 잘라내 거기에 사회성·공공성을 불어넣는 행동 자체가 현실사회에 대한 일종의 개입이자 참여라고는 생각하고 있습니다. 이 점을 전제로 들어주시기 바랍니다.

　35년은 긴 세월이지만, 텐트에 대해서는 줄곧 두려움이랄지 거리감을 가지고 있었습니다. 텐트는 매번이 전혀 다른 '장'이니까요. 도무지 마음을 놓을 수 없습니다.

　그렇다면 왜 표현의 장으로서 텐트를 선택했는가. 저는 연극의 표현을 작품으로 여기지 않습니다. 작품에 되도록 가까워져야 하겠지만, 작품에 도달하지 않는 것이라고 생각합니다. 표현의 장이 발생했다는 것은 새로운 '집단'성이 발명되는 일이기 때문입니다. 표현이란 언제나 한 번뿐입니다. 그 단 한 차례를 새로운 집단성이 떠받치고 있습니다. 지금껏 만난 적 없으며 두 번 다시 만날 일 없는 집단성이 거기서 출현하는 것입니다.

　물론 텐트에서 해본다고 정말로 표현이 발생한다는 말은 아닙니다. 현재 대부분의 연극은 관객과 배우의 기억, 그리고 자의식이라는 범주로 해소될 수 있습니다. 그러나 그것은 연극의 표현이 아닙니다. 연극의 표현은 뚜렷한 일인칭이 모여서는 발생하지 않습니다. 자의식이 일인칭에서 뛰쳐나가고 만난 적도 없는 타자·삼인칭의 기억과 결합해야만 표현은 발생합니다. 즉, 개개인이 분자로서 관계를 유지하고 있는 고체나 액체 상태, 기체 상태가 아니라 그것들을 단번에 일으켜 플라스마(plasma) 상태로 만드는 것입니다. 이것이 연쇄한다면 곧 새로운 집단성 내지 공공성이 출현합니다.

처음부터 어려운 말을 늘어놓고 있군요. 미안합니다. 좀더 간단히 말한다면 불안정하고 불확정인 상태를 긍정하고 거기서 새로운 공공성을 발명한다는 뜻입니다.

이진경 사람들이 만나는 교차점 같은 거네요.

사쿠라이 그렇지요. 그런 의미에서 일종의 미디어라고도 할 수 있겠죠.

이진경 극단 차량에 '홋카이도에서 오키나와'까지라는 슬로건이 걸려 있는 걸 보았습니다. 자동차로 이동하면서 연극을 하시는 모습은 몽골인이 말을 타고 텐트를 치며 이동하는 것 같은 느낌을 주네요.

고병권 사쿠라이 씨 극단의 이름인 '바람의 여단'이나 '곡마관'은 이동과 여행의 이미지가 강합니다. 방금 '불안정', '불확정'이라는 말씀을 하셨는데, 거기에는 이동과 여행에 관한 어떤 적극적인 이미지가 있는 건가요?

사쿠라이 텐트를 사용하면 그 자리에서 한 일이 내일이면 사라집니다. 그것이 텐트의 기능입니다. 그 자리에 있던 사람들은 어젯밤 출현한 새로운 집단성으로부터 내쫓긴다, 혹은 좋든 싫든 도망친다, 이렇게 되어 버립니다.

70년대 우리 소집단이 텐트를 가지고 여행을 떠났던 것은, 즉 이동하며 걸었던 것은 현실의 규정성, 현실 사회가 명시하는 상황에서 도주하는 행위였습니다. 그것은 어쩌면 여행에 몸을 맡기는 낭만주의였을지 모릅니다. 하지만 좀더 적극적으로 이렇게도 말해 볼 수 있지 싶네요. 텐트는 저쪽의 상황을 둘러싸는 바리케이드(농성의 장)라고. 그 텐트를 짊어지고 이동한다는 이미지도 있는 거지요. 이동함으로써 현실 사회를 포위한다. 당시는 '역포위'라고 불렀죠. 농성함으로써 사회를 포위하는 것입니다. 이것은 동시대 한국의 투쟁을 보면서 떠올린 이미지이기도 합니다. 한국에서 노동자가 벌이는 농성투쟁 말입니다. 당시 한국 노동자들은 공장에 진을 치고 피켓을 들고 주위를 경찰들이 에워싸면 그 안에서 투쟁하고 있었습니다.

이진경 텐트란 결국 이동하는 농성장 같은 건가요?

고병권 "농성하면서 포위한다" — 이상한 말이군요. 보통 농성하면 포위당하게 되지 않나요?

사쿠라이 사실 그렇죠. 농성과는 정반대이나, 자신을 포함한 존재의 규정성에서 벗어나는 방법 가운데 하나로 도주가 있습니다. 자리에서 없어져 버리는 겁니다. 옛날부터 농민들이 들고일어날 때면 땅을 버리고 떠나는 것도 그들의 전술이었습니다. 사회체제에서 가장 난감한 경우는 그 존재가 없어져 버릴 때입니다. 농성은 그 자리에 있는 것이지만, 실상 농성과 도주는 통한다고 생각합니다. 거기에 버티고 있으면서 사회체제에 부담을 안기기 때문입니다.

고병권 그 두 가지를 합치면 사라지면서 버티고 서 있기, 즉 이동하는 가운데 농성하기가 되겠군요.

사쿠라이 농성은 현실 사회 속에 만들어진 함몰입니다. 결핍이라고도 할 수 있겠죠. 사회에게 함몰이란 그저 아무것도 없는 공간입니다. 결핍이기 때문입니다. 사회로서는 아무것도 아닌 장소를 내어 주어서는 곤란합니다. 그런데 그 함몰의 공간은 텐트의 천이 부풀어 오르거나 오그라들도록 늘어나거나 줄어들기 시작합니다. 그러면 현실 사회는 아무것도 아닐 공간에 영향을 받습니다. 그게 '역포위'라는 것이죠.

따라서 농성이란 그 안에 '또 하나의 세계'를 만드는 일이 아닙니다. 내부에

> "
> 텐트는 현실 사회에서 하나의 작은 함몰입니다. …… 천 한 장으로 현실 사회 속에 함몰을 내는 겁니다. 사회는 그런 아무것도 아닌 공간에 영향을 받습니다. 우리는 내부에 '또 하나의 세계'를 만드는 게 아니라 바깥 세계를 허구화합니다.
> "

허구, 또 다른 세계를 만드는 게 아닙니다. 거꾸로 바리케이드(혹은 텐트의 얇은 천)의 바깥 세계를 허구화하려는 행위입니다. 즉 여기 있는 현실을 허구로 만들려는 의지가 결집하는 장입니다.

여러 사람들이 줄곧 저에게 물어 왔습니다. "텐트란 무엇이냐"고요. 그것은 몹시도 부조리한 장(場)입니다. 사라지는 것과 존재하는 것이 이어지는 장인지라 말로 답하기가 어렵습니다. 텐트는 현실 사회에서 하나의 작은 함몰입니다. 그리고 부조리한 것을 이쪽에서 조직해 표현을 일궈 냅니다. 소비사회도 부조리한 것을 조직해 성립하지 않습니까. 영문은 모르겠지만 '갖고 싶다', '사고 싶다'처럼. 일상생활 속에서 우리는 그러한 부조리를 소비행동으로 메워 평평한 장소에 서게 됩니다. 결핍이 소비로 메워집니다. 그 평평한 장소에서 '올바른' 사회에 대해 '올바르게' 말하는 일만이 허용됩니다.

그러니까 텐트는 그다지 올바르지 않습니다. (웃음) 소비할 수 없는 것, 메워지지 않는 부조리의 긴급 피난소라고나 할까요. 텐트에서 하니까 텐트 연극이 아닙니다. 천 한 장으로 현실 사회 속에 함몰을 내는 것, 그 함몰을 어떻게 늘이거나 줄일 수 있는지. 그만큼 텐트는 가시화됩니다.

2 텐트 – 사건의 장소

고병권 그렇다면 사쿠라이 씨의 텐트 안에서는 대체 무슨 일이 벌어집니까.

사쿠라이 글쎄 무슨 일이 일어날까요. (웃음) 먼저 그곳에는 인간이 있지만 꼭 살아 있는 인간만 있는 것은 아닙니다. 텐트라는 공간은 시간으로 구성되기 때문이죠. 현존하지 않는 사자(死者)가 있다고는 말할 수 없지만, 사자 같은 것이 이미 객석에 앉아 있습니다. 또 다시 부조리한 이야기를 꺼내고 마는데요, 값싼 천 한 조각으로 둘러쳐진 그 객석을 노리고 텐트를 꿰맨 자리로 뱀이 기어들어오듯 다양한 시간이 개입해 옵니다. 사자 같은 것 혹은 역사라고도 부를 수 있을 텐데요, 그것을 불러들입니다. 과거가 미래로부터의 사자처럼 당돌하게 찾아옵니다. 내일 만날 사람이 그리운 얼굴로 곁에 서 있습니다. 현재라는 너무도 분명한 시간의 돌출된 자리에 여러 마리의 뱀이 구불거리며 기어오른다고 할까요. 그렇게 현실 사회에서 도망친 분자가 농성하는 것입니다. 각각의 분자는 이 시간에 몸을 섞으며 '잠시 동안의 변신'을 피할 수 없게 될지 모릅니다. 그처럼 변신한 요괴와도 같은 우리들이 서로에게 반응합니다. 화학반응이 일어나듯 분자가 바뀝니다. 즉, 텐트에서 발생할 수 있는 일이란 시간의 서열이 바뀜으로써 일어나는 어떤 사건이 아닐까요.

고병권 모두에게 어떤 화학반응이 일어나는 도가니 같은 곳이로군요.

사쿠라이 그렇죠. 도가니입니다. 그렇지만 합금은 아닙니다. 용해되지만 합동하지 않으며, 나아가 산산이 흩어지듯이 용해됩니다. 아까 말했듯이 플라스마 상태가 됩니다. 어떤 자의식이 모르는 타자에게 들러붙고, 또 그 타자의 자의식은 다른 타자에게 들러붙는 연쇄입니다. 무질서의 극이라는 생각이 들 텐데요, 일인칭이 삼인칭이 되는 것은 현실의 소비사회도 마찬가지죠. 그것은 부조리이며 우리의 함몰이며 결핍인 부분입니다. 다만 텐트는 그 부조리를 두고 소비사회와 쟁탈하는 장소입니다. 그 투쟁에서 이기려면 대본도 배우도 철저하게 자기비평하며 내실을 다져 나가야 합니다.

아, 조금 현실적인 이야기로 옮겨가 보죠. 나는 10년간 타이완과 일본 양쪽에 거점을 두고 텐트 연극을 하고 있습니다. 최근에는 베이징에도 새로운 텐트 집단을 만들었습니다. 한국에서도 민중극을 하는 친구들과 몇 차례 활동하기도 했습니다. 그래서 지금 하는 이야기를 자주 꺼내는데요, 한편으로는 무시될까봐 조심스럽습니다. 민중에게서 괴리된 이야기라는 소리를 듣는 것입니다. 뭐, 다소 그런 부분도 있습니다. 다만 텐트 연극이 교육 현장이나 계몽의 장소가 될 수 있다는 착각만큼은 그만두었으면 합니다. 텐트 연극을 활용하는 것이야 아주 좋은 일이죠. 그러나 뭔가 사회적 유효성이 있을 것처럼 여겨 텐트 연극을 상연한다면 우스운 일이 될 겁니다. 텐트 연극은 결핍입니다. 결핍을 가시화하는 장에서 결핍 따위란 없는 양 무언가를 전한다면 심각한 착오입니다. 베이징의 멤버는 대부분 지식인이라서 그 점이 가장 우려됩니다. 나는 부조리가 그대로는 부조리가 되지 않는다, 즉 가시화되지 않는다, 리(理)를 채워 가야 비로소 부조리의 범위, 범주에 관한 가설을 내놓을 수 있다고 말하고 싶은 것입니다.

이진경 무대를 통해서 배우와 관객이 갈리는, 보는자와 보여지는자의 분리가 깨지고 뒤섞여 버리고 시간의 서열이 바뀌는 것은 단순히 시간의 순서가 바뀌는 게 아니라 뒤섞이며 사건이 발생하는 거라고 생각됩니다. 전통적인 배우와 관객과의 관계가 아닌 관계가 만들어질 텐데, 관객은 어떤 식으로 관여하게 되나요?

사쿠라이 기본적으로는 보이는 사람이 먼저 준비를 합니다. 그것이 가설이죠. 가설(假說)의 가설(假設)이 텐트 연극입니다. 그런데 관객이라고 준비 없이 올까요. 나는 어떤 준비를 하고 참가하러 온다고 생각합니다. 텐트에 들어가기 직전 "아아-" 하는 것도 그런 준비 가운데 하나입니다. 아무튼 현실 사회에서 도망쳐 온 분자입니다. 자의식으로는 그렇게 생각하지 않겠지만, 그런 자신을 발견합니다. 게다가 객석에는 벌써 사자(死者) 같은 것이 앉아 있습니다.

그래서 자신의 지정의(知情義)를 모두 동원해 민첩하게 준비합니다. 관객의 준비와 보이는 자의 준비, 그 두 가지가 맞부딪칩니다. 부딪친다고 할까, 서로 뒤섞이거나 떨어지거나 하면서 장을 공유합니다. 그것이 사건의 발단입니다.

고병권 관객의 준비란 무장한다기보다 무장을 해제하는 준비가 아닐까 생각해 봅니다. 무언가를 갖춘다기보다 무언가를 내려놓는 일 말입니다.

사쿠라이 그 준비는 새로운 무장의 개시를 위한 것일지도 모르죠.

고병권 78년의 텐트 연극을 보았습니다. 마지막에 텐트가 불타는 장면이 있길래 깜짝 놀랐습니다. 관객에게도 위험하지 않을까요.

사쿠라이 그때는 그럴 만한 상황이었습니다. 우리가 불을 선택한 것 자체가 그러한 상황에 대한 선택이었습니다. 그 시기, 그러니까 지금으로부터 30년 전은 일본에서 서서히 절망이 번져 가던 시기였습니다. 좌익의 정치운동은 이상한 형태로 비틀려 우치게바[內ゲバ: 운동권 내부의 폭력과 투쟁]가 빈번하게 일어납니다. 그것은 부조리라기보다 리(理)의 막다른 길 같은 것이며, 관객도 우리도 그 막다른 길을 공생하던 시기였습니다. 그러한 맥락에서 선택한 '불'이었기에 관객들이 그저 놀라지만은 않았습니다. 왜 불타고 있는지를 직감적으로 알아차릴 수 있었습니다. 지금 그런 걸 하면 "왜 불태우는 것이냐"며 궁금해 하겠지만요.

이진경 사쿠라이 씨의 연극에서는 대부분의 경우 불이 대단히 큰 표현적인 의미가 있는데, 불을 즐겨 사용하는 데 어떤 의미가 있으신가요?

사쿠라이 모더니즘의 잔재, 모더니즘 예술의 찌꺼기일지도 모릅니다. 불이 환기시키는 게 있습니다. 불의 표정에도 여러 가지가 있죠. 격렬하고 위험하다는 이미지로부터 아주 우아하고 아름다운 것으로 변화합니다. 왜냐하면 불길은 플라스마 상태에 있기 때문입니다. 인간의 문화는 역시 불과 거리를 두는 방법에서 시작되었는지 모릅니다.

이제껏 텐트를 체험해 오는 동안 불에 관한 에피소드는 무척 많습니다. 하

2009년 5월 16일 극단 '야전의 달＝해필자'가 주최한 연극의 한 장면

나하나가 굉장히 재미있습니다. 역시 불은 중요한 문화적 요소로군요.

3 드라마를 어떻게 파괴할 것인가 – 방법으로서의 오독

이진경 사쿠라이 씨의 무대에서는 음악과 노래가 무척 중요한 의미를 지니는 것 같습니다. 예전에 공연한 필름을 보니 거의 모든 장면에서 대사가 크게 외쳐지고 대사가 외쳐지는 와중에도 큰 노래가 나왔는데, 거기에는 어떠한 의미를 부여하고 계신 건가요? 또 한 가지, 배우들의 연기를 보는 동안 대사를 전달한다기보다 절규한다는 느낌을 받았습니다. 격정적인 질감이 대단히 강한 소리였습니다. 몸짓도 아주 과장된 것이었는데, 그렇지만 그것이 소리와 함께 어우러져 자연스럽기도 했습니다. 이러한 요소들을 강조하여 사용하시는 것은 어떤 이유에서인가요?

사쿠라이 예술론을 말하라는 것인가요. (웃음) 간단히 말하면, 하나는 드라마성의 파괴입니다. 드라마란 말하자면 현실의 재현인데, 과장이나 유형을 사용해 관객을 속이는 수법입니다. 또 하나의 현실을 만들어 내는 것이지요. 만들어 낸 가짜의 현실을 통해 현실 자체를 재해석하자는 것입니다. 이것은 현실에 대한 일종의 대안인 셈입니다. 대안이기에 현실을 현실로서 인정하고 맙니다.

나의 텐트 연극은 현실을 허구화하려는 욕망이기 때문에 지금 있는 현실을 현실로서 인정하지 않습니다. 그러나 그렇다고 서양풍의 포스트 드라마, 거슬러 올라가면 아방가르드 연극을 방법으로 채용하지는 않습니다. 오히려 텐트 연극은 시골 냄새를 풍깁니다. 촌스런 드라마를 표절합니다. 내 각본은 매우 이상하긴 해도 기본적으로 줄거리가 있습니다. 외관으로서의 드라마성을 가지고 있습니다. 한 가지 이유는 관객이 제멋대로 상상하지 않도록 막기 위해서입니다. 그런 의미에서 애초 보여 주는 측은 억압적입니다. 그것은 준비된 것이니까요. 그러고 나서 관객의 '오독' 능력이 힘을 발휘하기 시작합니다.

'오독'은 관객이든 배우든 본인은 의식하지 못합니다. 물론 연출가나 극작가도 모릅니다. 아무도 '오독'임을 모릅니다. 다만 무언가 이상하다고는 느끼겠지요. 이상하다고 느끼면서도 자신의 '읽기'를 고집하다가 중반으로 접어듭니다. 그러다 결국 참지 못하고 '읽기'를 자꾸 바꿔 보기 시작합니다. 이것이 일인칭이 삼인칭으로 변신해 가는 과정입니다. 여러 '읽기'가 텐트 안에서 흘러넘칩니다. 그리고 그 '읽기'에 강도가 있으면 그것은 자의식과 함께 날아다니기 시작합니다. '읽기'의 플라스마지요.

고병권 '오독'의 방법론을 사용한다면, 공연자가 '무언가를 의도하는 것' 자체가 가능할까요? 드라마가 성립하지 않을 때 공연자란 도대체 무엇을 하는 사람인가요? 지금의 맥락에서 말이죠.

사쿠라이 공연자 사이에도 오독은 발생합니다. 다만 오독의 강도가 문제입니다. 그 강도가 의도 아닐까요. 그렇다면 공연자란 누구인가. 나는 공연자를 '번역자'라고 부릅니다. 하나의 말걸기를 복수화하면 장면은 새로운 오독의 장이 됩니다. 복수화라고 해도 수습되지 않는 건 아닙니다. 오히려 원심력과 동시에 구심력도

되살아나서 그 장면은 몹시 신축적이 됩니다.

이진경 배우끼리 오독할 가능성이란 말은 '오독'에 대한 통념을 완전히 뒤집어 놓는 것 같네요. 그것은 배우끼리 서로를 관객의 위치로 몰아넣는 방식으로 서로를 바라보게 되는 게 아닐까 싶습니다.

사쿠라이 텐트 연극의 경우에는 가령 두 명의 등장인물 사이에서 오가는 이야기를 관객이 엿듣고 있을 수 없습니다. 공연자가 관객의 자리에 눌러 앉으면, 공연자를 대신해 관객이 무언가를 해야 합니다.

고병권 제가 본 작품 중에서 배우가 절규하듯 내뱉는 말들은 도저히 알아들을 수 없었는데요. 무슨 말인지 알 수 없도록 배우가 내지르는 소리는 대화를 위한 것으로 보이지 않았습니다. 감응을 뒤흔드는, 절규하듯이 내뱉는 그 말은 누구에게 무엇을 표현하는 것인가요? 말의 행선지라고 할까요? 그 말은 누구를 향한 것입니까?

사쿠라이 방금 전 우리 연극을 비디오로 보며 무슨 말을 하고 있는지 알 수 없는 부분이 많았으리라 생각합니다. 알아들을 수 없는 말이 있습니다. 그러나 모순된 표현이지만, 알아들을 수 없어도 선명한 말이 있을 수 있습니다. 그것은 말의 질량에 관한 문제입니다. 발화(發話)해서 말의 질량 자체가 장에 놓이지 않으면 안 됩니다. 알아듣기 쉬운 말은 한 가지 의미를 전합니다만, 의미가 하나가 아니라면 말이 아닌 걸까요. 혹은 이해할 수 있는 것이 말뿐일까요.

광주에서는 자막을 사용했습니다. 그래서 오차가 있었습니다. 2초 정도 지나고 나서 웃음이 터집니다. 하지만 사실 본 순간에 내용은 모두 전달되었습니다. 자막은 보충이죠. 그러니까 외국어로 들으면서도 폭소하거나 집중할 수 있습니다. 말하는 쪽이 말의 질량을 확실히 전한다면 말이죠. 따라서 언어가 다르면 연극은 성립하지 않는다는 설에 대해서 저는 아니라고 생각합니다. 방식 나름입니다.

고병권 사쿠라이 씨는 공연자를 '번역자'라고 하셨는데요, 그렇다면 그는 무엇을 번역하고 있습니까?

사쿠라이 그것은 번역자의 능력과 지향성에 달린 문제겠지요. 최종적으로는 연출이 개입할 수 없는 대목입니다. 조리는 공유하지만, 무얼 번역할지는 그야말로 배우의 몫입니다. 작가나 연출가가 어떤 세계를 몽상했다고 그것을 고스란히 전달할 수는 없습니다. 왜냐하면 현장에서는 여러 사람들이 완전히 다른 시선으로 개입해 오기 때문입니다. 벌써 객석에는 사자 같은 타자마저 앉아 있습니다. 그것은 변용될 수밖에 없습니다. 가로를 갑자기 세로로 만드는 변용입니다. 마음속으로 그린 입방체의 세계가 엿처럼 늘어나거나 줄어들면서 비틀려 나선 모양이 된다고 할까요. 그 나선을 처음부터 마련해 둘 수야 없죠.

　　그렇다면 현장에 서 있는 배우는 무엇을 하는 것일까요. 반복하게 되지만, 배우의 전 존재를 걸고 현장에 등장한 말을 풍부화하려고 합니다. 그것이 배우라는 존재의 의의입니다.

이진경 배우가 다의성을 만들어 내는 능력을 뜻하는 것인가요?

사쿠라이 설정된 어떤 장면에서 어떻게 다의성이 생산될 것인가는 그 자리에 있는 사람과 배우들의 관계성이 정합니다. 어떻게든 다의성은 만들어질 겁니다. 중요한 것은 어떠한 다의성을 띨 것인가지요.

　　연구자들로부터 최근 복수성이란 말을 자주 듣습니다. 여러 사람의 여러 시선, 시각이 있다, 하나의 사건은 그렇게 해서 복수화된다고 말이죠. 그렇지만 그처럼 손쉽게 복수화될 리 없습니다. 몇 번이고 격렬하게 부딪치고 싸워야만 복수화는 발생합니다. 다의성이든 복수성이든 뭐라고 해도 상관없지만, 그것은 본래 전투의 장소, 투쟁의 장소에서만 발생합니다. 하나의 전투로부터 한 가지 의미가 아니라 백 가지 의미가 태어나는 것이 다수성, 복수성입니다.

고병권 그러니까 전달되는 '무엇'은 번역 이전이 아니라 이후에 만들어지는군요.

물론 그렇게 해서 전해지는 게 무엇인지는 보장할 수 없지만요. (웃음)

사쿠라이 그렇죠. 전했다는 사실보다 그 사건이 중요합니다. 나는 대본을 쓰고 연출을 하는데, 최종적으로는 '전해지기' 위함입니다. 그 장에서 나에게 전해져 버리는 겁니다. 하지만 내가 애초 '전하자'고 의도한 것을 준비했기 때문에 그 일이 발생합니다. 그리고 전하려는 무언가는 나에게 먼저 전해집니다. 이것은 놀라움입니다. 이 놀라움이 전하려는 자와 받아들이려는 자 사이에서 일어납니다. 놀라움은 의미를 세로로 세우거나 나선으로 바꿔 놓으며 존재를 뒤흔듭니다.

4 신체의 '반─세계'

이진경 지난번 사쿠라이 씨는 저희와 이야기를 나누면서 "신체가 관념보다 0.5초 빨리 놀란다"는 말씀을 강조하셨습니다. 관념보다는 신체, 뇌를 중요하게 보셨는데요, 실제로 사쿠라이 씨의 연극에서도 신체를 바꾸고 놀라게 만드는 중요한 게 이건가 생각합니다. 예술이 신체를 바꾸는 것은 가능한가요, 가능하다면 어떻게 가능한가요? 그리고 거기에는 어떤 의미가 있습니까.

사쿠라이 신체는 뇌와 이어진 네트워크이니 언제나 바뀔 수 있고 끊임없이 바뀌고 있습니다. 뇌의 지도는 늘 변경됩니다. 자의식은 그 활동의 결과이며 단순한 현상이기 때문에, 신체보다도 먼저 사건과 대면할 수 없다는 말입니다. 그러나 신체보다도 먼저 놀랄 수는 없는지 묻고 싶습니다. 이게 가능할까요? 자의식은 대체 무엇을 할 수 있을까요? 이 문제야말로 '수유너머'가 생각하던 것이 아닌가요? (웃음) 연극은 몇 번이고 연습을 합니다. 따라서 신체가 어떻게 하고 있는지를 자의식은 알아차립니다. 나는 자의식이 하나가 아니라고 생각합니다. 몇 개 있습니다. 물질의 전자처럼 원자핵·중성자의 주위를 날아다닙니다. 관객은 그 가운데 몇 개의 자의식이 궤도에서 벗어나 다른 원자핵·중성자의 궤도에 오르는 체험을 하는 것이 아닐까요. 그때 신체는 누구의 것일까요?

이진경 숙제인가요? 사쿠라이 씨는 숙제를 내는 게 특기이신 것 같습니다. (웃음)

사쿠라이 보이지 않고 알지 못하는 자의식이 궤도를 돌고 있습니다. 신체는 벌써 자기라는 범주로부터 일탈하고 있는 게 아닐까요. 이것이 플라스마의 상태입니다. 이런 점에서 연극은 반(反)세계라고 할 수 있을 겁니다. 속도가 인간을 앞질러 버리는 시간입니다. 최근 10년 정도 사람은 속도에 쫓기고 속도 쪽이 우리를 앞질러 나가 우리의 신체가 속도에 방치되고 있는 건 아닌가 생각합니다. 가령 연극과 같은 '반-세계'는 이렇듯 속도에 초과당한 인간 존재의, 변명을 위한 장입니다. 타자의 신체에 들러붙은 자의식이 속도에 방치되고 있는 자기 신체의 변용을 응시한다는, 그러한 거리의 장입니다.

이진경 복수의 자의식이 신체라는 핵주변을 돌다, 다른 신체의 궤도로 비약한다. 그리고 그런 비약을 야기하는 한에서 '반-세계'라…… 아주 흥미로운 말이네요. 그런데 '속도가 인간을 초과한다'는 말은 무슨 뜻입니까?

사쿠라이 문학적인 표현이죠. (웃음) 속도의 최소 단위가 양자 단위로까지 육박해 그것이 경제시스템이 되고 전면적으로 사회시스템이 되고 있다는 느낌을 받습니다. 그러나 인간 존재는 어떻게 해도 양자 단위의 속도 감각에는 따라갈 수 없습니다. 자의식은 그 경우 열심히 시스템을 받아들이든지 저항하는 수밖에 없습니다. 이때 신체는 그 속도와는 무관하게 존재를 지속합니다. 변질되기는 하지만 그 속도와는 무관하게 움직입니다. 이 대목은 여러분의 전문 분야일 테니, 저는 더 이상 분석적으로 말하지 않겠습니다.

고병권 또 숙제군요. 하지만 숙제를 위해서라도 다시 한 번 물어봐야겠습니다. (웃음) 신체가 '반-세계'라는 것은 '세계에 반대한다'는 의미보다는 '세계와는 다른 것'이라는 의미 아닌가요?

사쿠라이 그렇죠. 반-세계의 '반'이란 무엇인가라는 문제가 되겠네요. 지금 있는 현실보다 좀더 현실에 가까운 현실, 이라고 해야겠습니다. 그러나 서로 겹쳐 있으니 구분할 수가 없습니다. 그러니까 지금 있는 현실을 90도로 세워 보자는 거죠. 부채를 펴듯이 '가로를 세로로'입니다. 그게 가능한 공간이 '반'(反) 장소가 아닐까요. 즉, 가로를 세로로 한다는 것은 지금 있는 현실을 허구화하는 행위입니다. 거기에 공간을 만든다. 속도란 무수한 선분들로 이루어지지만 어차피 차원은 하나입니다. 속도의 차원에 또 하나의 차원을 덧붙이는 행위가 현실을 허구화하는 행위가 아닐까요. 현실에서 3차원을 구성하는 속도 내지 시스템에 대해 아무래도 4차원이 필요하다는 거죠. 뭐, 하나의 차원을 더하는 방법은 너무나 어려워 나는 잘 모르겠습니다. 하지만 90도라고 하면 알기 쉽습니다. 90도를 네 번 반복하면 원래로 돌아옵니다. 원래로 돌아가지만 거기에 원과 같은 공간이 생기죠. 신체는 사실 그 원의 어딘가를 배회하고 있는 게 아닐까요. 지금 있는 현실에서는 겹쳐 있으니 안 보일 뿐입니다. 그 배회가 반-세계를 실체화하지 않을까, 이런 생각입니다.

고병권 어렵습니다.

사쿠라이 너무 쉽게 이해되어도 곤란한 걸요. (웃음) 이렇듯 직관뿐인, 논증이 빠진 말을 하지 않는다면, 나도 조금은 착실해질 텐데 말이죠.

고병권 그럼 제대로 이해하고 있는 것이네요.

이진경 그렇지만 지금은 의식 내지 표상이 너무 앞선 시대라고 할 수도 있을 듯합니다. 빛의 속도로 날아들고 있지요. 반면 신체는 훨씬 더 움직이지 않고 있습니다. 그러나 그것은 흔히들 말하는 것처럼 신체가 처져 있다는 의미보다는 신체가 표상과는 다른 속도, 다른 리듬을 갖는다는 식으로 이해해 보고 싶습니다. 푸코라면 속도를 잃은 그 신체에 대해 근대 세계에 의해 훈육된 결과라고 말할 것 같습니다. 그렇다면 진정한 현실이나 신체의 진정성을 찾는 것보다는 훈육이 만든 신체, 신체를 훈육하는 세계를 바꾸어야 한다고 말할 수 있지 않을까요.

사쿠라이 물론 진정한 현실 따위는 없겠죠. 그것은 신이나 진리 같은 것이죠. 그리고 신체는 분명히 세계에 훈육되고 있습니다. 혹은 세계에 훈육됨으로써만 신체는 이 세계에서 존재할 수 있습니다. 따라서 신체가 자연과 무관하지는 않을 겁니다. 뇌세포와 신체 기능과의 매개가 신체이니 뇌 없이 신체는 존재하지 않습니다. 그러니까 신체를 바꾼다 함은 동시에 세계를 바꾸는 것입니다. 여기서 0.5초 지체된 자의식이 참여할 필요가 있습니다. 방금 말한 속도 이야기를 꺼낸다면, 0.5초라는 것은 둘레를 도는 뒤처진 주자와도 같습니다. 지체된 주자는 역시 앞서 말한 부채를 펼친 공간 안에만 참가가 가능합니다.

5 희망과 절망

이진경 표상이 신체보다 빠른 시대라고 했지만, 실제로는 사쿠라이 씨가 앞서 말씀하셨듯 사실은 신체 쪽이 빠르다고 해야 할 듯합니다. 어떤 생각이 떠오른다는 것은 어떤 신체 상태를 표상하는 것입니다. 그걸 관념이 따라잡아야 사고가 이뤄집니다. 어제 "희망은 언어 이전에 있다"고 말씀하신 바 있습니다. 희망이란 졸릴 때 자고 싶다, 아플 때 벗어나고 싶다라고 하는 욕망이며, 때문에 희망은 신체적인 것입니다. 그래서 말보다 앞서 있는 것이죠. 절망이란 신체보다 늦은 관념이 만듭니다. 신체의 문제라는 것, 신체가 정치적으로 문제가 될 수 있다면, 희망의 정치, 절망의 정치에 대한 가능성을 사고해 볼 수도 있을 것 같은데요.

사쿠라이 또 그런 어려운 질문을……인터뷰도 뭣도 아니에요, 이건. (웃음)
우선 희망에 관해 제 생각을 말해 보겠습니다. 저는 어떤 실감으로부터 희망을 생각하게 되었습니다. 타이완에 있는 한센병 요양소의 해체 반대운동에 참여하며 거기서 연극을 만든 적이 있습니다. 일찍이 한센병 환자는 모든 사회성을 박탈당하고 강제로 갇혀 지냈습니다. 평생 문 바깥으로 나갈 수 없었습니다. 단테 『신곡』의 「지옥의 문」이지요. "여기를 지나 슬픔의 마을 있다. 이 문을 지나는 자 모든 희망을 버려라!" 병자는 모든 사회성이 끊겼습니다. 구체적으로는 호적에서 빠집니다. 인간이 아니라는 겁니다. 한센병은 아주 오래전부터 있었지만, 근대국가는 이것을 완벽히 봉쇄해야 한다는 관념에 사로잡혀 있습니다. 격리와 배제로 인해 존재하지 않는 것처럼 여겨집니다. 인간의 존엄이라는 의미에서는 절망의 한복판이지만 나는 거기서 희망을 봤습니다.

근대적인 인간의 존엄과는 전혀 다른 형태로 지금 만나는 타이완의 한센병 할아버지, 할머니들에게는 희망이 보다 깊숙이 뿌리내리고 있습니다. 희망이 이식되었다고 말할 수도 있을 것 같습니다. 희망은 뿌리 뽑기 어렵도록 신체의 깊은 곳에 머물러 있습니다. 내가 희망과 절망을 말할 땐 그런 실감이 있습니다.

고병권 루쉰은 희망이란 있다고도 없다고도 할 수 없는 절망의 다른 이름이라고 말했습니다. 희망과 절망, 그 두 단어를 바꾸어서 접근하시는 것 같습니다.

사쿠라이 희망은 인간 안에서 말이 발생하기 이전에 발생된, 인간의 원죄에 가까운 것이라고 생각합니다. 피부 뒷면에 꿰매진 백지의 편지와도 같습니다. 대비해서 말하자면 절망은 우리 피부에 휘갈겨 써진 검은 언어입니다. 몇 번이나 휘갈겨 써져 씻어도 씻어도 씻기지 않습니다. 마치 반점처럼 붙어 있습니다. 말의 발생을 경계로 하여 희망과 절망은 신체에 달라붙어 있다는 느낌입니다.

이진경 좀 전에 한센병 환자들의 삶 속에서 희망을 본다는 것에 대해 말씀하셨습니다. 전 며칠 전에 『현대사상』(現代思想) 편집장 이케가미(池上義彦) 씨가 아키하바라 살인사건과 관련해서, 살기 힘들어지는 세상에 자살자들이 늘어나는 것을 말씀하시는 걸 들었어요. 심지어 자신을 죽이기 위해 남을 죽이는 것까지 말입니다. 그렇게 하면 자기가 죽을 거라는 거지요. 이런 점에서 그 사건을 자살의 일종으로 본다고 하시더군요. 그것은 지금 사회에서 절망의 정치가 드러나는 한 형식이라고 해도 좋을 듯합니다. 이는 '희망의 정치'가 역전되는 것을 뜻하는 것으로 보이기도 합니다. 아키하바라 살인사건 범인에 대해 수많은 네티즌들이 부러워했다는 얘기나, 그에 의해 살해당한 사람들조차 부러워했다는 얘기는 절망이 희망이 되고, 희망은 절망의 다른 이름이 된 것 같은 느낌입니다. 반면 아까 말씀하신 한센병 환자들의 이야기에서는 지옥문에 갇힌 절망적 상황 속에서도 희망을 본다는 점에서, 절망과 희망은 반대의 의미에서 겹쳐져 있는 듯 보입니다. 그렇다면 역으로 질문해야 할지도 모르겠습니다. 한센병 환자가 아닌 지금의 보통 사람들에게 희망의 정치는 어떤 식으로 있을 수 있는가 질문하고 싶습니다. 그런 사람들에게 희망의 정치란 불가능할까요?

사쿠라이 타이완에서 벌인 공연을 말씀드리겠습니다. 구정에 낙생원(樂生院) 요양소 안에서 먼저 공연을 하고 나서 한 주 뒤에 타이완의 고급 문화시설인 국립극장을 빌려 거기서 공연을 했습니다. 객석이 목표였죠. 국립극장의 객석으로 요양자를 불렀습니다. 이것은 놀랄 만한 일입니다. 즉, 완전히 외부화되고 소멸당한 존재를 타이완에서 가장 중심적인 문화시설에 등장시킨 겁니다. 다른 보통 관객에게는 아까 말한 "사자(死者) 같은 것이 이미 객석에 있다"는 감각이었겠죠. 저는 희망과 절망의 관계를 밝히려고 이런 장소를 만든 것입니다.

고병권 실제로 공연을 성사시키기가 쉽지는 않으셨을 텐데요.

사쿠라이 국립극장을 속이기란 간단했습니다. 타이완에서는 나를 일본의 우수한 연출가라며 착각하고 있었으니까요. (일동 웃음) 당시에 국립극장은 기뻐했습니다. 오히려 나이 지긋한 요양자를 설득해 한복판으로 모시고 나오는 일이 힘들었습니다. 그건 정말이지 희망의 문제입니다. 할아버지, 할머니는 사실은 싫어했지만 이쪽의 의지를 이해하고 함께해 줬습니다. 그렇지만 그것은 역시 그들에게 희망이 뽑아내기 어렵게 피부의 뒷면에 꿰매져 있기 때문이라고 생각합니다.

베이징과 타이완과 도쿄에서 공연한 「변환·부스럼딱지성」(変幻·カサブタ城)이라는 연극에서는 모래시계 이야기로 희망과 절망을 다뤘습니다. 우리는 모래시계 속 한 알 한 알의 모래입니다. 뒤집히면 타다닥 그저 떨어질 뿐입니다. 우리에게 시계 따위는 없습니다. 시계는 방금 말한 양자 레벨까지 진행된 시스템만이 쥐고 있습니다. 객관적으로 말해 시계의 속도 자체 속으로 우리의 생은 내버려지고 있습니다. 우리는 옆에 있는 모래와 서로 스치며 떨어져 갑니다. 그

스침이 우리의 시간입니다.

그리고 서로 스치는 동안 신체가 바뀝니다. 모래 입자의 형태가 바뀝니다. 아프죠. 서로 스쳐 신체가 바뀌니까. 그러나 이 아픔만이 우리의 유일한 시간대가 아닐까요? 즉 세계를 바꿀 가능성이 아닐까요? 세계를 바꾸는 건 아프지요. 그렇지만 역시 옆 사람과 마찰하는 것 말고 세계를 바꾸는 방법은 없다는 게 내 결론입니다.

고병권 그렇다면 희망이란 그 아픔을 표현하는 말인가요? 매우 절망적인 곳에서 희망이 발견된다는, 삶과 세계에 대한 시각이 전도되는 계기를 거기서 발견하셨던 건가요?

사쿠라이 다시 말하지만, 한센병의 문을 보고 거기에 틀어박힌 모습을 보고, 거기로 끌려간 사람이 그 문 앞에 섰을 때의 표현, 그것을 생각했을 때 희망과 절망의 관계를 변증법 바깥에서 이해하고 싶었습니다. 몹시 관념적입니다만, 아까 말한 국립극장과 한센병 요양소 사이의 왕복운동 혹은 이전(移轉)이라는 행동이 얼마간 희망과 절망의 관계를 규명하고 있다고 생각합니다.

"
서로 스치는 동안 신체가 바뀝니다. 아프죠. 서로 스쳐 신체가 바뀌니까. 그러나 이 아픔만이 세계를 바꿀 가능성이 아닐까요? 세계를 바꾸는 건 아프지요. 그렇지만 역시 옆 사람과 마찰하는 것 말고 세계를 바꾸는 방법은 없다는 게 내 결론입니다.
"

6 일본의 안과 밖

고병권 타이완 이야기가 나왔으니 말인데요, 사쿠라이 씨가 일본에서 일본이 아닌 목소리, 가령 '조선'을 다룰 때와 일본 바깥, 가령 타이완에 나가 활동할 때는 어떤 차이가 있습니까?

사쿠라이 일본에서 연극을 하는 경우 조선은 연극의 테마가 아닙니다. 자신이 태어나고 자란 일본이라는 장소 자체가 조선과의 관련을 지우고는 말할 수 없기 때문이죠. 그 점이 타이완과는 다소 다릅니다. 타이완은 분명히 문화의 주형이 다릅니다. 물론 조선반도도 일본과는 전혀 다른 문화의 주형을 갖고 있습니다만, 그 주형끼리 늘 스쳐 왔다는 사정이 있습니다. 주형들이 유착해 **클라인병**(Klein's Bottle)처럼 되어 있는 부분도 있을지 모릅니다. 타이완과는 그런 것이 없습니다.

　　일본에서 조선과 마주 본다면, 먼저 자이니치(在日)와의 관계가 있습니다. 우리의 텐트 연극은 그 관계를 지금껏 제대로 만들어 내지 못했다고 반성하고 있습니다. 자이니치 친구가 많고 사회운동에서도 함께 싸워 왔지만, 텐트 연극이라는 표현을 둘러싼 장에서 관계는 아직 성립되지 않았습니다.

고병권 조금 구체적으로 말씀해 주시겠습니까.

사쿠라이 하나의 예인데 1986년의 일입니다. 자이니치의 마당극 그룹으로 우리문화연구소가 있었습니다. 당시 우리가 상주하고 있던 산야(山谷)의 여름 축제에 그들이 출연했습니다. 정확히 산야에 경찰의 계엄령이 내려졌던 시기입니다. 거기서 영화를 만들던 감독 두 명이 학살당했습니다. 그 일이 있고 난 직후의 여름이었습니다.

　　그런데 산야의 일용노동자 중에는 자이니치를 반기지 않는 사람이 태반이었습니다. 일용노동의 고용주 가운데 자이니치가 많았기 때문입니다. 자이니치가 고용주인 합숙소에서 험한 꼴을 봤다는 말을 종종 들었습니다. 물론 자이니치에 대한 일용노동자들의 생각은 사실이긴 하나 과장된 구석도 많았습니다.

더구나 야쿠자가 늘상 태세를 갖추고 있으며 엄청난 수의 기동대가 방패를 들고 진을 치고 있었습니다. 그러한 현장에서 조선의 민족옷을 입고 춤을 추자니 우리문화연구소 사람은 물론이고 우리도 잔뜩 긴장했습니다. 꽹과리를 선두에 두고 거리로 행진했습니다. 그때 나부끼던 하얀색 민족옷은 본 적 없는 아름다움이었습니다. 감동했습니다. 산야의 노동자들은 그 모습에 당황해했지만 점차 흥이 올랐습니다. 그런데 마당극 후반부에 일이 터지고 맙니다. 몇몇 노동자가 마당극의 대사가 기분 나쁘다며 소란을 피우기 시작했습니다. 그러다가 배우와의 말다툼으로 번졌습니다. 마당극 멤버에게는 끔찍한 기억이었겠죠. 공연이 끝나고 난 다음에 이제 용서해 달라고 말했지만, 교제하고 싶지 않다는 소리를 들었습니다. 실패했습니다.

고병권 무엇을 두고 실패라고 말씀하시는 것인가요.

사쿠라이 분명히 감정의 도랑을 파고 말았습니다. 지금의 나라면 그 현장에 얼마간 개입할 수 있었겠죠. 하지만 당시에는 나도 너무 당황했습니다. 그러한 충돌 속에서 무언가를 추출할 수가 없었습니다. 목적이 너무 강했습니다. 지금까지도 안타깝게 생각합니다.

다만 그런 것을 하지 않았던 편이 좋았을까라고 묻는다면, 그렇지 않다고 생각합니다. 산야에서 마주했던 조선옷은 과거와 미래 양측으로부터 증여받은 멋진 장면이었습니다. 다만 그 장면이 간직한 정치를 명확히 파악하는 데에 실패한 것입니다. 그 원통함이 아직도 마음에 남아 있습니다. 그것은 절망의 정치였기 때문에 빚어진 희망이었던 걸까요. 거기에 대처하는 방법을 아직도 제대로 쥐고 있지 못합니다.

고병권 사쿠라이 씨의 연극은 타이완, 조선, 오키나와를 계속해서 끌어들이는 것 같습니다. 모두 일본의 식민화를 경험한 곳이지요. 사쿠라이 씨에게는 일본과 싸우지 않으면 안 된다는 의식 같은 게 있는 듯합니다. 사쿠라이 씨에게 '반일'

2009년 10월 31일 이노카시라(井の頭)공원 특설 텐트 연극 「기민(棄民) 살풀이」

과, 앞서 말한 '반-세계'는 연결되는 것인지요.

사쿠라이 '반일'이라면 제국주의 본국에서 태어나고 자랐다는 사실을 받아들일 경우 70년대 이래 항상 지니고 있던 정신의 경향입니다. 내가 일본 국적을 갖고 있는 이상 변하지 않습니다. 그러나 '반일' 사상은 '반-일본국'과 '반-일본인'이 뒤얽힌 문제라서 무엇이라고 딱히 짚어 내기가 쉽지 않습니다. 그래서 경향이라는 표현을 써 본 것입니다. 70년대부터 20년간은 주로 조선이라는 시간을 일본에 도입해 '반일'을 했습니다. 관동대지진 시기 살해당해 아라카와(荒川)를 가득 메우고 있는 조선인의 뼈를 어떻게 줍고 실제로 파낼지에 관한 연극을 한 적이 있습니다. 아라카와의 하천에 텐트를 세우려고 했지만 출입금지를 당했습니다. 우리는 15명뿐이었는데 기동대가 250명이나 경비를 서서 자갈뿐인 다리 밑을 지키는 겁니다. 그 상황이 일주일 동안 지속되었습니다. '바람의 여단'은 그렇게 시작되었습니다.

고병권 경찰이 왜 그리 예민했을까요.

사쿠라이 경찰 권력이 우리의 생각과 가까웠으니까요. (웃음) 아사히 등의 신문은

"내버려 둔들 어떤가. 바람의 여단 따위의 작은 단체가 그저 텐트에서 연극할 뿐이라는데"라며 동정 기사를 써 주었습니다. 그러나 경찰은 위험성을 알고 있었습니다. 그러니까 부조리할 만큼 공권력을 써서라도 내버려 두지 않습니다.

다음해의 「수정의 밤」(クリスタル・ナハト)은 조선인 종군위안부가 주인공이었습니다. 극 중의 종군위안부는 나가노의 마쓰시로 위안소에서 아이를 낳았지만 변소에 버립니다. 그러고는 정신이 나가 위안소에서 쫓겨나 산의 동굴에서 살아갑니다. 한편 천황의 어소(御所)를 만들기 위해 마쓰시로로 끌려온 조선인이 탈주하려고 변기 속으로 숨어듭니다. 거기서 둘이 만나 천황 놀이를 합니다. 종군위안부 여성은 똥으로 범벅이 된 조선인을 천황의 행차라고 착각하여 "제 갓난아이를 돌려 주세요"라고 직소합니다. 그러면 그 조선인 남자는 "앗소(あっそ)"라며 천황 히로히토의 말버릇을 흉내냅니다. 연극이긴 하나 몹시 위험한 일이었죠. 조선인에게 천황의 역을 시킨다는 문제 말입니다. 그러나 너무도 슬프고도 절망적인 장면이었기에 차라리 장렬하게 아름다웠습니다. 2장은 변소에 버려진 갓난아이가 돼지의 도움을 받아 여행을 개시하는 장면으로 시작됩니다. 「수정의 밤」은 아사히신문이 실시한 20세기 일본의 연극 톱 텐에 들었습니다. 웃기는 얘기지만요.

80년대 중반까지는 사회운동도 시민도 그 함몰에 무관심했습니다. 특히 함몰을 드러내는 이런 방법에 혐오감을 가지고 있었습니다. 그런데 80년대 후반이 되면 사회운동, 시민운동이 민주화된 한국과의 관계 때문인지 여기에 관심을 갖고 활동을 벌여 나갑니다.

7 항의의 논리와 저항의 논리

고병권 일본의 시민운동 단체들이 비로소 그 문제들을 제기하기 시작했군요.

사쿠라이 종군위안부 할머니가 일본에 와서 증언집회가 열립니다. 이 할머니는 제일 처음에 '기미가요'를 불렀습니다. 장렬한 '기미가요'였습니다. 참가자는 얼어

붙었지만, 나는 「수정의 밤」의 장면을 떠올리며 큰 감동을 받았습니다. 나는 일본의 시민운동을 야유하려는 게 아닙니다. 오히려 거기에 참가하기도 했습니다. 다만 얼어붙지 않고선 할머니의 증언을 들을 수 없는 게 문제입니다. 절망 앞에서 그것을 멈추려 하기 때문입니다.

여하튼 우리는 조선반도와의 관계에서 표현을 낳기가 더 이상 어려웠습니다. 조선해협을 하나의 지렛대로 삼아 일본 안으로 조선이라는 시간을 들여오며 싸우던 방식은, 그것만으로는 성립할 수 없게 되었습니다. 일본에서 조선은 한국이라는 단일성으로 바뀌었으며 그 압도적 중량은 어디론가 던져져 버렸습니다. 시민운동이 그 완충제가 되어 버린 것은 아닌가 생각합니다.

고병권 80년대 후반이라면 한국에서 '민주화'가 얼마간 성취되었다고 평가받는 시기군요. 그리고 조금 더 있으면 한국에서도 소위 '시민운동'이 발전해 갑니다.

사쿠라이 한국이 민주화가 되어 한국과 화해하려는 움직임이 일어난 것을 두고 잘못이라고는 말할 수 없습니다. 그저 당연한 일에 불과합니다. 더구나 북조선이 있으니 안심하고 화해할 수 있다는 구조도 있습니다. 바로 그러한 작은 사실, 일본 시민사회의 임계점은 너무도 낮다는 이야기를 하니까 우리는 더욱 고립되고 있습니다만.

고병권 시민운동은 저항을 했다기보다 항의를 했던 셈이군요. 아까 말했던 '신체의 반-세계'를 염두에 둔다면, 한국과의 화해를 추진한 일본 시민운동 쪽에 '신체의 상실'이라 할 만한 일이 일어난 것일까요?

사쿠라이 항의의 논리와 저항의 논리는 다릅니다. 80년대 우리는 절망적인 상황을 드러냄으로써 저항의 논리를 만들려고 했지만, 그것이 시민운동으로 옮겨 감에 따라 항의의 논리가 되어 버립니다. 항의의 논리란 바로 대안주의입니다. 대안을 내놓으면 먼저 있던 론(論)은 살아남습니다. 같은 지평에 속한 대안이니까요. 항의하여 결국 대안으로 바뀔 뿐입니다. 그때 파괴했어야 할 논리가 살아남습니다. 실은 붕괴시켜야 했던 것, 부숴 버려야 했던 것마저 살아남습니다.

고병권 대상을 극복하는 방식이 그 대상을 전제한다고 할까요. 대안이란 그것이 항의하는 대상을 전제하기 마련이죠.

사쿠라이 그런 건 항의의 논리이지 저항의 논리가 아닙니다. 그나저나 몹시 진지한 이야기만 잔뜩 하고 있네요.

8 텐트 – 정치의 원점

고병권 그렇다면 한 가지 어리석은 질문을 드릴까요. 사쿠라이 씨의 연극은 왜 그렇게 정치적입니까?

사쿠라이 정치적인가요……. 지나치게 예술적이지 않은가 반성하고 있는데요.

고병권 사쿠라이 씨가 연극을 하면 경찰도 마구 출동하지 않습니까. 왜 그런 일들을 자꾸 만들어 내는 건가요. (웃음)

사쿠라이 경찰 권력과 진폭이 있기 때문일지도 모르지요. 저는 기회민주주의자입니다. 지금 이렇게 공언하면 틀림없이 테러리스트라고 들리겠지만, 나는 정말로 기회주의자입니다. 자기비판은 할 수 없는 체질이니 그나마 자기비평이라도 하려고 합니다.

고병권 실제로 연극에 발을 들여놓으신 건 60년대더군요. 뒤늦게야 묻습니다만, 어떻게 연극을 하게 되셨나요? 당시 격렬했던 일본의 운동 상황과 관련이 있습니까?

사쿠라이 나는 70년에 홋카이도에서 도쿄로 나와 곧바로 연극에 발을 들여놓았습니다. 열여덟 살 때의 일이죠. 매일같이 데모였지만 이른바 대중 학생이었습니다. 그 무렵에 정치는 서툴렀습니다. 그런데 텐트 연극을 시작해 여행을 떠나고 나서 "정치를 주체화할 수 없으면 연극도 불가능하다"는 생각이 들었습니다. 아까 표현을 빌리자면, 도망칠 작정으로 바리케이드를 만들고 있었던 것입니다. 도망가면 갈수록 포위당하게 되니, 그렇다면 바리케이드에 틀어박혀 이쪽이 역포위에 나서겠다는 논리에 도달한 것입니다. 그러한 타입이라고 생각해 주세요. (웃음)

이진경 앞서도 언급하셨던 산야를 다시 물어보지 않을 수 없네요. 산야에서의 연극은 정말이지 강렬해 보였거든요. 산야에는 언제 들어가셨습니까. 78년도였던가요?

사쿠라이 그 연극, 산야에서 한 거죠. 한복판은 아니었습니다만. 그게 78년입니다.

이진경 산야에 들어갔다는 의미에 관해서인데요, 산야를 테마로 연극을 한 것, 산야라는 장소에서 연극한 것, 조선인과 산야의 관계 등에 대해 좀더 소상하게 말씀해 주세요.

사쿠라이 그 시기가 산야에서 운동이 제일 몰락한 때였습니다. 산야, 그리고 오사카의 인력시장인 가마가사키(釜ヶ崎)에서 가장 격렬하게 운동이 벌어졌던 게 70년부터 73, 4년 무렵입니다. 그 상징적 인물이었던 후나모토 쇼우지가 75년 오키나와에서 자기 몸을 불사릅니다. 마침 그 시기는 반일무장전선이라는 투쟁이 이어지고 있었습니다. 폭탄 투쟁이었습니다. 미숙했지만 좌익의 얼터너티브였습니다. 집단이 아니고 각각 궐기한다는 것이었죠. 이 집단 아닌 집단이 동아시아라는 말을 최초로 사용했습니다. 일본의 경제진출, 해외침략 저지를 운동의 1차 목표로 삼았습니다. 그리고 천황 암살을 기도했습니다. 미수로 끝났습니다만. 그러나 미수의 폭탄을 미쓰비시중공에 사용해 많은 사람이 죽습니다. 미쓰

비시중공은 100년의 역사를 지닌 전쟁기업입니다.

그런데 여기에 가담한 활동가가 산야와도 관련을 맺고 있어 경찰은 총력으로 박멸에 나섭니다. 산야의 운동은 한 번 완전히 쑥대밭이 됩니다. 80년대에 들어오고 나서야 다시 살아났죠. 그러니까 1978년은 구체적으로 눈에 보이는 활동이 거의 없었던 시기입니다.

고병권 산야의 활동이 없었던 때, 그렇다면 어떤 생각으로 거기 들어가신 건가요?

사쿠라이 우리는 일본의 촌구석을 돌아다니고 있었습니다. 공연을 하고 있는데 배우보다 큰 소리로 "돼지가 도망쳤다"라고 누군가 소리치면 관객들이 몽땅 사라진다든지, 눈 속에서 하니까 추워서 객석에 코타츠를 마련해 놓으면 관객들이 연극은 안 보고 그 속에서 자 버린다든지 하는 식으로, 그렇게 공연을 하고 있었습니다. 그러다가 도달한 곳이 산야입니다. 역시 하층지향은 있었겠죠. 아래로 아래로 향했던 것은 사실입니다. 하지만 재미있어서 그렇게 했습니다. 재미있기 때문에 아래로 향했습니다.

산야의 공연은 단 한 사람, 아이누 노동자만이 도와 주었습니다. 산야에 간다는 의식은 물론 있었지만, 이렇다 할 전략을 세워 두지는 않았습니다. 들어가서 노동자와 장을 공유하게 되자 여러 감동이 있었고 마음이 움직였습니다. 더구나 피차별 부락인지도 몰랐습니다. 그러한 장소는 품이 깊어서 우리같이 어중간한 사람들을 받아들여 줍니다. 야쿠자 오야붕과도 어울려 지냈습니다. "다음에도 꼭 와라." 그러면 가겠다고 하는 수밖에 없죠. "방금 사람을 죽이고 왔다"는, 80년대가 되면 분명히 적이 되어 버릴 야쿠자와도 술을 마셨습니다. 오야붕은 "이 놈은 내일 자수시킬 거니까 함께 마시라고." 그러면 또 "알았습니다." 완전히 무방비로 산야에 들어갈 수 있었습니다.

이진경 야마오카 씨가 아이누의 그 분입니까?

사쿠라이 아닙니다. 아이누 노동자는 그러고 나서 바로 누군가에게 살해당했는지

도쿄의 항구에 떠 있었습니다. 내게는 손이 닿지 않는 어둠이 많았습니다.

이진경 그러한 사람들과 만나 생활했던 것인가요, 연극을 했던 것인가요? 산야에서 무엇을 하셨습니까?

사쿠라이 나는 산야가 아니라 요코하마의 고토부키초(寿町)라는 인력시장으로 갔습니다. 거기에는 제주도에서 온 조선인 노동자가 많았습니다. 항구에서 품을 파는 일용노동자였죠. 거기서 월동투쟁으로 연극을 했습니다. 그 무렵 산야는 꽤 살벌했습니다. 폭력이 난무했습니다. 고토부키초는 그렇지 않았죠. 거기에는 가족도 있고, 많지는 않지만 아이들도 있었습니다. 그 아이들이 우리 연극의 지원자였습니다.

이진경 사쿠라이 씨의 연극 여정을 쫓아온 셈인데요… '예술'이라는 말을 싫어하시는지 좋아하시는지 잘 모르겠지만, 사쿠라이 씨가 걸어온 길은 예술과 정치가 함께 걸어온 것처럼 보입니다. 어떤 의미에서의 예술로서, 거기서는 정치가 중심에 놓인다는 인상을 받습니다. 그때 정치라는 것도 보통의 사회참가와는 다르며, 사쿠라이 씨가 연극에서 정치를 특별하게 다루는 것처럼 보이지도 않습니다. 그런데 연극에서 정치화되는 지점이 생깁니다. 예술에서의 정치에 관해 배우고 싶은데요.

사쿠라이 '예술에서의 정치'라는 표현 자체가 아무래도 내게는 친숙해지지 않습니다. 늘 듣는 질문이지만 제대로 답한 적이 없습니다. 나는 현실의 정치라기보다 정치의 원리 같은 것을 생각합니다. 처음에 말했듯이 연극은 새로운 집단성을 발명하는 장입니다. 즉 정치의 장이기도 한 것이죠. 다만 현실 정치와 꼭 관련되어야 하는 건 아닙니다. 이게 내게는 마음이 편합니다.
　　현실에서는 좀처럼 일어나지 않는 정치의 원리가 일어나는 곳, 그게 텐트 연극입니다. 여러 복잡한 요소를 품고 있는 현실 정치와는 다른, 좀더 원리적인 정치 그 자체. 노골적으로 드러나 일단 대화가 가능한 정치의 원점 같은 것을 창출하는 가능성의 장소입니다.

그건 모래시계 속의 모래들처럼 바깥에서 보면 꼴불견인 존재입니다만, 텐트 연극은 그것들이 서로 스치며 희망을 짜내는 장이라고 생각합니다. 아니, 그러한 장을 만들고 싶습니다.

이진경 아주 흥미롭게도 사쿠라이 씨가 말씀하시는 정치는 정치영역에서 어떤 문제를 이슈화하는 것이나 거기에 관여하는 것, 혹은 그것을 표상하는 것과는 아주 다른 것으로 보입니다. 사쿠라이 씨에게 연극과 정치는 분리되지 않는 것 같습니다. 제가 듣고 이해한 것을 다른 식으로 말해 보자면 연극에서 가장 중요한 것은 '사건'이며, 그 점은 정치에서도 마찬가지라고 생각합니다. 누가 사쿠라이 씨에 대해 말해 보라고 한다면 '사건'의 돌발을 통해, 비가시적인 것들을 드러내는 활동이란 말로 대답해도 괜찮을까요?

사쿠라이 사람들에게가 아니라 저 자신에게 가시화하는 것이지요.

이진경 정치란 사건을 만드는 것 혹은 사고를 내는 것이라고 할 수 있겠네요. 그런 의미에서 사쿠라이 씨는 사고 치는 사람이라고 말해야 할 것 같습니다. (웃음)

사쿠라이 트러블메이커라는 거죠? 영광입니다.

❹ 다니가와 간
―이족(異族)들의 마을, 그 원점 (原点)의 에너지[1]

다니가와 간(谷川雁)
신지영 옮김

1 동양의 마을 입구에서(東洋の村の入口で)[2]

미지의 당신에게.

당신과 제가 얼마나 깊은 형제인지 아는 이는, 오직 쓸쓸한 일본의 산수(山水)뿐 이겠지요. 제가 말하고 싶은 것은 그것을 증명하는 데 도움이 될 한 가지 촉감(觸 感)에 대해서입니다. 스탈린이 법칙이라고 불렀고, 무사시(武蔵)[3]가 "면면히 이 어져 온 도(道)"라고 중얼거렸던 흙투성이 사랑의 환상. 그 젖색[乳色] 빛에 대 해서입니다.

· · ·

1 여기에 수록된 글은 다니가와 간, 『다니가와 간 셀렉션 2 : 원점의 환시자』, 신지영 옮김, 그린비 근간[谷川雁 著. 岩崎稔·米谷匡史 編. 『谷川雁セレクション 2:原点の幻視者』. 日本経済評論社. 2009]에서 발췌한 것이며, 모든 주는 옮긴이 주이다. 다니가와의 사상은 규슈 탄광촌에서 구성된 이족(異族)들의 코뮨, '서클마을'(サークル村)에서 선명하게 드러난다. 「동양의 마을 입구에서」는 『서클마을』 잡지 및 활동을 구상했을 때의 정황과 마을을 구성했던 동력이 무엇이었는가를 보여 준다. 잡지 『서클마을』 창간 직전에 발표된 「환영의 혁명정부에 대해서」에서는 "전위와 원점 사이에 존재하는 최대로 긴장된 에너지" 속에서 끝없이 갈등하며 끝없이 변화하는 코뮨이 그려진다. 한국에 처음 소개되는 다니가와 간의 두 글이 어디서건 마을을 끝없이 새로 시작하게 하는 동력이 되길 바란다. 이 두 글을 번역하는 데 토론과 자료로 도움을 주신 요네타니 마사후미(米谷匡史) 선생님께 깊이 감사드린다.
2 이 글은 잡지 『현대시』(『現代詩』. 百合出版. 1955.12) 특집 「독자에게 보내는 편지」(『読者への手紙』)에 발표되었고, 이후 『원점이 존재한다』(『原点が存在する』. 弘文堂. 1958.12)에 수록되었다.
3 미야모토 무사시(宮本武蔵, 1584~1645). 에도 시대 초기의 검호(劍豪) 병법자이며 수묵화가, 공예가로도 유명하다. 호는 니텐(二天) 또는 니텐도라쿠(二天道楽). 저서로는 『오륜서』(五輪書)가 있다.

저에게는 시인을 자칭하면서 시 외의 형식으로 시에 대해 말하는 현대의 습속이란 일종의 고역입니다. 그렇지만 만약 제가 전하려고 하는 이 촉감을 예민한 벌레처럼 받아들여 준다면, 뭔가 즐거운 기분이 솟아날 것입니다. 230개의 시편을 바람에 흩트려 놓은 탓에 감수하게 된 형벌에도 말입니다.

대체 논리에 기반하지 않은 이해, 해바라기가 태양 쪽을 향하는 것 같은 이해란 존재하지 않는 것일까요. 저는 이 감촉을 그러한 바람에 실어 전하길 노리고 있습니다. 왜냐하면 사람 사이의 그러한 관계야말로 제 이상적인 행복이기 때문입니다. 극적인 요소를 냉소하고, 가장 간결한 설명으로 서로에게 최대한 심각한 타격을 가하는 사랑, 이른바 가마솥의 끓는 물과 불꽃의 관계 같은 사랑. 저는 오랫동안 기묘하고 맹목적인 방법으로 그런 성질의 사랑을 찾아왔습니다. 그리고 운 좋게 꽤 많은 벗을 얻었습니다. 그들이 없었다면 단 한편의 시도 완결하지 못했을 것입니다. 이제껏 저를 시인처럼은 여겨 준 적이 없는 그들이 없었다면 말입니다.

그들…… 소작농에서 지식인에 이르는 이들 지기(知己)들은 유모처럼 눈을 가늘게 뜨고 미소 짓는 것입니다. "골칫덩어리 같으니라구! 그렇지만 생각대로 해요"라고 말하듯이. 마치 제가 그들에게 해를 끼칠지도 모른다는 것 따위는 생각해 본 적도 없다는 신뢰의 빛을 띠면서. 이러한 영혼에 둘러싸여 있으면서 어찌 시인이 되지 않고 살 수 있겠습니까. 여기에 가장 흔해 빠지고 동시에 가장 모범적인 시인 탄생 설화의 예가 있습니다.

한 명의 불쌍한 자아광(自我狂)을 창조의 방향으로, 원칙의 방향으로, 집단과 조직의 방향으로 비틀거리면서 걷게 해 마지않는 조용한 무아(無我)의 미소, 낡은 사랑의 형상을 기리는 속내의 부드러움, 그리고 행위의 일거수일투족을 놓치지 않는 엄격한 시선…… 이것이야말로 작은 개별 자아[個我]로 흔들리는 시인을 둘러싼 시였습니다. 마치 역사에 '쓰여진 역사'와 '실재의 역사'가 있는 것처럼, 시에도 '쓰여진 시'와 '실재의 시'가 있습니다. 우리들은 한낱 글쓰는 사람 (記述者)의 광영을, 너무 확대해 버리는 경향이 있지 않을까요?

한편 때때로 저는 다소 뜻밖의 광경과도 마주했습니다. 그들에게 비교하자면 대부분의 이론가나 실천가들은 달밤의 이리에 불과했습니다. 유황가스를 뿜어 초록을 고갈시키고 새와 곤충을 죽이는 황량한 강변이었습니다. 어째서 이런 현상이 있을 수 있을까요? 제가 그 답다운 답을 얻었던 것은 노동자 투쟁의 소용돌이로부터 한 발을 빼고, 병을 요양하기 위해 유랑을 시작했던 때부터였습니다. 저는 농민세계로 들어갔습니다. 그 세계에서 보면 공장은 빛이 가득한 들에서 쫓겨난 박쥐가 사는 동굴이었습니다. 저는 알게 되었습니다. 인간 마음[心情]의 시원을 비추는 미분화된 사랑과 허기지고 추운 사상이, 벼락을 맞은 고목처럼 하나의 뿌리에서 찢겨져 나온 모습을. 자연의 거대한 일터이자 저장소인 토지와, 인간의 결정적인 분리……. 이것이 자본주의가 시인에 대해 갖는 의미인 것을.

저는 경험의 덩굴을 더듬어 내려가 '농민'의 뿌리를 발견했습니다. 그곳으로부터 시들어 버린 근대주의가 자라고 있었습니다. 두 종류의 농민…… 대지의 무한한 창조력인 농민과, 대지에서 떨어져 나온 농민과의 대립. 제가 현재의 진보사상 속에 일종의 근대주의가 포함되어 있으며 우리나라의 근대주의란 대지로부터 떨어져 나온 농민의 '거꾸로 선 농민주의'에 불과하다고 규정한 것은 이 때문이었습니다.

여기서 다시 문제가 발생합니다. 일찍이 군국주의를 지탱해 온 것도 역시 조용한 미소, 마을에 사는 딸들의 사랑이지 않았던가? 하는 문제입니다. 그렇습니다. 바로 그 때문에 우리들은 십 년이 지나도록 전쟁에서 아들을 잃은 숯쟁이 노인을 진보의 편으로 옮겨 놓는 데 성공하지 못했던 것입니다. 즉 오늘의 진보주의를 예전 군국주의 모순의 균열면에서, 그 균열면을 토대로 해서 꽃피우는 데 실패했기 때문입니다.

민중의 군국주의, 그것은 민중의 꿈이 왜곡되게 표현된 것에 불과합니다. 일본 민중의 꿈이란 무엇인가. 그것은 아시아 제 민족과 마찬가지로 법(法) 3장의 자치,[4] 평화로운 도원경(桃源境), 안식의 정토(淨土)입니다. 그것은 낡고 새로운 꿈, 어제도 오늘도 살아 있는 꿈입니다. 아시아에서는 지식인조차 권력을 떠나 소박한 전원으로 돌아가는 것을 생애의 매혹으로 삼아 오지 않았습니까? 군국주의에 전혀 침식되지 않은 상처 없는 저항을 하지 못했다고 비난하는 자, 어떤 종류의 [저항이든 간에] 저항이 있었다고 반론하는 자 등이 있습니다. 그러나 그 어느 쪽도 저는 별로 흥미가 없습니다. 국민의 결정적인 다수를 점하고 있던 소박함, 성실한 군국주의…… 이것을 진보와 평화의 측으로 전환시키는 것은 당연한 이치이며, 이 세계의 혼해 빠진 진실입니다.

이렇게 볼 때, 민중의 이상적 환상은 현실의 어떠한 역사적 형태와 대응할까요? 저는 이것이 촌락 협동생활, 한마디로 '동양적 공동체'의 저변이라고 생각합니다. 동양적 형태는, 작은 집단인 하급 공동체 위에 그것을 통일하고 복속시키는 전제적인 상급 공동체가 존재합니다. 즉 이 지점에 노자의 소국과민(小國寡民)과 공자의 치국평천하(治國平天下)가 마주하고 있습니다. 하급의 공동체가 '무위(無爲)로 화한' 민중의 횡적 연대라고 한다면, 상급의 공동체는 '예'(禮) 및 '인'(仁)과 의무적으로 연결되는 가부장과 가내 노예 사이의 관계입니다.

일본의 민중이 오랜 세월 동안 동경해 왔고 스스로 나누어 가지고 있는 젖빛, 소박한 맨살의 빛남…… 그것은 하급 촌락 공동체에서 흘러나와 오늘의 대지를 여전히 덮고 있는 작은 규모의 연대 감정이지 않겠습니까? 이 동양 마을의 사상이야말로 이 세상 겹겹[幾重]의 벽을 통해서 가난한 제 속에 흘러들어 왔던 빛의 본체이지 않겠습니까? 그리고 사이교(西行)[5]가 한 개의 지팡이에 의

- - -

4 법(法) 3장이란 한(漢)의 유방이 선포했던 선정에서 비롯된 말이다. 유방은 반란군의 지도자가 되어 진나라를 멸망시키고 패왕인 항우에 의해 한왕으로 봉해진다. 그러나 그는 이후 항우의 지도노선에 반기를 들고 항우를 무찌른 뒤, 한나라 왕조를 일으켜 황제의 자리에 올랐다. 유방은 진나라의 항복을 받아 낸 후 여러 현의 장로와 유력자를 모아서 "법은 3장뿐"이라는 포고를 발표한다. 그 내용은 다음과 같다. "여러분은 오랫동안 진나라의 가혹한 법에 괴로움을 받아 왔다. 국정을 비판하면 일족이 몰살당하고 귀엣말만 주고받아도 번화가에서 참수형을 당했을 정도다…… 그래서 여러분에게 약속하겠다. 법은 3장만으로 한다. 즉 사람을 죽인 자, 사람에게 상처를 입힌 자, 도둑질을 한 자는 처벌에 처하지만, 진나라가 정한 여러 가지 법은 전부 폐지한다. 관민은 모두 안심하고 살도록 하라." 그리고 각지로 사람들을 파견해 취지를 주지시켰고 진나라의 학정에 괴로워하던 사람들은 이것을 환호하면서 받아들였다고 전해진다(서현봉, 『재미있는 중국제왕 이야기』, 홍익CNC, 2003, 2~6쪽 참고).

5 사이교(西行, 1118~1190). 헤이안(平安) 시대 말기부터 가마쿠라(鎌倉) 시대 초기에 살았던 무사이자 승려이자, 가인. 일본 전통 시 형식인 단카(短歌)의 대가 중 한 사람으로 그의 시는 대부분 『신코킨슈』(新古今集)에 수록되어 있다. 이후 하이쿠의 대가인 마쓰오 바쇼에 많은 영향을 주었다.

지해, 바쇼(芭蕉)[6]가 "무릇 관통하는 것은 하나다"라고 외치며 찾았던 이름 없는 민중에 대한 사랑은, 무심결에 이 먼 원류로 향하고 있었던 게 아니겠습니까. 대체로 이것은 평화와 협동을 지향하는 고립적이고 무정부적인 생디칼리즘(syndicalisme)이지 않겠습니까. 민족고유한 진보사상의 전기적(前期的) 형태이지 않겠습니까.

제 지방의 민담에는 다음과 같은 것이 있습니다. "나그네가 산중에서 헤매고 있는데 희미하게 종소리가 들린다. 환청인가 의심하면서 그 자취를 더듬어가자 큰 절이 나온다. 그러나 물어보아도 그 누구도 종을 친 자가 없다." 종적을 알 수 없는 종―제 귀에는 지금도 그 소리의 여운이 들립니다. 그것은 도겐(道元)[7]을 넘고 셋슈(雪舟)[8]를 넘어 하나의 절[寺]에, 즉 무한한 넓이를 지닌 대범한 평화와 협동의 정념(情念)에 마침내 도달하라고 들려옵니다. 이는 과연 저의 환청일까요?

* * *

6 마쓰오 바쇼(松尾芭蕉, 1644~1694). 에도(江戸) 시대 전기의 하이카이시(俳諧師; 하이카이를 짓는 사람. 하이카이俳諧란 용어나 내용이 익살스러운 와카和歌의 한 형식)이다. 쇼후(蕉風)라 불리는 예술성 높은 하이쿠 작품을 확립하여 하이세이(俳聖; 하이쿠의 명인)로 불리는 그는 진부한 하이쿠의 테두리를 넘어서려 했으며, 자신이 쓴 시의 온화한 정신과 일치하는 삶을 살면서 당시 널리 퍼져 있던 화려함과는 대조적으로 검소하고 소박하게 살았다.

7 도겐(道元, 1200~1253). 가마쿠라 시대 초기 선승. 일본 조동종(曹洞宗; 일본선종의 일파)의 시조로, 일반적으로는 도겐선사(道元禅師)로 불린다. 일부러 견성(見性)을 추구하지 않고, "좌선하고 있는 자세 그대로가 부처이며, 수행 중에 깨달음이 있다"고 하는 수증일등(修証一等)과 오로지 좌선하는 일(只管打坐)이 지닌 선을 전했다.

8 셋슈(雪舟, 1420~1506). 15세기 후반 무로마치(室町) 시대에 활약했던 수묵화가이자 선승으로 '화성'(画聖)으로 불려졌고, 일본의 수묵화를 완전히 바꾸어 놓았다고 칭해진다. 시호는 도요(等楊), 혹은 셋슈(拙宗)였다. 대범한 구도와 힘 있는 필선으로 매우 개성적인 화풍을 창조했다.

2 환영의 혁명정부에 대해서(幻影の革命政府について)[9]

조금 자랑을 섞어 말하자면 나는 내 생애에 어떤 독자적인 사상체계를 만들려는 욕구[要求]를 지니고 있지 않다. 물론 전체를 포괄하기를 멈춘 사상은 불구일 것이다. 그렇다곤 해도 왜 전체를 창조해야만 할까. 저 유니크함에 대한 열망에 빨려 들어가 먹혀 버려 목숨을 다한다 할지라도, 그것이 과연 진정한 의미에서 자신을 증식하고 확대하는 것일까? 그것과는 완전히 반대 방향에서 이른바 여러 개의 자아와 그런 자아의 생산 시스템을 확립하는 건 불가능할까? [둘 중 하나를] 고르는 것은 마음에 내키지 않는다. 재능이란 우연에 바치는 예배에 불과하다. 자신이 거기에 있다는 바로 그 점에서 모든 필연이 발견될 뿐이다. 그것만으로 좋지 않은가……. 나의 눈금은 유년기부터 그렇게 새겨져 있다. 따라서 나는 생각한다. 옛날의 위대한 사상가들 또한 어쩔 수 없는 부정형에 의해 생겨난 것이라고. 미야모토 무사시(宮本武蔵)가 독행도(獨行道) 21개조[10]로 세계의 대부분을 거부한 끝에, 글의 마지막 부분에 부정형 긍정으로 "면면히 이어져 온 도(道)를 거역하지 않고"라고 쓴 것처럼—. 세상의 길이란 무엇인가. 나에게는 그것이 노동의 틈바구니에 내던져진 나무조각 같은 예지, 하나의 출발점인 동시에 종점이기도 한 말인 양 울린다. 분명 그는 모방이 지닌 궁극적인 기능을 의미했을 것이다. 비록 그것이 관념의 이러한 회화 혹은 음악일 뿐이었을지라도 이런 종류의 애매한 신호로 지탱되지 않는다면 ——어떤 장려하고 완전한 세계관일지라도 존재했던 적은 단 한 번도 없었다.

부정 끝에서의 모방, 모방 끝에서의 부정 —— 예를 들어 스스로를 맑스·레닌

---

9 잡지 『전망』(『展望』, 九州大学展望編集部, 三号, 1958.6)에 「환영의 정부에 대하여」(幻影の政府について)라는 제목으로 발표되었고 이후 『원점이 존재한다』에 「환영의 혁명정부에 대하여」라는 제목으로 수록되었다.

10 「독행도」(獨行道)는 미야모토 무사시가 자신의 삶의 방식을 21개조로 쓴 것으로 『자서서』(自誓書;선종에서 계율을 지키겠다고 스스로 하는 맹세를 적은 글)라고 불려진다. 만년에 히고노(肥後; 일본 지방행정구역이었던 나라 중 하나로 지금은 구마모토 현熊本県에 해당)의 호소가와 번(細川藩; 가마쿠라 시대부터 에도 시대에 걸쳐 유명세를 떨친 무가)의 객분(客分)이 되어, 구마모토 지바성(千葉城)의 자기 집에서 죽기 7일 전인 1645년 5월 12일에 형제인 데라오 마고노조(寺尾孫之允)에게 이 책을 병법서인 『오륜서』와 함께 전해주었다고 한다.

주의자라고 공언할 때의 저 두통을 동반한 암흑과 빛, 망설임과 자존(自尊). 이 거짓말은 언제 진실이 될 수 있을까. —— 당적(黨籍)은 과거를 포함하고 있다. 현재를 확인하고 있다. 그러나 미래에 대해서는 한마디도 하지 않는다. 따라서 당적은 늘 반쪼가리 증명서에 불과하다. 오십 퍼센트의 진리가 진리일 수 있을까?

어떤 눈도 눈 그 자체인 자신을 직접 볼 수는 없다. 눈은 자신이 하나의 반사 장치이기 때문에 눈인 채로 눈을 보게 하는 것 또한 반사 장치 …… 거울일 수밖에 없다. 마찬가지로 논리가 자기 자신을 보기 위해서는 이질적인 반사 장치인 별도의 논리를 반드시 필요로 한다. 대조가 될 논리 —— 서로 완전히 배척하는 뿌리를 갖고 있지만, 자신의 그림자 그림[影繪]¹¹을 잘라 낸 것이 아닐까 싶을 정도로 서로 닮은 명제를 찾는다. 두 개의 논리를 서로 맞물려 본다. 가능한 한 잘 대응하도록 겹쳐 본다. 그러면 범주 주변에 있는 애매한 영역이 떠오를 것이다. 만약 이 애매함이 행위를 통해 뛰어넘을 수 있는 허용 한도 내의 현격한 차이라면, 오히려 뛰어넘는 것이 틈의 넓이를 알 수 있는 가장 유효한 측량법일 것이다. 대담한 가정일지도 모르지만, 사상의 이해가 가지에서 가지로 날개를 접지 않고 항상 이동하는 것이라면, 불교의 무상관(無常觀) 위에 국가의 사멸에 관한 레닌의 학설을, 부정관(不淨觀) 위에 기계적 유물론을 겹쳐 놓을 수 있을 것이다. 또한 민중에게 추상 능력을, 공작자(工作者)¹²에게 오차(誤差)의 근대적 의의를, 그리고 사상 일반에 토착성을 부여할 수 있을지도 모른다. 한 점을 통과해 만들어진 직선에 평행한 직선은 단 하나뿐이라는 유클리드적 규정을 버린다면……한 개의 사상을 표현하는 복수의 형식이 가능해진다. 양자에 대해 반양자의 세계를 생각할 수 있다면……일정한 논리체계에 대한 '반' 논리체계를 상정할 수

---

11 가게에(影繪, 影畵)는 인물, 새 등을 본뜬 형상을 전등불에 반사시켜 벽 등에 비추는 놀이나 인형극을 말한다. 그러므로 일반적으로 이 말은 '그림자 놀이'를 의미하지만, 여기서는 문맥상 '그림자 그림'의 의미로 번역한다.

12 '공작자'(工作者)는 다니가와 간 사상의 핵심적인 말이다. 원래 일본 공산당에서 대중을 계몽·선도하는 전위를 일컫는 말이었다. 그러나 다니가와 간은 1950년대 후반 '서클마을'(サークル村)이라는 코뮌 활동을 하면서 '공작자'라는 말을 다른 의미로 사용한다. 다니가와 간에게 '공작자'란 대중과 분리되어서 대중을 선도·계몽하는 높은 지위에 있는 전위를 일컫는 것이 아니다. 오히려 '전위와 대중의 경계를 넘나들며 양쪽 모두에 사건을 일으키고 스스로도 변신해 가는 자'라는 의미로 사용하고 있다. 따라서 '공작자'라는 말은 사건을 일으키는 자, 경계를 넘나드는 자, 번역자 등 다양한 의미로 해석될 수 있으며, 이 해석에 따라 다니가와 간이 지닌 사상에 대한 이해가 달라질 것이다. 이 점에 대해서는 岩崎稔, 「序說一谷川雁と戰後精神の潜勢力」, 『谷川雁セレクション1 : 工作者の論理と背理』, 日本經濟評論社, 2009의 3절(「工作者とは何者か」)과 米谷匡史, 「'流民'のコミューンを幻視する」, 『道の手帳一谷川雁, 詩人思想家, 復活』, 河出書房新社, 2009 참고.

있다. 아니, 이 논리 자체가 비유에 의한 이행에 지나지 않을지라도, 적어도 이 정도까지는 단언할 수 있다. ──한 사상의 골격을 이루는 주요한 논리는 반대 측면에서 어떤 충전을 받지 못한다면 행위의 영역으로 이동할 수 없다. 이는 당연한 사상의 운명이다. 이렇게 이야기할 수도 있다. ──적절한 보충[補足]을 얻지 못해 생명체가 될 수 없었던 최고의 지적 산물이 존재한다. 무수히 존재한다. 우리들이 천재라고 부르는 자는 '이미 있던 것'이 생존하기에 필요한 요건을 찾아냈던 자에 불과하다.

보충[補足]의 논리와 논리의 보충. 매일매일 그런 작업을 하는 수상쩍은 공작자를 상상해 보자. 그는 공상한다.

우리들이 혁명가를 이상화하는 이러저러한 특징 ──직관과 분석의 무시무시한 격투, 운동 선수처럼 긴장된 반사신경, 깊고 조용한 종합능력, 행동에 대한 마르지 않는 매혹의 샘 등. 이런 특징의 반대 속성을 집중시켜 하나의 인간을 만들어 낸다면 어떻게 될까. 만약 그 인간이 '자아'나 '혁명'과 같은 것들, 즉 최고의 원자가(原子価)를 가진 말, 개념의 왕자, 그 관에 빛나는 심정을 지닌 무리들과 일생 동안 단 한 번도 만난 적이 없다면, 그 인간은 과연 어떠한 성질의 침묵을 소유하고 있는 것일까. 이른바 완전히 수동적인 몸을 지닌 인간, 가능한 것이라곤 침묵과 거절밖에 없는 듯한 그러한 인간을 상상해 본다면 ──이런 종류의 인간이야말로 흙 속의 흙, 돌 속의 돌, 이 세상에서 가장 민감하게 갈고닦여 맑아진 정지(靜止)한 거울면. 이미 인류로 돌아갈 방법조차 사라져 버린 것처럼 보이는 저 노래하는 후각, 문명에 대한 예언의 본능……인 게 아닐까.

이 세상의 모순, 그 소용돌이의 총체……이것을 심연이라고 부른다면, 심연 또한 성장한다. 즉 심연 그 자체의 모순이 존재한다. 이 모순의 핵(核)은 그것이 아직 해결되지 않은 모순인 한, 길항하는 두 개의 중심을 갖는다. 현대는 그 한쪽 극에서 해결에 대한 책임을 주체적으로 짊어진 정치적이고 논리적 전위를 낳은 시대였다. 비록 그것이 너무나 빈약하고 착오로 가득 찬 것이었다고 하더라도 소용돌이치는 눈[眼]인 의식집단을 깨뜨릴 수는 없다. 그렇지만──자칫하면 이것은 피라미드적 의식으로 전락하고 만다. 전위를 삼각형의 정점에 올려놓고 세계의 모든 시야를 간파할 수 있다는 피라미드식 의식 말이다. 원근법을 성립시키지 못하는 애꾸눈의 사상이다. 이 의식 세계를 완전히 대조적으로 뒤집어 생각해 볼 필요가 있지 않을까. 체제 변혁의 에너지가 그 의식의 중심에 전위를 지니고 있듯이, 불의식(不意識)의 초점이 될 무언가가 있지 않을까. 스스로를 의식의 극(極)에 위치시키면서 부단히 그것과 대립하는 극과 연결하려는 조직체가 전위라면, ──민중의 의식 밑바닥에도 반동사상을 가장 높고 가장 날카롭게 반영하고 있는 곳이 있을 것이다. 동시에 그곳에 미래를 지향하는 태아가, 어떤 생리기능으로도 이름 붙일 수 없는 초발운동(初發運動)을 하고 있는 지점이 분명 있을 것이다. 반동사상의 뿌리, 말단이 그것 자체로 혁명사상의 맹아가 되는 관계……모방과 부정, 즉 비유의 탄력을 통해 이질적인 가치체계 사이를 이동하고 역행하는 미시적 지점의 존재를, 그 누가 거부할 수 있을까.

이른바 혁명의 마이너스 극[13]이라 할 만한 데카르트 가치체계의 도착된 정점(頂点)…… 이 세상의 마이너스 극한치(極限値). 그것은 노자가 말했던 '현빈(玄牝)의 문'[14]이며, 파우스트의 '어머니들의 나라'[15]가 아닐까. 잠재된 에너지의 우물, 사상의 유방, 이것을 나는 원점(原点)이라고 이름 붙였다. 왜냐면 서로 보충해 가면서 길항하는 소용돌이. 그 소용돌이를 형성한 타원에 두 개의 초점을 상정하지 않고, 몇 가지 고전적 윤곽만으로는 심연의 거시적인 운동을 파악할

* * *

13 이 글에 나오는 '負'는 '마이너스'로, '正'은 '플러스'로 번역한다. 다니가와 간이 다른 글에서 '負'를 마이너스와, '正'을 플러스와 바꿔 가면서 사용하고 있기 때문이다.

14 『노자』6장에 "현빈[현묘한 암컷]의 문, 이것은 하늘과 땅의 근원이다"(玄牝之門是謂天地根)라는 말이 있다.

15 '어머니들의 나라'는 『파우스트』의 비극 2부 1막 중 '어두운 복도'에 나오는 나라이다. 메피스토펠레스는 이 나라에 대해서 이렇게 말한다. "메피스토펠레스: 실은 중요한 비밀을 밝히고 싶진 않지만, 여신들은 고독한 곳에 도도하게 앉아 계시지요. 그 영역에는 공간도 없고 시간도 없어요. 그 여신에 관해서는, 이야기하기가 난처해요. 그들은 어머니들이지요! / 파우스트: (깜짝 놀란다) 어머니들이라고! /메피스토펠레스: 소름이 끼치나요? / 파우스트: 어머니들, 어머니들! ─ 참으로 이상하게 들리는데! / 메피스토펠레스: 사실 이상스럽지요. 그 여신들은 죽을 운명을 타고 난 당신들은 도무지 알 수 없고, 우리도 그 여신들의 이름을 부르고 싶지 않아요. 그들이 사는 데로 가려면 아주 깊은 곳까지 기어들어 가야 해요. (중략) 길은 없어요. 아직 가 본 일이 없고 들어갈 수 없는 곳, 바란다 해도 갈 수 없을뿐더러, 도저히 갈 수 없는 곳인데도 가 볼 각오가 되어 있는지요? ─ 열 수 있는 자물쇠나 빗장도 없어요. 그저 쓸쓸함과 고독이 무엇인지 알고 있는지요? (중략) 그러면 내려가라, 올라가라 말해도 좋겠군요. 매한가지니까요. 이미 생겨난 것을 피해서 형체가 풀려서 흩어져 있는 나라로 가십시오! 이 세상에서는 이미 존재하지 않는 것을 즐겨 보세요. 그러면 떠나다니는 구름처럼 서로 얽혀서 움직이는 무리와 만날 테니. 그때는 열쇠를 휘둘러서 몸에 닿지 않도록 피하십시오."(요한 볼프강 폰 괴테, 『파우스트』, 곽복록 옮김. 동서문화사. 2007. 296~301쪽)

수 없기 때문이다. 그것은 결단코 후위(後衛)도 반동(反動)도 아니다. 그것은 부호(符號)를 달리하는 전위(前衛)라고 봐야 한다. 전위가 후위를 견인하는 전위 자체에 내재된 에너지 동력기관이 아니라, 후위에게 타격을 받아 에너지를 획득하는 방향지시 기능에 불과하다고 보는 사상은, 결국 오늘날의 역사적 실태로부터 등을 돌려 버린 게 아닐까. 전위가 나아가기 위해서는 후위를 타격함으로써 후위로부터 타격을 받아야 한다. 따라서 전위의 책임은 최초로 점화하는 책임 이외에 다른 것이 아니다. 한 순간의 점화 에너지가 내재하는가 아닌가, 그것이 전위에게 끊임없이 질문되어야 할 부단한 고발이다.

그렇다면 만약 마이너스의 전위인 원점에 이 고발장을 제시한다면, 그는 뭐라고 대답할까? 그는 어떻게 자신의 마이너스의 말, 이른바 침묵의 표현을 통해 플러스 전위에게 충격을 줄 수 있을까? 비평의 종착역, 생산의 기원[起点], 흙투성이의 수도──거기서는 혁명의 직선적인 가치체계도 전도될 수밖에 없으므로, 낡은 체계의 가치전도는 완전히 보증된다. 문학이 정치에 복종한다는 것을 인정한다면, 그렇게 함으로써 문학이 정치에 강한 영향을 줄 수 있는 입각점을 갖는 것처럼──관념론을 거부하는 자만이 관념이 지닌 힘을 물질적으로 알 수 있다. 마이너스 전위의 관점에서 보면 그것은 이렇게 된다. 세계의 영상을 뒤집지 않는 한, 현실을 뒤집는 것은 영원히 불가능하다. 먼저 이미지를 변화시켜라! 이것이 원점의 역학이다. 비록 모든 유물론에 대립할지라도, 민중의 정당한 혁명의 순로(順路)는, 물질적 조건이 변할 때까지 기다려서는 결코 이룰 수 없다.

대지를 짚나무들의 음악당으로, 척량(脊梁)산맥을 한 권의 책으로, 고향을 악령들이 마시는 샘으로 변화시키는 것조차 불가능하다면, 무엇을 변혁하려는 것일까? 혁명가들이 그런 일을 하지 않았던 적이 있는가? 만리장성에 크게 쓰여진 '중화인민공화국'의 글자를 최초로 봤던 것은 맑스가 아니었던가.[16] "레나의

. . .

16 맑스의 이 언급은 『신라인신문』의 제2호(1850년 2월)에 무제로 발표된 시평에 나온다. 일어본을 다시 번역하면 다음과 같다. "우리 유럽의 반동파가 아시아로 도망칠 곳이 바로 눈 앞까지 닥쳐와, 드디어 만리장성에 간신히 도착한 극반동과 극보수주의의 성채로 통하는 문 앞에 섰을 때, 문 위에 다음과 같은 표제를 보지 않는다고 누가 장담하리오. ── 중화공화국(Republique chinoise), 자유, 평등, 우애(Liberté, Egalité, Fraternité), 런던, 1850년 1월 31일."(『マルクス=エンゲルス全集』, 大内兵衛·細川嘉六監, 大月書店) 이 글은 맑스가 자본주의가 낙후되고 전근대주의가 남아 있는 아시아에서 오히려 그러한 전근대적인 공동체를 통해 사회주의로 이행하는 길이 있을 수도 있다고 생각한 적이 있음을 보여 준다.

발포[17]는 두꺼운 침묵의 얼음을 깼고, 민중운동의 강은 흐르기 시작했다"고 물까치처럼 기대의 함성을 질렀던 것은 스탈린이지 않았던가. 각자 자신의 모든 감성을 구석구석까지 점검해 보는 게 좋다. 부드러운 유년기의 후각이 기억하는 것, 즉 아이 돌보는 소녀의 머리에서 방적 공단 여공의 냄새를 맡고, 수제 목단(木丹)의 감촉에서 광부의 연심(恋心)을 찾는 게 좋다. 그것이 불가능하다면, 최소한 입술 끝이 올라가는 어부의 발음을 느끼거나, 귀로 헛간에서 나는 밤의 소리를 느끼는 것 정도는 할 수 있을 것이다. 만약 그것이 가능하다면, 개성이라는 언어의 속임수에 대해서는 새삼스레 생각할 필요도 없을 것이다. 우리들의 내부란 외부의 힘, 즉 대략 생리적 식온수와 동일한 농도를 가진 것이 집중된 결과물에 불과하다.

내 몽상은 극히 평범하다. 전위와 원점 ——이러한 대비[対置]가 한번 결정되면, 논리와 감성, 의식과 하부의식[下意識], 기계와 대지, 수도와 고향 등 상호 대립하는 범주군은 대개 비슷한 비례관계 속에 존재하고 있기 때문에, 민중이 혁명에 대해 가진 불만이 그대로 일개 부대로 편성되지 않을까 싶다. 그것은 분명 전위를 대조적으로 뒤집어 놓은 것과 똑같은 그림자 그림으로 나타날 것이다. 그 그림자 그림은 전위를 보충하고 수정하고 충전하는 하나의 마이너스 체계가 될 것이다.

대비는 누구든 할 수 있다. '변증법적으로 통일'하기도 할 것이다. [거기에] 결여되어 있는 것은 전위나 원점이 일순간 통합되는 장을 확인하는 것이다. 그것은 확실히 관념과 실재하는 집단을 혼동하는 위험을 범하고 나서야, 전진하게 되는 작업이리라. 머리카락 한 올의 불일치가 멀어지면 멀어질수록 차이를 벌려 놓는 영역인 것이다. 이른바 탄광, 특수 부락, 화산재 지역[火山灰地]의 빈농, 한센병, 외딴 섬…… 이 원색의 별들이 둘러싼 투명한 공기의 문 안쪽에 모든 경향성의 유전인자를 결정하는 대장간이 있다고 생각하는 것은——개별 자아의 틀에 끼워맞춰진 그 어떤 도취와도 닮지 않은 쾌락으로 지탱되고 있다.

· · ·

17 레나의 발포는 러시아의 레나 강에서 일어난 '레나 학살사건' 때 민중에게 가해진 발포명령을 일컫는 말이다. 레나 학살사건은 1912년 4월 17일에 러시아 제국의 시베리아 레나 강 부근에서 파업을 일으켰던 금광 노동자들을 러시아 제국의 군대가 사살했던 사건을 가리킨다.

발밑 단층에는 물결이 소용돌이치고, 이방인의 엷은 미소를 띠고서 저쪽 세계가 공인하는 증거[査證]를 자신의 현재 속에서 발견해야만 한다. 가난은 손쉽다. 실직도 손쉽다. 불가촉 천민이 되는 것도 손쉽다. 파국에 견디는 것도 손쉽다. 단 한 가지 어려운 것은 감각의 다리[橋]이다. 논리 저편에 있는 새하얀 소금을 어떻게 녹일까. 왜곡도 굴종도 없이 있는 그대로의 중량 전체를 싣고 뛰어 건너가는 외나무다리를 어느 갈비뼈에 걸까. 다른 모든 것을 잃어도 정신의 '코끼리 묘지'[18]로 향하는 다리 하나를 지키는 것 —— 왜냐면 그것은 마이너스 전위가 아직 열리지도 못한 채 혈류만을 밖으로 흘려보내고 있는 성문, 그것을 향한 길이기 때문에.

과연 그것이 그들의 한 방울 침묵과 거절에 피투성이가 되지 않고서 가능할까. 그 누구도 단언할 수 없다. 그들은 오히려 추상만을 지각하는 존재이므로, 이때 요구되는 것은 이중의 역상[倒立]이다. 감각에 의해 논리를 규정하고, 나락으로 하강함으로써 상승하는 지옥을 한층 더 깊게 가라앉혀야 한다. 왜 그래야만 하는가? 거기서 도덕이다 정책이다 하는 것으로 한정된 이유를 발견하려 한들 뭐가 될 것인가. 굳이 말하자면 불완전하고 애매한 소유형태인 사유(私有)로 채울 수 없는, 강렬한 두 종류의 소유욕이 포옹하는 고온고압의 상황뿐일 것이다. 즉 자신의 사유(私有)를 버리고 분해해 그 에너지로 전진하는 수밖에 없는 플러스 전위와, 공유(共有)란 형태가 아니면 아주 작은 땅조차 소유할 수 없는 마이너스 전위가 지닌 두 개의 소유욕 말이다.

이 세상에 길항하는 두 개의 극한……전위와 원점 사이에 존재하는 최대로 긴장된 에너지를 미래 코뮌의 도가니로 보는 관습은, 일종의 일원론이 지닌 너무 손쉬운 명확함에 방해를 받았기 때문에, 아직 세계의 전위 내부에서 정통성을 얻었다고 할 수 없다. 왜냐하면 그 지점에 경제관계와 의식관계가 정합(整合)

---

18 코끼리는 죽을 때를 예감하면 아무도 모르고 접근하기 힘든 숨겨진 늪지에 가서 죽고 상아를 남긴다는 '코끼리 묘지' 신화가 있다. 다니가와 간은 여기서 이 코끼리 묘지를 둘러싼 신화의 이미지를 활용하여, 마이너스 전위와 플러스 전위가 수많은 죽음을 통해 변화하면서 연결될 때 도래할, 에너지로 가득찬 완전히 새로운 코뮌의 형상을, 코끼리 묘지에 있는 코끼리의 시체와 상아라는 강렬한 대비적 이미지로 제시하고 있다.

되지 않는 사실이 있기 때문이다. 당연히 존재가 의식을 결정한다는 명제는, 반드시 의식이 존재를 직역하여 반영했음을 의미하지 않는다. 확실히 존재는 의식의 결정원인이다. 그러나 의식이 존재와 단순히 닮은꼴이 아님은 바보스러울 만큼 자연스러운 사실이다. 존재 자체가 이미 시간을 포함하고 있다. 예를 들면 확고한 고향을 가진 프롤레타리아트와 어디가 고향인지 알 수 없게 되어 버린 유랑하는 소시민을 보자. 감각의 영역에 관한 한 고향을 지닌 프롤레타리아트에 비해 [유랑하는] 소시민은 마이너스의 기호를 가졌다고 해야 할 것이다. 그리고 원래 소시민은 고향인 프롤레타리아트에 대해 플러스[正]이다. 또한 자기 편 내부의 플러스/마이너스의 기호는 당연히 적과의 관계에서는 유통되지 않는다는 것은 말할 필요도 없다. 그렇지만 나는 도식화엔 흥미가 없다. 말하자면—소유하지 않음으로써 모든 것을 소유한다. 감성의 코뮨 권력을 '현실'보다 한발 앞서 세우려고 하고 있다. 정치에 종속된 문학이란 이런 식으로서만 종속하는 것이지 않을까. 놀랄 필요도 없다. 아라공[19]은 자본주의 사회의 내부에도 사회주의 리얼리즘이 가능하다고 말했다.

나는 그것을 필요로 한다. 내가 싫어하는 카뮈 식으로 말하자면 연대의 왕국을 필요로 한다. 아니 연대와 왕국이 일치하지 않는다는 점에 카뮈의 한계가 있기에, 나는 그 일치를 요구하는 것에서 출발한다. 자신의 결의를 자신이 인정하는 것, 그것이 없다면 세계는 이유를 잃는다. 이데올로기의 희미한 비밀이 거기에 있다. 혁명의 마이너스 극[陰極], 흙투성이 수도—여기에 나는 정신의 변방 소비에트[20]를 세운다. 높은 삼목나무처럼 환영의 혁명정부를 선언한다. 분명 나는 그들에게 이족(異族)일 것이다. 그러나 나는 그들과 마찬가지로 공민권을 요구한다. 그들이 나를 필요로 할지 어떨지는 알 수 없다. 그렇지만 나는 그들을 필요로 한다. 그들 없는 나는 모래 위에 놓인 생선과 같다. 단지 그 정도의 인식

---

19 프랑스의 시인이자 작가인 루이 아라공(Louis Aragon, 1897~1982)을 가리킨다. 시집 『우랄만세』, 평론집 『스탕달의 빛』, 『소비에트 문학론』 등을 썼다.

20 1949년 중국에서는 공산당과 국민당 사이의 내전이 끝나고 대륙에 중화인민공화국(중화소비에트공화국)이 성립한다. 다니가와 간은 여기에서 1949년 중화소비에트공화국이 성립하기 이전부터 중국에 여러 가지 작은 소비에트 혁명정부가 있었음을 이렇게 표현하고 있다.

으로 걷는다. 존재한다고 믿고 있는 것에 불과한 외다리로……

　외다리를 찾아 외다리로 걷는다. 그 해학적인 파행 속에서만 포위된 안개에서 탈출하는 첨병의 모습을 찾을 수 있으리라. 그것은 역사의 얄궂음처럼 어긋난 맛을 지닌 것은 아니다. 보이지 않는 것을 보는 기능은 공작자와 시를 잇는 필연의 붉은 실일 뿐이다. 고립(孤立)과 도착(倒錯)을 바꾸어 연대에 다가가기 위해, 기우뚱거리고 피를 흘리면서 사라져 가는 사람들의 행렬 …… 거기서 낙관을 찾아내건 비관을 찾아내건, 어느 쪽이든 그들에게는 상관없다. 한 명의 결핵환자가 병든 육신의 노동을 변변치 못한 음식물을 주는 새로운 신과 교환하는 그러한 장소에조차, 전위의 눈은 미처 미치지 못하고 있다. 이리하여 사람들은 다시 걷는다. 어디로? 아무것도 아닌 곳. 신도 다신 살지 않는 곳. 혁명만이 있어야 할 곳으로. 그러나 거기에는 아직 아무도 없다. 그곳은 묵묵히 해가 비치는 텅 빈 동굴의 광장이다. 붉여귀가 하늘을 지배하고, 처녀치마[21]가 골짜기의 음침한 여왕인 마을에서, 내가 그들과 헤어진 지 수년이 경과한 뒤, 우리들이 만든 장로회의 일원 중 한 명이었던 젊은 남자가 있었다. "그때는 미처 알지 못했다. 지금에서야 나는 말할 수 있다. 그것은 원시공동체였다." 그럴지도 모른다. 포로를 죽일 수밖에 없는 공동체였다.

. . .

21 처녀치마(猩猩袴, 학명은 Heloniopsis orientalis)는 외떡잎식물이고 백합목 백합과의 여러해살이풀이다. 주로 산지의 그늘이나 습기 많은 곳에 산다. 처녀치마란 잎이 땅바닥에 사방으로 둥글게 퍼져 있는 모습이 옛날 처녀들이 즐겨 입던 치마와 비슷하다 하여 붙여진 이름이다.

에세이

다음 세대를

위한

병역거부

길라잡이

― 현민의 병역거부 소견서[1]

현민 (병역거부자)

1.
오래된
고민을
끄집어내며

병역거부를 결심한 시기가 언제인지, 그 시작점을 꼬집어 말하기란 쉽지 않다. 야들야

들하던 대학 초년생 시절, 결핍된 남성성에 대해 고민하면서 같은 시기에 가시화된 병

역거부자의 존재에 가슴이 두근거렸다. 공교롭게도 내가 대학에 입학한 2001년은 오

---

1 이 병역거부 소견서는 병역거부를 선언한 필자가 2009년 11월 10일 기자회견 대신 '영장찢고 하이킥'이라
는 이름으로 열었던 행사에서 발표한 글이다. 이 글은 일본 임팩트 출판사에서 발행되는 『임팩션』(インパク
ション) 2010년 5월 174호에도 공동게재되었다.

태양[2]이 비(非)여호와의 증인으로서 최초로 병역거부를 선언한 시기이기도 하다. 이라크전 반대 집회가 한창이던 2003년, 병역거부 선전물을 받아 읽고서 감정이 복받쳤던 기억도 떠오른다. 하지만 병역거부를 선언하는 시점에서 새삼 그때를 돌이키고자 하니, 아련하고 어색하다.

아련하고 어색한 데에는 까닭이 있다. 일단 시간이 적잖이 흘렀다. 사회적 신분도 달라졌다. 2001년의 신입생은 대학에 이어 대학원도 졸업해 사회학 석사가 됐다. 하지만 시간이 병역문제를 해결해 줄 수는 없었다. 병역문제의 잠복기가 길어질수록 증상은 더욱 선명해졌다. 마침내 외면할 수 없는 시기가 됐다. 하던 일을 정리하고, 올해(2009년) 초부터 본격적으로 병역거부를 준비했다. 〈전쟁없는세상〉[3]의 모임에 참석해 활동가들과 안면을 익혔다. 그리고 지난 10월 입영통지를 받자 주변 사람들에게 병역거부 의사를 밝혔다. 대개 이유를 꼬치꼬치 따지지 않고 지지해 줬다. 궁금할 법도 한데. 만류할 법도 한데. 대단한 반향이 없자, 한편으론 섭섭한 마음이 들었다.

병역거부를 주제 삼아 토론하게 된 첫번째 상대는 신림동 인쇄소 아저씨였다. 병역거부 기자회견을 대신한 행사를 알리는 초대장을 찾으러 갔을 때, 아저씨는 안타까운 기색을 비치며 이것저것 꼼꼼히 물어봤다. 예전부터 머릿속에 그려 온 상황이었다. 하지만 그 순간 내 입에서 흘러나온 말은 볼품없고 식상했다. 병역거부 관련 자료는 어지간하게 봤다고 생각했는데, 소용이 없었다. 그후에도 비슷한 상황이 더 있었지만, 내 말이 헛돈다는 느낌은 가시지 않았다.

내가 지금까지 사람들을 설득하기 위해 시도한 방법은 다음과 같은 테두리를 벗어나지 못했다. 먼저 반(反)이명박 정서를 이용해 공감을 사는 방법이다. 노무현 정부가 정권 말기에 대체복무제 도입을 약속했는데, 2008년 12월 '이명박(!)' 정부가 그것을 백지화했다는 점을 강조하는 것이다. 그리고 구체적 수치를 들어 한국사회의 후진성을 폭로하는 방식도 있다. 전 세계 병역거부 수감자 중 90% 이상이 한국인이며, 2010년 현재 전국 교도소에 700여 명이 수감되어 있다는 사실을 알리는 것이다. 치사하지만, 본인이

---

2 불교신자 오태양은 2001년 12월 평화주의 신념으로 병역을 거부했다. 여호와의 증인이 아닌 첫번째 병역거부자였다. 오태양의 선언 이후 한국사회의 병역거부는 소수 종파에 국한된 실천을 넘어선 사회운동이 됐다. 당시 오태양의 활동과 관련된 자료 중 주목할 만한 것으로는 박노자와 나눈 편지가 있다. 박노자, 『좌우는 있어도 위아래는 없다』, 한겨레출판, 2002. 그중에서 3부 「폭력을 거부하는 마음은 인간의 동심이자 본심이다」의 '양심적 병역거부'를 둘러싼 오태양과의 편지 참조.

3 〈전쟁없는세상〉은 양심에 따른 병역거부자와 지지자들의 모임으로 2003년 5월 15일 세계병역거부자의 날에 결성되었다. 반군사주의에 기반해서 평화운동을 하는 단체이다. (www.withoutwar.org)

사회복지학과 출신임을 활용할 수도 있다. 상대방의 눈을 지그시 바라보며 온화한 말씨로 군사훈련 대신 복지영역에 복무하고 싶다고 하면 된다.

이처럼 안전한 언사를 사용할 수밖에 없는 맥락부터 설명하고자 한다. 나는 토론이 깊어질수록 자신을 방어하기 위해 아주 많은 정보가 필요하다고 느꼈다. 〈100분 토론〉에 나가 병역거부와 대체복무제 찬성 측 패널이 되는 상상을 해보았다. 맹자의 성선설부터 식민지 근대의 징병제 도입, 나아가 오바마 행정부의 동아시아 군사전략까지 학습해야 한다는 압박이 밀려왔다. 한국사회는 병역거부자(와 평화운동가)에게 인간의 본성부터 국민국가 이후 세계 체제의 윤곽까지 답변하라 채근하는 것이다.

또한 군사주의를 가지고 제대로 된 토론을 하기 위해서는 국가, 국민, 안보, 평화, 폭력 등과 같이 대화의 전제가 되는 개념을 문제 삼아야 한다. 그런데 그러다 보면 대화가 성립하지 않는다. 일상언어를 허물어뜨리면서 소통을 도모해야 한다는 이중의 난제가 있다. 하지만 이 또한 내 능력 밖이거나 대답해도 책임질 수 없는 것이 대부분이다. 때문에 어느 정도를 넘지 않는 말만 고르게 되었다. 자꾸 사회복지학과 이력을 꺼내 동정표를 사고 싶어졌다.

다른 한편으로 나는 앞에서 이야기한 내용을 잘 설명할 수 있게 된다고 해도, '나'의 병역거부를 설명하는 언어는 빈곤을 면치 못할 거란 예감이 있었다. 조심스레 고백하건대, 병역거부 당사자인 나는 위의 이야기틀에 내가 병역거부를 결심하게 된 사연을 잘 담을 수 없어 마음이 허했다. 물론 이런저런 담론이 지닌 교육적 가치를 폄하하고 싶진 않다. 또한 우리는 이만큼의 언어를 벼리기 위해 운동한 역사를 간과해서도 안 된다.

그럼에도 불구하고 내게 기존의 언어는 몸을 보호하기 위해 입지만 사이즈가 잘 맞지 않는 외투처럼 어색하게 느껴졌다. 정작 내가 하고픈 이야기는 정치적 대의와는 먼 사소한 문제제기처럼 보였다. 그것이 정치적으로 올바른 병역거부자의 이미지와 배치되지 싶어 덜컥 겁이 나기도 했다. 하지만 공과 사, 정치와 일상을 분리하는 경계는 허구적이었다. 그리고 내밀한 일상이야말로 내가 얼마만큼 권력에 사로잡혀 있는지가 확연히 드러나는 영역이었다. 어쩌면 우리가 덮어 두고자 애쓰는 순간순간에 소수자의 삶과 공명할 수 있는 계기가 숨겨져 있는지도 모르겠다.

아무튼 지금부터 나는 이 자리에 모인 여러분과 더불어 군대에 대한 고민과 병역거부에 이르게 된 내밀한 사연을 나누고자 한다. 여기에는 나와 개인적 친분 때문에 온 사람이 있다. 반면 동료로서 활동에 결합하기 위해 온 사람이 있고, 단순히 병역거부자를 보려고 온 사람도 있다. 심지어 빨간 내복을 입고 우스꽝스러운 춤을 추는 사내를 기대하는 사람도 있을 것이다.[4] 병역을 기준으로 분류하면, 예비역, 면제자, 입영대상자, 병역에서 배제된 자가 다 있다. 참 다양한 사람들이 모였다.

　　나는 오늘 우리가 병역거부를 고민하는 자리를 함께 마련했다고 생각한다. 이제 여러분에게 사적인 개인이 괴로워하던 끝에, 괴로움의 원인이 권력임을 인식하고, 권력과 접촉면의 최대치에서 병역거부를 선언한 과정에 대해 허심탄회하게 이야기하고 싶다. 특히, 고생이라고는 용돈을 벌고 등록금을 보태는 정도였던 평범한 젊은이가 권력과 대면하며 겪었던 혼란에 대해 말하고 싶다.

2.
입문 단계 :
고통의 의미를
해석하기

먼저 병역거부를 상의하지 못한 점에 대해 주변 사람들에게 양해를 구하고 싶다. 짐작했겠지만, 군대 때문에 우울했다. 대학 남자동기들이 하나둘씩 입대했을 때부터니, 제법 오래됐다. 식은땀에 흠뻑 젖어 잠에서 깬 적도 있다. 곁에 누워 자던 친구가 놀라서 깨운 적도 있다. 군대엔 가지도 않았는데 '엄살'이 심했다. 남들은 입대 직전이나 제대 후 십 년 정도 그런 악몽을 꾼다고 했다.

　　정말 군대와 대면하고 싶지 않았다. 군복을 입고 총을 멘 자신의 모습을 상상할 수 없었다. 하지만 이유를 설명하곤픈 욕구는 없었다. 왜냐하면 상상만 해도 감정에 압도되어 괴로웠기 때문이다. 그걸 피하는 게 우선이었다. "그냥 총을 들지 않겠다는 건데. 이게 국가안보를 위협하는 정치적 신념이라니. 소박한 바람에 가깝지 않나" 정도로 생각했다. 잊고 지내다 보면 수가 생기지 않을까 싶었다. 가끔 주위에서도 "잘 되겠지"라고 했다. 당시에는 군대문제가 나를 이 정도로 괴롭힐 줄 몰랐다.

　　대학을 졸업할 무렵에는, 우울이 방문하는 빈도가 잦아졌다. 진이 빠져 멍 때리던 적이 많았다. 사회에 대해 쉽게 분노하거나 막연히 변화를 기대하는 것은 순진한 생각이 되었다. "잘 되겠지"란 말을 들으면 짜증이 났다. 돌파구는 고사하고 실마리조차 막막했다. 성행위에 몰두하기도 했다. 실용성으로 볼 때, 탁월한 선택이었다. 성행위를 하면 몸에서 기운이 빠져나가고 아무 생각도 나지 않았다. 쉽게 잠들 수 있었다. 물론 이것도 스트레스가 심하면 실행이 불가능했다.

4　이 글을 발표하는 행사('영장찢고 하이킥')를 알리는 초대장 앞면에는 필자가 빨간 쫄쫄이 스판을 입고 하이킥을 날리는 그림이 그려져 있었다.

시간이 흐를수록, 군대에 대한 두려움은 인생에 대한 두려움으로 번졌다. 통상 20대라면, 계획을 가지고 선택을 조합하면서 무언가를 해내겠다는 목표를 갖기 마련이다. 하지만 나는 군대라는 장벽 때문에 30대 이후의 서사를 준비할 수 없었다. 취업, 결혼 등과 같은 '통과의례'를 실감할 수 없었다. 능동적으로 사는 게 아니라, 피동적으로 '살아진다'는 느낌 때문에 괴로웠다.

며칠 전 병역거부에 대해 털어놓자, 한 친구는 "왜 지금까지 한 번도 군대에 가지 않겠다고 말하지 않았어?"라고 질문했다. 간단하다. 군대에 가지 않으면 어떤 일이 발생하는지 알기 때문이다. 내가 처한 시대적 조건상 감옥행을 피할 순 없다. 군대 대신 감옥에 가겠다는 말을 하긴 힘들었다. 마음속의 혼란과 동요도 통제하지 못하면서, 병역거부란 단어를 입에 올릴 수는 없었다. 말이 씨가 될까봐 두려웠다. 군대 못지않게 감옥도 두려웠다. 지금도 마찬가지다.

내 주변 사람들은 알고 있다. 나는 '군대', '입영' 등을 화제로 삼지 않는다. 주변 사람들도 내게 군대에 대해 묻지 않는다. 금기다. 따로 정하진 않았다. 하지만 언제부터인지 주변 사람들과 나 사이에는 그런 암묵적 규칙이 생겼다. 또한 군대문제는 연인과의 관계에도 영향을 미쳤다. 나는 아무런 약속도 기약도 하지 않는 책임감 없는 애인 신세를 벗어나지 못했다. 2006년 봄에 교제를 시작했는데 2009년 봄이 될 때까지 군대문제로 대화한 적이 없다. 단순 부재를 말하는 게 아니다. 직접 언급되진 않았지만 해결되지 않는 문제로서 군대는 항상 존재했다.

그렇다고 모든 상황에서 침묵을 지킬 수 있었던 것은 아니다. 통제할 수 없는 상황도 발생했다. 예컨대, 또래 남자나 나이 많은 형들과의 술자리에서 군대는 안주로 오르곤 했다. 그럴 때마다 나는 찰나의 공백도 허용하지 않고, 이야기를 쉴 새 없이 쏟아냈다. 이야기의 화살이 내 군대문제로 돌아오지 않도록, 과장된 말투로 시간을 메우면서 대화의 방향을 은근슬쩍 다른 쪽으로 돌렸다. 역시 언제부터인지 모르겠지만, 이러한 임기응변에 능숙해졌다. 나는 그런 일을 잘했다.

하지만 이런 대처방식에는 부작용이 따른다. 내 일상을 구성하면서 내게 (군대문제를 포함한) 조언과 충고를 아끼지 않는 사람들과의 관계가 굴절됐다. 그들의 성심과 선의에도 불구하고, 나는 그들에게 거리감을 갖게 된 것이다. 내겐 절박한 현실이 한국사회의 일상에는 들어설 여지가 없는 비현실이라는 점을 거듭 확인했다. 마음속의 군대가 커질수록, 고민을 나눌 수 없겠다는 확신도 커졌다. 그럴 때마다 관계에 대해 체념했다. 좋은 사람들에게 미안한 짓을 저지르고 말았다.

불쑥 용기를 내 말하고 싶었던 순간도 있었다. 하지만 내가 군대에 대해 말한다면, 입술이 제대로 떨어질지조차 의심스러웠다. 얼굴은 벌게지고, 목소리 톤은 조절되지 않고, 눈가엔 눈물이 맺히는 상황이 그려졌다. 그러면 나는 분위기를 망치는 이상한 사람이 될 것만 같았다(실제로 그런 적도 있다). 안 그래도 '예민하다'('까다롭다'의 에두른 표현)란 말에 취약한데, 공연히 약점을 드러내어 이목을 끌고 싶진 않았다.

내가 보기에, 이런 장면은 특별하지 않다. 군대와 관련해서, 우리에게 익숙하고 평범한 일상이 내 20대의 대부분을 차지한다. 그런데 이런 소소한 일상의 풍경에도 권력이 스며들어 있다고 말한다면 지나친 주장일까. 물론 이러한 자리에는 고함도, 욕설도, 발길질도, 핏자국도 없다. 나쁜 의도를 가지고 권력을 행사하는 가해자를 지목하기도 힘들다. 하지만 그토록 '자연스러운' 일상이었기에, 그곳에도 권력이 작동한다는 점을 깨닫기 어려웠다.

그랬기 때문에 가장 힘들었던 것은 내가 겪는 고통과 슬픔의 의미를 알 수 없었다는 점이다. 솔직히 나는 지금도 자신의 경험을 설명하기 위해 '고통', '슬픔', '권력' 같은 단어를 사용하는 게 낯설다. 나 같은 사람 쓰라고 만든 단어가 아닌 것 같다. 군대와 관련해서 내가 권력관계에 취약한지 의심스럽다. 물론 나는 학습을 통해 '국가폭력', '국민 만들기', '생권력' 등의 개념을 알고 있었다. 하지만 지금 겪는 곤란은 권력보다는, 내가 관계 맺기가 서툴고 미래가 요동치는 시시한 20대를 보냈기 때문이 아닌가 생각하게 된다.

시인 이성복은 "나는 곱게 곱게 자라왔고 몇 개의 돌부리 같은 사건들을 제외하면 아무 일도 없었다"고 말했다.[5] 과연 내 삶을 거쳐 간 돌부리의 목록을 작성해 보니, 실연, 재수 같이 흔해 빠진 거라 남에게 보여 주기 민망했다. 내가 경험한 '억압'(?)은 딱 그 수준이었다. 그래서 내게서 피어나는 감정은, 세상의 불행을 저 혼자 짊어진 체하는 자의식의 산물일 것이라고 의심했다. 20대의 미성숙이 야기하는 과장된 자의식 말이다. 이런 몰골이 누군가에게는 어설픈 신파극처럼 보일 것만 같았다. 이런 내 모습을 인정하고 싶지 않았다. 극복하거나 부정하거나 단숨에 제거하고 싶었는데, 잘 안 됐다.

어쩌다 보니 심각한 척, 불행한 척, 불쌍한 척하는 내용을 늘어놓고 말았다. 하지만 오해하진 마시라. 나의 20대가 눈물로 범벅이 되었던 것은 아니다. 그럭저럭 지낼 만했

---

5 이성복, 「세월에 대하여」, 『뒹구는 돌은 언제 잠 깨는가』, 문학과지성사, 1992.

고 실제로 잘 지냈다. 맛집도 가고, 등산도 하고, 영화도 보고, 음악도 들으면서 살았다. 농담 따먹기를 하며 시간을 죽이고, 포털사이트의 기사를 클릭해 대며 웹서핑도 하고, 속없는 사람처럼 지내기도 했다.

그리고 그렇게 지내다 보면 내겐 정말 아무 문제도 없는 것 같았다. 유머감각이 떨어지긴 했다. 많이 먹었다. 옹졸하게 굴었지만 예전에도 그랬다. 남들처럼 현재에 의미를 부여하면서 미래를 다져 가지 못하는 게 약간 아쉬웠다. 미래를 의욕적으로 구상하고 실행에 옮길 수 없는 게 약간 서운했다. 그리고 나중에는 이게 군대 때문인지, 아니면 군대를 핑계 삼아 삶을 방기하기 때문인지 모를 정도가 되었다.[6]

이와 같은 감정과 정서는 우울증의 초기 증상일 수 있다. 우울증이라는 진단명이 나를 설명하기 위해 쓸 수 있는 용어라고 생각한다. 하지만 나는 이러한 상태가 내가 지금 어떤 권력과 부대끼고 있기 때문에 비롯된다는 예감[7]을 좀처럼 떨칠 수 없었다. 그리고 만약 그렇다면, 이런 상태를 다른 각도에서 바라보는 것도 가능하다 싶었다. 사실 그렇지 않은가. 아무리 봐도 심증은 명백한데. 문제는 나의 일상을 '일시적 치기'가 아닌 권력과 결부시킬 정치적 언어가 없다는 것이었다.

3. 입문 단계 : 선택의 무게를 가늠하기

병역과 관련해서, 내게 주어진 약간의 행운이 있다. 첫번째 행운은 내가 서울 소재의 제법 괜찮은 대학을 다녔다는 사실이다. 이것은 기득권이지만, 기득권에서 비롯된 여유는 기성사회를 비판적으로 사고할 수 있는 토양이 되기도 한다. 많은 이들은 권력과 폭력이 무엇인지 사고할 기회조차 갖지 못한 채 그것을 경험한다. 나도 중고등학교 때 그랬었다. 당하면서도 막연히 불쾌하단 느낌만 가질 뿐, 그것이 무엇인지 알지 못했다.

권력과 폭력을 제대로 이름 붙일 수 없는 사람들이 있다. 그들은 피해자다. 하지만 안타깝게도 피해자는 자신의 경험을 성찰할 수 있는 기회를 갖지 못함으로써 가해자가 되기도 한다. 권력에 공모하는 것이다. 아니, 피해자와 가해자를 포개서 악순환을 재생

---

6 병역거부를 고민하는 자의 우울한 심리는 날맹의 글에 잘 나타나있다. 대표적으로 "WRI 인턴을 마치며 – 영국에서 보고 듣고 느낀 것들", 「전쟁없는세상 소식지」, 24호, 2009. 「전쟁없는세상 소식지는 홈페이지 (www.withoutwar.org)에 접속하면 볼 수 있다.

7 '예감'이란 표현은 도미야마 이치로에게서 빌려 왔다. 도미야마 이치로는 예측과 예감을 구별해서 사용하는데, 예측은 모든 순간을 통치의 역학으로 수렴시키는 용어인 반면 예감은 그런 논리로 환원되지 않는 가능성에 주목하는 용어이다. 도미야마 이치로, 「폭력의 예감」, 김우자 외 옮김, 그린비, 2009, 57~60쪽.

산하는 게 권력의 작동방식이다. 군대는 피해자와 가해자를 동시에 생산하는 대표적 기구이다. 때문에 병역거부자(와 평화운동가)를 향한 예비역의 분노는 생뚱맞지 않다. 물론 바람직하지도 않다.

다행히도 내가 우울에 허덕이면서도 고민을 지속할 수 있던 까닭은 대학 안팎의 활동을 통해 권력에 대해 생각할 수 있는 기회와 자원을 가졌기 때문이었다. 그리고 두 번째 행운은 내가 대학에 입학한 시기와 한국사회에 병역거부'운동'이 출현한 시기가 겹친 것이다. 하지만 그런 자원이 있는 것과, 그것을 실제 삶으로 녹여내 사유로 확장하는 것 사이에는 괴리가 있다. 더군다나 고민의 끝에는 사유로 환원되지 않는, 실천이란 '도약'이 있었다.[8]

병역거부 관련 자료를 찾고, 읽고, 할 수 있을지 가늠하는 일은 고됐다. 아무런 지지와 공감도 없이 혼자 고민하는 작업은 쉽지 않았다. 이럴 땐 속절없이 자기 안으로 침잠하곤 했다. 내가 겪는 감정과 정서를 권력의 관점에서 구체적으로 사유할 줄 몰랐기에 감상주의에 빠지곤 했다. '왜 남들이 실용적으로 결정하고 처리하는 문제를 가지고서 전전긍긍하나', '왜 남들이 20대 초반에 통과하는 문제를 가지고서 20대 내내 에너지를 쏟아붓나' 운운. 〈전쟁없는세상〉의 모임에 나가기 전까진 안도감을 가질 수 없었다.

온갖 복잡한 수식으로 계산해도 답은 마이너스가 나왔다. 손해가 막심했다. 병역거부를 한다고 활력이 증가하고 기쁨이 발생하진 않는다. 다가올 손실을 최소화할 수단과 방법을 고민하는 게 최선이었다. 그러면 어느새 나는 비극의 주인공이 되어 근심걱정의 나래를 펼치곤 했다. 이를테면 다음과 같은 식이다. 감옥에 가도 클렌징폼하고 선크림은 있어야 외모가 유지될 텐데. 마이클 잭슨 2집 앨범 「스릴러」하고 언니네 이발관 5집 「가장 보통의 존재」는 지구상 어디서든 들어야 하는데. 평소에는 집에 전화도 잘 안 하면서, 불효자가 될 신세를 한탄하고, 토익·토플 성적표 하나 없으면서, 출소 후 직장을 못 구할까봐 마음을 졸였다.

대학 동기들이 대부분 중산층 이상이기 때문에, 나는 내가 가진 게 없다고 생각해왔다. 하지만 감옥에 간다고 생각하니, 잃을 게 한두 가지가 아니었다. 대수롭지 않게 여겼던 것들이 일상을 유지하는 중요한 관계, 노동, 자원이었고, 사라진다고 생각하니 깜깜했다. 또한 내가 주류적 삶을 선택하지 않는 것과는 별개로 전과자가 되어 사회로 진

---

8 뒤에서 살펴보겠지만, 실천은 도약이 아니었다.

입할 수 있는 여러 가지 가능성 자체가 차단된다는 느낌은 씁쓸했다. 뒤집어 보면, 나는 그동안 권력관계에서 취약한 상황에 놓인 적이 없었다.

결정적으로, 나는 병역거부가 나를 아끼고 사랑하는 사람들에게는 치명적인 상처가 된다는 사실을 받아들이기 힘들었다. 누군가에게 지울 수 없는 상처를 주는 가해자가 된다는 깨달음은 고통스럽다. 대표적으로, 외할머니를 떠올릴 때마다 머리가 어질어질했다. 나는 유복자로 태어나서 생계부양자인 어머니와 가정주부인 외할머니 밑에서 자랐다. 때문에 아직까지도 어머니보다 외할머니에 대한 정서적·감정적 애착이 크다.

하지만 나는 여든 살의 외할머니에게 손자 인생의 가장 중요한 결심을 이야기하고 이해를 구할 수 없다. 대신 병역거부선언과 이후의 수감생활을 숨기기 위한 구체적 방편을 준비하고 실행에 옮겨야 한다. 어머니, 누나와 함께 공동모의를 해야 한다. 나는 한국사회에서 제일 좋다고 하는 대학을 졸업했고, 석사학위까지 있다. 하지만 그 모든 공부는 나와 사랑하는 외할머니 사이를 소통할 수 있는 언어를 제공하지 못한다. 이것은 슬픈 일이다.

빤히 보이는 파국에도 불구하고 나는 왜 병역거부에 집착하는 걸까. 어렸을 때부터 고집이 세고 오기가 있다는 말을 들었는데, 세 살 버릇을 고치지 못한 걸까. 어쩌면 정신분석에서 말하는 죽음충동이 내게 들러붙은 것은 아닐까. 한편으로는 외할머니에게 숨길 방안을 모색하는 데 급급한 나는, 병역거부자로서 자격미달은 아닌가 싶기도 했다.

그러는 와중에 나의 운동 관념을 다시 생각하게 되었다. 공부와 활동을 한다는 걸 대단한 비주류적 삶의 양식처럼 내세웠다. 실제로 그런 것이라고 생각했다. 하지만 그것을 통해 더욱 풍성한 관계, 행복, 인정을 누리길 바란다는 점은 변함이 없었다. 즉 내게 공부와 활동은 세상에 대한 발언권, 설명력, 통제력을 얻기 위한 소중한 수단이었다. 공부와 활동이 쌓이면, 내 이야기에 귀를 기울이고 지지와 공감을 보내 줄 사람이 늘어날 거라고 생각했다. 하지만 내가 당면한 병역거부는 고양이나 상승을 기대하면서 뛰어들 순 없는 운동이었다. 병역거부는 사회적으로 주어진 선택 바깥에 있는 것이니 가장 자유롭고 주체적인 것이라 할 수 있다. 그런데 보다시피 자유로운 주체의 모습은 매력적이지 않았다.

이와 같은 감정의 정체는 위치의 자각과 뒤따르는 이동의 예감에서 발생하는 두려움이었다. '탈주', '횡단', '한계경험' 같은 거창한 용어를 애용하던 시절이 있었다. 하지만 병역거부를 계기로 나는 자신이 한 번도 그런 위치 이동을 겪어 본 적이 없다는 사실을 깨달았다. 그리고 그런 개념이 지칭하는 바가 무협지의 황홀한 무공이 아니라는 것도 알았다. 나의 두려움은 현재 위치와 병역거부 사이에 놓인 심연을 목격했기 때문에 발생하는 것이다.

한 측근은 내게 다음과 같이 충고했다. "어쩐지 병역거부 할 것 같더니만. 이왕 할 거면 좀 진즉 하지 그랬어." 2009년 7월 병역거부를 선언한 기독교 신자 하동기 취재기사에서도 비슷한 댓글을 본 적이 있다. '20대 초반도 아니고. 대학졸업할 때가 되니 병역거부를 한다니. 군대 가기 싫어서 그러는 것 아니냐. 비겁하다'고 적혀 있었던 것 같다. 그런 점에서 나는 내가 겁쟁이임을 밝히지 않을 수 없다. 하지만 내가 하고픈 변명은, 선택 바깥을 선택하기 위해서는 훨씬 많이 준비해야 한다는 것이다. 시간이 필요했다. 그리고 이런 겁은 소심증일 수도 있지만, 권력을 권력으로서 경험하고 인식하려는 자만이 겪는 감정일 수도 있다고 주장하고 싶다.[9]

겁을 권력의 증후로 사고했을 때 우리는 다음과 같은 전환을 목격한다. 이것은 무엇보다도 겁을 극복하거나 제거해야 할 부정적 감정으로 간주하지 않는다는 것을 의미한다. 따라서 어떤 고민을 권력의 문제로 제기하기 위해서는 감정을 섣불리 지우지 않고 오히려 감정에 집중할 것이 요구된다. 또 그와 같은 감정이 몸과 마음에 미치는 동학을 감내하고, 관찰하고, 기록해야 한다. 그래서 이토록 오랜 시간이 걸렸나 보다. 우울증은 의학적 치유의 대상이다. 하지만 우울증은 간혹 정치학의 자원이 되기도 한다. 나는 우울증의 치유제로 정치학을 선택했다.

4.
심화 단계:
운동주체의 자격을
검열하기

기존 정치적 병역거부자는 '양심적' 혹은 '양심에 따른' 병역거부라는 용어를 걸고 활동했다.[10] 먼저 십 년째 따라다니는 지긋지긋한 오해를 반복하지 않기 위해 다음은 꼭 짚고 넘어가자. 양심의 '양'자는 어질 양(良)으로 환원되지 않는다. 평화운동가들이 말

---

9 도미야마 이치로는 겁쟁이를 멸시하는 혁명적 전통에 반기를 든다. "겁쟁이이기 때문에 상처받을 것을 두려워하고, 사람을 죽이는 것을 두려워하는 것이 바로 사회를 구성해 가는 가능성"이라는 주장이다(도미야마 이치로, 『폭력의 예감』, 7쪽). 겁쟁이가 갖는 양의적 가능성에 대해서는 『폭력의 예감』의 한국어판 서문(「서문을 대신하여 – 겁쟁이들」)을 참조하라.

10 '양심적 병역거부'와 '양심에 따른 병역거부'란 표현이 등장한 맥락과 용어를 둘러싼 논쟁에 대해서는, 전쟁없는세상·한홍구·박노자, 『총을 들지 않는 사람들』, 철수와영희, 2008, 14쪽을 참고. 현재 '양심'을 둘러싼 논쟁은 소강된 상태이기 때문에, 이 글에서는 양자를 구별하지 않고 사용한다.

하는 양심은 도덕적 가치의 목록이 아니다. '사회적인 것'으로 잠식되지 말아야 할 개인의 내밀한 신념을 가리킨다. 그렇기 때문에 양심의 내용은 제각각이고, 몽상적이거나 순수할 수도 있다.

즉 양심 개념은 사회의 지배적 가치로 포섭되지 않는 영역을 보호하기 위해 고안되었다. 양심은 삶을 지탱하기 위한 방어적 개념이다. 하지만 사회변화를 유도하는 힘이 잠재되기도 했다. 오랜 세월 한국사회에서 국가는 개인 위에 군림해 왔다. 국가에 대항하는 진보진영에서도 대의와 집단성이 운동의 핵심적인 요소였다. 기업 마케팅을 제외하고는, 1990년대까지 공적 담론에서 개인의 존재가 주목받고 노출된 경험이 거의 없다. 따라서 국가에 대항해 '양심의 자유'를 내세우는 병역거부운동은 보수·진보를 막론하고 격렬한 논란을 불러일으켰다. 한국적 맥락에서 '양심의 자유'는, 자유주의적 수사를 띠었지만 급진적 파급력을 지닐 수 있었다.

나는 병역거부자의 소견서를 읽어 보면서 양심으로 집약되는 완결된 서사와 고도의 성찰성을 공통적으로 발견했다. 병역거부자의 소견서에는 최초의 계기와 중요한 문턱을 거쳐 마침내 병역거부를 선언하기까지의 드라마틱한 서사가 담겨 있다. 그들은 일찍이 고유한 문제의식과 목표를 가지고 살아온 우직한 선구자처럼 보인다. 이런 면모는 운동의 설득력에 있어 핵심적인 요소였다.[11]

그런데 내가 병역거부자가 되어 소견서를 작성하려고 보니, 내세울 만한 신념이 없었다. 성찰성은 죄책감을 불러일으켰다. 죄책감은 좀 시달려도 괜찮다. 하지만 죄책감은 "다르게 살아야지"가 아니라 "그러니까 넌 안 돼"라고 속삭였다. 또한 과거의 이력은 균질적이지 않았다. 주워 담고 싶어도 수습되지 않는 과거가 훨씬 많았다. 모난 곳 투성이라 운동주체로서 병역거부자의 이미지로 잘 귀결되지 않았다.

일례로 사회학과 대학원 선배는 소문을 듣고서 "현민이는 군대 갔다 와야 하는데……"라고 반응했다고 한다. 그게 전해 들은 소식의 전부였다. 그는 큰 고민 없이 말했을 가능성이 크다. 어쩌면 그는 자신이 한 말을 기억 못할 수도 있다. 나도 그쯤은 안다. 하지만 그 말을 듣자마자, 출석체크나 하던 대학원 생활과 쥐지도 놓지도 못하던 어정쩡한 관계가 상기됐다. 논문을 통과하기 위해 취했던 비굴한 태도도 떠올랐다. 의도

---

11 같은 병역거부자의 기록임에도 불구하고, 병역거부 소견서와 『총을 들지 않는 사람들』은 매우 다르다. 병역거부 소견서에는 진정성 있는 서사를 작성하기 위해 긴장한 흔적이 역력하다. 반면 『총을 들지 않는 사람들』에는 상대적으로 병역거부자의 다양한 면모가 진솔하게 실려 있다.

도 깊이도 없는 말 하나를 두고서 여러 날을 끙끙 앓았다. 나는 병역거부를 할 만큼 훌륭한 인물이 아닌 것 같았다.

병역거부자이면서 평화학 연구자인 임재성이 내가 다니던 대학원에 입학하고 활동하는 모습을 보면서 그런 생각은 더욱 강해졌다. 임재성은 내가 가장 가까이서 지켜본 병역거부자다. 그는 병역거부를 할 만한 능력이 있는 청년이었다. 다양한 일을 가치와 종류에 따라 분류하고 기울여야 하는 노력을 판단하는 데 탁월한 재능이 있었다. 때문에 관계를 헝클어뜨리는 법이 없었다. 속된 말로 군대에 다녀오지 않아도 될 만했다. "저런 사람이 병역거부자니까 주변 사람들도 공감하겠지"라고 생각했다. 나는 병역거부를 준비하면서 임재성에게 많은 도움을 받았지만, 가까워질수록 그와 나를 견줘 보면서 열등감을 느끼기도 했다.

내게 병역거부의 사유로 밀 만한 키워드는 없는 것 같다. 천주교 세례명이 있지만, 냉담자다. 소속단체가 없다. 활동가가 아니다. 짝사랑하는 사상가는 있지만, 무슨주의자라고 하기엔 쑥스럽다. 20대 내내 페미니즘은 나와 고민을 함께 했던 사상이었다. 하지만 페미니스트라고 하기엔 성별에 문제가 있다. 게다가 페미니스트와 연애에 실패했다는 치명적 과거도 있다. 평화를 사랑하기보다 그냥 싸움을 못하는 것 같다. 병역거부자라면 분쟁지역의 상황도 잘 알아야 할 것 같은데, 부끄럽지만, 내겐 팔레스타인 주민의 아픔을 헤아릴 능력이 없다.

이번에 개설한 후원카페를 보니 대학동기가 '평화의 꽃'이 되라고 지지글을 올렸다. 그런데 나는 '평화의 꽃'보다 '얼짱 꽃미남'이 되고 싶다는 생각을 훨씬 많이 했다. 이런 생각을 하다 보면, 나는 병역거부에 어울리지 않고, 내 이력은 너무 빈약하다는 죄책감이 들었다. 때로는 내게도 배경은 이렇고 기승전결은 이렇다는 화끈한 서사가 있었으면 좋겠다고 생각했다. 하지만 병역거부를 결정짓는 단 한 번의 사건은 없었다. 이럴 땐 정말 그릇도 안 되는 놈이 분단국가에 태어나서 주제넘게 욕을 보는구나 싶었다.

하지만 여성학 연구자 강인화의 연구는 나의 고민이 병역거부운동의 역사와 밀접하게 연관되어 있다는 점을 알려 준다. 강인화는 병역거부운동에서 나타나는 남성성을 분석하면서, 초기 병역거부운동이 정당성을 얻기 위해 '기피'와 '거부'를 구분 짓는 데 몰두했음을 지적한다.[12] 내용인즉슨, 병역거부운동은 진정성을 입증하기 위해, '강한 도

---

12 강인화, 「한국사회의 병역거부 운동을 통해 본 남성성 연구」, 이화여자대학교 석사학위논문, 2007.

덕성'과 '나약함에 대한 거부'를 내세웠다. 그리고 이는 운동에 적합한 주체와 부적합한 주체를 구분 짓는 효과를 낳았다는 것이다. 이를 이해하는 일은 어렵지 않다.

예컨대, 병역거부를 고민하는 한 친구는 사적인 대화에서 흥미로운 일화를 들려줬다. 평화운동을 시작할 무렵, 자신은 술자리에서 오태양이 맥주를 마시는 걸 보고 속으로 기겁했다는 것이다. 오태양이라면 개미 한 마리 못 죽이고 공중부양을 해서 다닐 줄 알았다는 농담도 덤으로 건넸다. 우리는 술 마시고 주정 부리는 병역거부자를 상상하지 못한다. 나 또한 자신의 속물성을 알기에, 내가 병역거부를 할라치면, 비웃음을 살 거라고 생각해 왔다.

이처럼 운동에 적합한 주체와 부적합한 주체, 병역거부와 병역기피 사이의 구분이 엄연히 있다. 그리고 이는 병역거부를 신성시하는 효과를 낳는다. 신성한 병역을 문제 삼는 병역거부는 병역의무 이상으로 신성시된 측면이 있다. 그래서 병역거부자 개인은 묵직한 실존적 결단을 감수해야 한다. 때문에 현재 병역거부운동의 집단적 주체는 잘 생기지 않고 있다. 동시에 병역거부자가 아니거나 병역의무에서 배제된 평화운동가는 주변화되기도 했다.[13] 그리고 병역거부자의 서사에 이질적인 이력이나 행적이 노출됐을 때, 운동의 도덕성이 훼손되기도 한다.

가령 사람들은 병역거부자가 장교나 카투사, 산업기능요원 시험에 응시한 전력이 있으면 의혹을 품는다. 병역을 여러 차례 연기해도 안 된다. 파렴치한(?) 과거가 '발각'되거나 '들통'났다고 생각한다. 학생회 활동을 할 때였다. 학생회 간부 출신이 병역거부를 하자, 운동권 선배들은 그가 집회 때면 전경과 싸우기 위해 맨 앞으로 뛰쳐나갔다고 수근댔다. 사회운동가조차 병역거부자가 간디와 유사한 이미지에서 벗어나면 납득을 못한다.

태어나서 이런 운동단체는 처음 봤다. 〈전쟁없는세상〉에 가서 병역거부를 하고 싶다고 말해도 환영받지 못한다. 대신 "대체 왜 그래요. 다시 한 번 생각해 봐요"라는 핀잔을 듣는다(물론 여기에는 감옥행이라는 현실적인 고려가 작동하고 있다). 한국사회에서 군대에 간다고 하면 아무도 '왜'라고 질문하지 않는다. 총을 들고 군사훈련을 받는 게 예삿

---

13 필자는 병역거부를 선언하기 전 필자의 어머니를 〈전쟁없는세상〉의 여성활동가에게 소개하는 자리를 가졌다. 그 자리에서 필자의 어머니가 한 첫번째 말은 다음과 같았다. "당연히 감옥에 갔다 오고 나이도 좀 있는 남자일 거라고 생각했는데. 아가씨가 올 줄은 몰랐네요." 그리고 병역거부운동에 대한 평가와 한계를 다룬 연구로는, 임재성, 「평화운동으로서의 한국 병역거부운동 연구 – '양심의 자유'와 '반군사주의' 간의 긴장관계를 중심으로」, 서울대학교 석사학위논문, 2009. 그중에서도 4장.

일은 아닐 텐데. 반면 군대에 안 간다고 하면 해명할 게 너무 많다. 이상하다. 질문에 일일이 답변하고 틀리지 않으려고 애쓰기에 앞서, 상황의 비대칭성을 문제 삼고 싶다. 병역거부'운동'의 역사가 십 년을 바라보는데, 이제 그래도 될 것 같다. 병역거부와 병역기피 사이의 경계를 슬며시 이동시키고 싶다. 나 같은 사람도 하는 마당에, 뻔뻔한 병역거부자가 조금 더 많아졌으면 좋겠다.[14]

나는 병역거부를 하기 위해 자신을 완전무결한 도덕적 주체로 포장하고 싶지 않다. 대의에 기대고 싶지도 않다. 샅샅이 뒤지면, 병역거부에 필요한 이력이 없진 않다. 학생회 활동을 했고, 집회에 자주 나갔다. 화성 매향리,[15] 평택 대추리[16]도 갔었다. 전경한테 맞기도 했다. 월드컵 땐 시큰둥했다. 행렬 앞에서 확신에 찬 목소리로 구호를 외친 적도 있다. 병역 관련 시험에 응시한 적이 없다. 엮으면 끼워 맞출 수 있다. 하지만 그런 활동은 단일한 목표의식하에 행해진 일이 아니었다.

동시에 남의 말을 섣불리 가져다 써 후회되는 순간도 있다. 연대라고 했지만 나중에 보니 연민인 적도 있다. 당시에는 강렬했지만 흔적조차 남지 않은 기억, 관계, 사람도 많다. 부족함을 고해성사하는 게 아니다. 내겐 진정성과 속물성, 소심함과 뻔뻔함, '귀여움'(?)과 '섹시함'(?)이 공존한다. 어떤 사람의 눈에는 병역거부자의 모순처럼 보이겠지만, 사실 모든 삶은 이질성으로 그득하기 마련이다. 내게 완결된 서사는 불가능하며 매력이 없다. 완결된 서사의 이면, 즉 내밀한 일상의 파편은 정치적 올바름을 훼손하는 게 아니라 오히려 정치를 다르게 사고할 수 있는 자원이라고 생각한다.

나는 병역거부를 하면서 내 몸에 얽혀 있는 감정을 부정하고 싶지 않았다. 자신의 찌질함조차 자학하지 않고 긍정하는 병역거부운동을 하고 싶다.[17] 운동을 바다에 떠 있는 배에 빗대 보자. 목적지에 도달하려고 파도를 가르는 쾌속선보다, 정해진 항로도 종착지도 없이, 그때그때 해풍과 물결에 따라 항해하는 범선이 되고 싶다. 대신 외부적 계

---

14 한편 이용석은 병역거부운동의 외연이 넓어지는 만큼 탈정치화되는 현실에 대한 고충을 털어놓고 있다. 이용석, "새로운 유형의 병역거부, 그들과 만날 때…", 「전쟁없는세상 소식지」 23호, 2009.

15 화성 매향리는 1951년부터 2005년까지 54년간 미공군의 사격장으로 사용된 곳이다. 훈련 중 폭격으로 인해 주민 11명이 숨지고 19명이 다치는 등 주민의 피해가 심각했다. 2005년 사격장이 폐쇄되고 현재 평화공원과 역사관 조성을 추진 중이다.

16 미군이 주둔국의 방위군을 넘어 아시아 지역군대의 위상을 갖게 되면서, 서울 용산 미군기지의 평택 이전이 결정되었다. 대추리는 평택의 미군기지 캠프 험프리 인근에 위치했는데, 대추리 주민들은 정부의 강제추방에 맞서 2005년부터 2007년까지 3년 동안 투쟁을 전개했다.

17 유사한 문제의식에서 쓰여진 글로는 유정민석, 병역거부 소견서, 「나약하고 유약한 제 안의 여전사는 병역을 거부합니다」. 병역거부자의 소견서 또한 〈전쟁없는세상〉 홈페이지에 접속하면 볼 수 있다. 그리고 정희진, 「'양심적 병역 기피'를 옹호함」, 「씨네21」 533호, 2005.

기에 아주 민감한 돛을 달고 싶다. 나는 개개의 마주침 또한 운동이 될 수 있다고 생각한다. 병역거부는 그렇게 맞닥뜨린 계기이다. 다행히 항해에 참고할 만한 별자리가 없진 않다.

병역거부자 이용석이 쓴 멋진 글귀가 내게 응원을 보내는 것만 같다. "평화의 결과로 병역거부를 선택한 것이 아니라 병역거부를 하면서 평화를 알아 가게 됐다."[18] 그렇다면 나 같은 사람도 괜찮지 않을까. 안 괜찮아도 어쩔 수 없다. 그래도 그냥 병역거부하련다.

5. 도약이 아닌 몰락을

유머와 위트가 넘치는 두 형에게 병역거부 결심을 털어놓았을 때다. 한 형의 눈동자가 일순간 흔들렸다. 그리고 다른 형은 "이제 우리가 한 사람의 인생이 도약하는 순간을 목격하겠구나"라며 감탄사를 뱉었다. 그는 내가 앞으로 대단한 투사나 정치인이 될 거라고 예상했나 보다. 하지만 그 말을 듣자마자 나는 고개를 갸우뚱했다. 별다른 말을 보태진 않았지만, "형, 사실 그것은 도약이 아니라 몰락이에요"라고 말하고 싶었다. 왜냐하면 내가 병역거부를 통해 선택한 것은 하강이지 상승이 아니기 때문이다.

나는 사회운동에 관심이 많다. 하지만 많은 대학생과 지식인이 그러하듯이, 필요에 따라 소위 민중과 자신을 동일시하거나 적당히 거리를 조절할 수 있었다. 물론 이때도 나름의 진정성과 공감의 시간이 없진 않았다. 하지만 병역거부는 내게 지금까지의 행동과는 달리 실제 그러한 삶의 진입이 어떤 체험인지를 예감하게끔 했다. 아무리 따져 봐도 병역거부에는 이득이 없다. 손실은 오래 지속된다. 생의 좌표가 한 번 기우뚱할 뿐이다. 하지만 그렇기 때문에 역설적으로 강력한 선택이자, 주체적 떠맡음일 수 있다. 가치척도가 뒤바뀌기 때문이다. 전과 같은 눈과 귀를 가질 수 없다. 내가 병역거부를 두고서, 오랜 고민 끝에 내린 결론이다.

지금까지 살펴본 것처럼, 이 병역거부 소견서에는 드라마 같은 인생역정이 없다. 정치적 대의의 담지자도 없다. 소견서 어디를 뒤져 봐도 신념을 전달하려고 결연한 눈빛을 보내는 젊은이는 없다. 겁 많고 소심한 젊은이가 웅크리고 앉아 눈치를 보고 있을

---

18 이용석, 「촛불집회, 사실 너머의 진실을 보도하라」, 『MBC, MB氏를 부탁해』, 프레시안북, 2008.

따름이다. 병역거부는 내가 처한 상황을 여과 없이 노출시켰다. 나는 권력의 피해자로 자신을 인식하기 힘들었다. 왜냐하면 난 저항자의 포즈는 곧잘 취했지만, 정작 피해자로서 자의식은 한 번도 가져 본 적이 없기 때문이었다. 그랬기 때문에 나의 고통과 슬픔을 권력과 결부시키기 위해 정말이지 많은 시간과 에너지를 소모했다.

아마도 병역거부는 내가 지닌 안전한 위치와 거리조절 능력, 그 밖의 자원을 상당히 박탈할 것이다. 그리고 이때 생긴 상처는 쉽게 지울 수 없으면서 오랜 세월 감당해야 할 것으로 남을지도 모르겠다. 다른 병역거부자들이 그런 것처럼 말이다. 즉 병역거부는 몰락의 순간이다. 하지만 나는 몰락을 기꺼이 선택함으로써, 내게 부착된 권력을 백일하에 드러내고자 한다. 그것이 찰나에 불과할지라도. 나는 이를 통해 개별적인 삶에서 벗어나기를 소망한다. 그리고 나의 삶을 다른 이들과 포갤 수 있는 위치에 이르게 하고 싶다. 물론 그것을 낭만적으로 생각하는 건 금물이다. 유쾌한 경험이 될 순 없을 것이다. 하지만 그때의 삶은 운명일 수 있다. 나는 이제 병역거부자라고 불리는 전혀 새로운 삶으로 이주한다.

겨우 딛던 자리에서 벗어나 한 발자국 내려왔을 뿐이다. 아래로 한 발을 딛는 데 이토록 힘이 들고 오랜 시간이 걸릴 줄은 몰랐다. 그동안은 위로만 시선을 향했지, 아래에도 발을 디딜 수 있는 세계가 있다는 사실을 알지 못했다. 그래 봤자 한 번인데. 하지만 지금 내겐 이 한 발자국의 몰락이 이전의 어떤 도약보다 의미심장해 보인다.

추기 : 나는 스스로가 오태양의 출현을 충격으로 받아들인 세대의 끝임을 의식하며 이 글을 작성했다. 오태양 이후의 비(非)여호와의 증인 병역거부자는 대개 서울 소재 대학 출신으로 학생운동경험이 있었다. 하지만 이제 그런 병역거부자 세대는 종말을 고하는 것처럼 보인다. 시대적 조건이 달라졌고, 다른 상황과 배경 속에서 병역거부를 고민하는 사람이 늘고 있다. 전형적으로 굳어진 병역거부자의 모습 또한 변화하고 있다. 주제넘는 제목을 붙였지만, 그들이 병역거부의 문턱에서 서성일 때, 참고할 만한 글이 됐으면 좋겠다.

용산,

폐허의 땅에서 희망을 만든 사람들

박채은

"이번 역은 용산, 용산역입니다." 어두운 지하를 달리던 전철은 서울역을 벗어날 무렵
부터 지상으로 나와 남영역을 거쳐 용산 전자상가 옆을 지나 용산역 플랫폼으로 들어
선다. 꾸벅꾸벅 졸다가도 환한 햇살이 전철 안으로 밀려오면, 금세 눈이 떠지고 만다.
'아… 이제 곧 내려야지.' 약간은 긴장된 마음으로 무거운 노트북 가방을 어깨에 둘러
메고, 카메라와 녹음기와 온갖 장비들이 뒤엉켜 있는 또 하나의 가방을 주섬주섬 챙겨
일어선다. 용산역은 항상 사람들로 붐빈다. 오늘도 용산역 개찰구를 나서며 와플과 과
자를 파는 간이가게 앞에서 과자를 살까 말까 잠깐 망설인다. 항상 출출해하는 촛불방
송국 레아 사람들을 위한 간식거리를 사 들고 바삐 걸음을 옮긴다. 1년 가까이 아침만
되면 반복되는 일상이지만, 여전히 용산 남일당, 레아로 향하는 마음은 다소간의 긴장
과 설렘이 함께한다. 오늘은 또 무슨 일이 있으려나? 〈장안약국〉과 천주교사제단 기
도 천막이 바라다 보이는 횡단보도 앞에 섰다. 참사가 일어났던 남일당 건물 뒤편으로
'시티파크'가 그 잘난 위세를 뽐내며 버티고 있고, 오늘도 어김없이 〈장안약국〉 앞에는
전경들이 도열해 있다. 그 꼴이 보기 싫어 얼른 고개를 돌린다. 파란 신호등 불이 켜지
고, 길을 건너는데, 건너편에서 선영 언니가 밝게 웃으며 손을 흔든다. "용산떡~ 안녕
~" 박선영 씨(43세)는 용산 4구역에서 〈책 볼까 비디오 볼까〉라는 비디오 대여점을 운
영하던 세입자였고, 용산이 재개발되면서 지금은 철거민 투쟁을 계속하고 있는 분이

다. "언니, 어디 가요?" "응, 장 좀 보러 가. 오늘 점심 엄청 맛있는 거 하니까, 꼭 먹으러 와~" 언니는 바쁘게 뛰어간다. 분향소에 들르자, 〈레아호프〉를 운영하시다가 용산참사로 돌아가신 이상림 씨의 부인이신 전재숙 어머니가 반갑게 눈인사를 건네신다. "오늘은 엄청 일찍 왔네. 날씨가 추워. 여기서 불 좀 쬐다 가." "레아도 따뜻해요. 가스 배관 공사해서, 이제 가스난로 들어와요." "다행이여. 여기서 겨울을 나야 하는데 고생 좀 덜하게 생겼네." 이곳 분향소에 돌아가신 다섯 분의 영정을 모신 지, 계절이 네 번이 지나 다시 겨울이 왔다. 많은 사람들이 봉헌한 예쁜 색깔의 촛불들이 영정 앞을 밝게 비추어 주고 있지만, 아직 이곳은 추운 겨울이다. 무거운 마음으로 다른 어머니들에게도 인사를 드리고 이제 레아로 향한다.

나는 이곳 용산참사 현장에서 '용산떡'이라 불린다. 뭐 달리 멋진 닉네임도 없던 터에 용산에서 미디어 활동을 하면서 급조한 별칭이다. 왜 하필이면 '용산떡'이냐고 묻는 사람들이 많다. 용산이 고향인 할머니가 저 멀리 전라도 벌교로 시집가셨을 때 동네 사람들은 할머니를 '용산떡'(용산댁)이라 불렀다. 난 '용산떡'이라는 어감이 푸근하고 좋았다. 그 이름으로 참사 현장에서 라디오 방송을 만들고, 용산 4구역 철거민 분들의 생애사를 기록하고, 사진을 찍고, 1인 시위 음악회에서 노래를 부르기도 했다. 그러나 어떤 활동보다도 더 많은 시간을 '남일당', '레아'라는 공간에서 사람들을 만나고, 이야기하고, 부대끼며 함께 살았다.

이곳 용산은 투쟁의 공간이지만, 또한 일상이 함께하는 공간이기도 했다. 서울이라는 거대 도시의 한복판에서 망루를 짓고 올라간 철거민들이 차가운 주검이 되어 내려온 땅, 지금은 평당 1억이나 하는 금싸라기 땅이 되어 버린 이곳에서 용산 4구역 철거민들과 유가족, 신부님, 그리고 이보다 더 많은 사람들이 한데 어울려 1년이란 시간을 보냈다. 그 시간의 면면을 어찌 다 글로 옮길 수 있을까? 억울한 죽음의 그림자 뒤에 놓인 남겨진 사람들의 삶은 말로, 글로 설명할 수 없는 아픈 상처에 흐느낀다. 죽음의 진상을 밝히는 것 못지않게 중요한 것은 지금 살아남은 사람들의 기억과 경험을 현재화시키는 일이다. 모두 다른 사연을 가지고 이곳에 모였지만, 이들이 왜 이 용산이란 곳에서 마주하게 되었는지, 이 용산이라는 폐허의 땅에서 무엇을 이야기하고 싶어했는지, 그리고 우리는 용산의 경험을 어떻게 의미화해야 하는지……. 아직 이에 대해 분명히 말할 수는 없다. 다만 내가 할 수 있는 작은 일은 그동안 용산에서 만난 사람들의 삶의 기록들을 함께 나누는 일이다. 이 글은 그 기록의 일부이다.

용산재래시장 포장마차 20년, 충청도집과 순천집

30여 년 전 고향을 떠나 서울로 상경해 처음 터를 잡은 곳이 용산이었던 옥자 이모(정옥자, 61세)는 전자상가가 밀집해 있는 원효로에서 야채상가를 시작하셨다. 지금은 흔적조차 찾아볼 수 없지만, 용산전자상가는 20여 년 전까지만 해도 서울의 가장 큰 청과도매시장이었다 한다. 하지만 80년대 중반 청과시장과 노점상 정비를 위해 가락동 농수산물 도매시장으로 대규모 강제이주가 이뤄졌고, 이주비를 마련할 수 없었던 이모는 잘 되던 가게를 접고 용산 4구역으로 이주하게 됐다. 그때는 그게 재개발인지 뭔지도 몰랐다. "그때나 지금이나 돈 있는 자들은 아무리 비싸도 들어가지만, 없는 서민들은 주저앉게 되잖아요." 옥자 이모가 기억하는 첫번째 재개발의 기억이다. 나라가 하는 일이니 한마디 불평도, 항의도 할 수 없었던 이모는 용산 4구역에 와서 호떡장사, 야채행상, 파출부 등 안 해본 일이 없었다. 그러다 용산 4구역 신용산빌딩 옆 재래시장에서 〈충청도집〉이라는 포장마차를, 이곳이 재개발되기 직전까지 20년 넘게 운영해 오셨다.

정옥자 용산 4구역 사람들 다 마찬가지예요. 정말 옆도 모르고 앞만 보고 살아온 사람들이에요. 거기서 다들 몇 십 년씩 살았죠. 아침에 가게 나와서 생활하다가 집에 들어가고, 날이 새면 다시 가게 나오고……. 다니던 길 외에는 주변에 뭐가 생겨도 생긴지도 몰랐어요. 한강이 가까워도 벚꽃놀이 한번 못 가봤어요.

〈충청도집〉과 나란히 어깨동무하고 있는 포장마차가 하나 더 있다. 전라도 순천이 고향인 순옥 이모(김순옥, 49세)가 운영하는 〈순천집〉. 구수한 전라도 사투리를 쓰는 순옥 이모 포장마차는 '왕계란말이'로 아주 유명했다고 한다. 두 사람은 20년이 넘게 같은 업종(?)에 종사했지만, 한 번도 싸우는 일 없이 친형제마냥 지냈다. 일요일도 추석, 설 명절도 없이 일했지만, 힘든 줄 몰랐다.

김순옥 여름 되면 여기 탁자를 깔고 장사를 하잖아요. 그러면 여기가 이제 우리 아지트야. 여기 앉아서 이야기하다가, 한집에서 밥하면 전부 다 밥그릇 들고 와요.
정옥자 시장에서 저 밑에서 장사하는 사람들 여기서 삼겹살 구워 먹으면 전부 다 (그릇) 들고 나와요. 삼겹살 구워 먹다 모자라면 가서 사 가지고 오고, 이렇게 하고 살았어요.
김순옥 그래서 밥도 있잖아, 우리가 해서 저녁 때 비벼서 먹잖아요? 그러면 막 이만 한 다라이에 밥을 비비는 거야. 하하하. 그러면 우르르르 다 나와서 그렇게 먹고, 보통 우리는 다라이에 밥 비벼 먹고 그래서 지나가는 사람들이 다 웃었어. 하하하.

정옥자 〈실내포차〉 석석순 씨나 진짜 다 친형제마냥 지냈어요. 〈우동포차〉 문춘이 씨도 그렇고. 다 진짜 친형제마냥 지냈어요. 그런데 그런 것이 지금은 다 추억 같아요. 그래도 그나마 그 장사하면서 이웃들하고 대화도 할 수 있었고, 시골 분위기 내면서 니꺼 내꺼 없이 살았는데, 그런 시절이 다시 빨리 돌아왔으면 좋겠어요.

시장에서 밥 해먹던 기억들에 모처럼 밝게 웃다가도 그게 벌써 옛날일이 되어 버렸다는 상실감에 표정이 어두워진다. 용산재래시장은 70년이나 된 아주 오래된 시장이었다. 매달 건물주들에게 자릿세를 내고 구청도 노점을 인정해 주던 그런 곳이었다. 20여 년 넘게 포장마차를 해오신 두 분 외에도 시장에서 〈나리네 반찬가게〉를 하셨던 정복례 할머니(83세)와 딸 한명진 씨(지물포 운영, 61세)도 용산에서 30년 가까이 살아오신 분들이다. 〈레아호프〉를 운영하셨던 고(故) 이상림 씨는 27년 동안 같은 자리에서 〈한강갈비〉를 운영하셨다. 삼계탕, 닭곰탕 등 닭요리를 무척 맛있게 하셨던 〈보경식당〉 최순경 씨(67세)는 20대 꽃다운 나이에 고향 광주를 떠나 용산에 처음 자리를 잡으셨고, 15년 동안 같은 자리에서 식당을 운영하셨다. 고향은 제각기 달라도 용산이 제2의 고향이라고 말씀하시던 분들이다.

용산 4구역은 국제빌딩과 세계일보 등이 들어오면서 본격적으로 상가지구가 형성되었고, 특히 음식점들이 많이 생겨났다. 300여 개 정도 되는 상가 점포가 있었고, 뒤편으로는 주거지역이 밀집되어 있었다. 오랫동안 재개발을 이유로 신축이 제한되어 있어서 주거 규모는 영세한 편이었다. 쪽방 같은 작은 집에서는 중국교포들이 많이 살기도 했고, 가게와 가까운 곳에 집을 얻어 생활하시는 분들도 많았다. 포장마차를 하는 두 이모의 집도 바로 이웃해 있었다.

가게와 집밖에 모르고 자식들 키우고 하루하루 사는 것에 만족해했던 자영업자들의 삶이란 재래시장을 두고 오고갔던 밥 한 숟가락의 정을 나누고 살 수 있는 여유를 항시 누릴 수 있는 것은 아니었다. 건물주들은 노점과 포장마차를 구청에 신고해 전기를 끊어 버리기도 하고, 협소한 주차 공간 때문에 같은 건물 상가 주인들끼리 다툼이 일어나기도 했다. 아침부터 밤까지 반복되는 생활 속에 자기 장사 외에는 다른 것에 관심을 두거나 신경을 쓸 틈도 없이 앞만 보며 살아야 하는 각박함은 가게 규모의 차이를 떠나서 대부분의 용산 4구역 사람들에게서 느껴지는 생활의 단면이었다. 이것은 공동체가 사라진 도시 어디에서나 목격할 수 있는 풍경이다. 뿌리내려 있는 강한 공동체가 오랫동안 형성되어 온 지역은 아니지만, 부지런히 열심히 일하면서 몸에 밴, 수십 년 동안 큰 변화 없이 살아온 이들의 안정된 삶은 그러나 곧 요동치기 시작한다.

재개발, 남의 일인 줄 알았지…

2007년부터 재개발이 된다는 소문은 무성했다. 강남 복부인들이 부동산에 자주 출몰하기 시작했고, 동네 사람들이 집을 팔고 나가기 시작했다. 그러나 설마 했다. 저 뒤편 5가동 시티파크도 재개발 얘기가 나온 지 20년 만에 개발되었으니, 4구역은 아무리 빨라도 5, 6년은 걸릴 거라 생각했다. 그 사이 땅값은 어마어마할 정도로 올라 버렸다.

정옥자 처음 내가 이 동네 왔을 때, 〈세계일보〉 들어오기 전에는 그쪽 라인이 평당 200만 원씩이었어요. 그러다 〈세계일보〉 들어오면서 그 라인은 평당 500, 700소리 나오고 그랬어요. 그런데 지금 1억이잖아요, 1억. 그 당시 4,400만 원 재래시장에 투자하느니 하다못해 하꼬방집이라도 샀으면 내가 이런 상황이 안 됐는데, 없는 사람은 집이라는 걸 꿈을 못 꾸잖아요. 우선 먹고 살아야 되니까. 그러던 게 용산 땅값이 그렇게 올라 버렸어요.

몇 십 년을 상가세입자로 용산에 살았던 분들은 당장 먹고 살아야 하는 가게의 평수는 늘릴지언정 자기 집 한 칸 마련할 여유를 부리지 못했다. 부동산 투기나 개발, 이익에 눈 밝은 사람이었다면, 평당 1억 하는 미친 땅값에 편승해 개발의 특혜를 호사스럽게 누리고 있을지도 모르겠다. 헛웃음만 나온다. 그렇게 용산 땅값이 천정부지로 오르고 재개발은 속도전으로 이루어졌다. 모두들 "이렇게 빨리 재개발이 될 줄은 상상도 할 수 없었다"고 입을 모은다. 모든 게 8개월 만에 벌어진 일이었다. 재개발이 결정되자, 그동안 같은 동네 주민이었던 사람들이 '지주', '건물주'와 '세입자'로 완전히 이분화되었다. 재개발을 둘러싼 '돈'은 지역에 함께 살면서 맺어 왔던 관계들도 철저히 파괴한다. 어제까지 웃으며 인사하던 집주인은 세입자가 하루라도 빨리 안 나가면 보상금 떨어진다며 '쥐어 뜯을 것처럼' 달려든다. 지주와 건물

주들만을 위한 '재개발 조합'은 용역을 고용해 '세입자'들을 몰아내기 시작한다. 조합이 고용한 그 용역들 역시 전에는 '형님', '동생' 하던 동네 주민들이었고, 이 상가들의 단골 손님들이었다.

박선영 한 동네 살던 사람 중에 권투하던 애도 한 명 있었는데, 개도 어떻게 하다 여기에서 용역했지. 착했는데, 가게 손님이기도 했고 그랬는데 개도 먹고 살게 없고 그러니까 하는 거지. 타 지역에서 오는 용역도 있어요. 다른 지역 연대 갔을 때 봤던 여자 용역이 여기 와 있더라고. 그래서 "너 그때 거기 있었지?" 그랬더니 "예. 거기 있었어요" 이래. 여자애들 용역도 있어요. 운동하는 애들 있죠. 여름에 용역으로 아르바이트 많이 가요. "거기 지역 승리했어" 그랬더니 "아, 아줌마 축하해요." 그런데 또 여기를 막아야 되는 거야. 어떤 용역은 이번에 월급 못 받았다고 하더라고. 용산 때문에……. 그러니까 곡괭이 들고 달려들죠. 돈을 몇 억을 받아야 되는데 못 받으니까. 악순환이지, 철거민과 용역들. 용역들 집도 철거지역인 애들이 많아요. "아줌마 우리 집도 철거지역이야. 아줌마 살살 합시다" 이래. 저 없는 사람들끼리 지금 이렇게 해야 되나. 슬퍼요.

철거민과 철거용역. 철거민이 되는 순간 이제 사람 취급 못 받는다. 어느 재개발 지역을 가건, 철거민들은 조합이나 시공사와는 직접적으로 부딪칠 일이 없다. 가운데서 용역들은 철거민들이 접근할 수 없도록 무자비한 폭력을 동원한다. 조합과 시공사는 뒤에 숨어 '돈다발'로 용역들을 조정하고, 그 '돈' 때문에 인간성도 내던지고 용역질을 해서 먹고 살아가야 하는 참으로 슬프고 기이한 먹이사슬이 있다. 한국 재개발의 전형을 보여 주는 철거용역의 '공포'와 '위협'은 세입자들이 자신의 권리를 포기하고 떠나게 만들고, 남아 있는 철거민들에게는 '생존' 자체를 위협한다.

유송옥[1] 엄청 험악했죠. 용역들이 쇠파이프 끌고 다니고 뭐, 진짜 있는 욕 없는 욕 해 가면서…… 되게 분위기가 험악했어요.

김순옥 못 살겠더라구. 계단에다가 쓰레기 더미 잔뜩 쌓아 놓아 버리고 오물 갖다 막 뿌려 놓고, 아침에 일어나면 그렇게 되어 있는데, 뭐. 살 수가 없었어. 그리고 새벽에 여기서 장사 끝나고 들어가려면 용역들이 쭉 섰어요. 겁주러 막. 그러면 무서워서 못 가. 그래서

---

1 유송옥(44세). 용산 4구역 철거민. 2004년부터 24시간 편의점 〈세븐 일레븐〉 운영.

저리 돌아서 들어가고 그랬어요.

정옥자 세입자들한테 재개발 설명회는 없었어요. 지주들하고만 설명회 하고 그랬지, 세입자는 일절 그런 게 없었어요. 그래서 조합사무실에 면담하자고 올라가면 용역들 배치시켜 놓고 얼씬도 못하게 했어요. 그래 놓고 우리가 거절해서 대화를 못했다고 조합에서는 그러잖아요. 참⋯⋯.

수십 년 동안 터를 닦고 살아왔던 세입자들에게는 단지 집주인이 아니라는 이유만으로 재개발 설명회 한 번 들을 기회도 없었다. 재개발에 대해서 아는 것도, 도움받을 곳도 없었다. 말도 안 되게 낮게 나온 평가금액을 받고는 다른 곳에 가서 새로운 장사를 시작할 수도 없는 노릇이었다. 권리금과 인테리어 비용만으로 몇 억을 투여했던 가게도 몇 천만 원으로 평가절하되는 상황에서 용역의 폭력이 두렵다고 모든 것을 접을 수는 없는 상황이었다.

재개발이 도시 외곽 달동네 빈민층만의 문제이던 시절은 지났다. 이제 도심 한복판 중산층에게도 재개발의 위협은 다가왔지만, 그것을 '나'의 일로 느끼는 사람들은 많지 않다. 이곳 용산 4구역 철거민들도 스스로 단 한 번도 내가 철거민이 될 거라는 생각을 해보지 못했다 한다. 뉴스에서 들려오는 재개발, 철거민들의 하소연에 "저건 내 일이 아니니까" 하며 외면했던 무관심. '철거민 투쟁은 폭력적이다'라는 외피만 볼 줄 알았지, 철거민들이 저렇게 처절하게 싸울 수밖에 없는 그 진짜 이유에 대해서는 관심을 두지 않았다. 그러나 무관심보다 더 무서운 것은 사람들 마음속에 자리 잡고 있는 개발을 통해 부자가 되고 싶은 그 물신적 욕망들은 아니었을까.

재개발, 철거가 나의 문제가 되었을 때에는 이미 발등에 불이 떨어지고만 상황이다. 당장 어딘가로 쫓겨날 수밖에 없는 상황에서, 사회적 무관심으로 기댈 곳도 없는 상황에서 세입자들은 스스로 조직을 만들기 시작했다. 그리고 같은 처지에 있는 철거민들과 품앗이 같은 연대투쟁을 해 나갔다. 낮에는 장사를 하면서 다른 지역 연대 나가고, 밤에는 용역들의 횡포를 막기 위해 동네 규찰을 서고, 투쟁기금을 모으기 위해 빈 병과 폐휴지를 모으느라 새벽녘까지 휴지통을 뒤지기도 했다. 전철연(전국철거민연합)에 대한 사회적 비난 여론에도 불구하고, 철거민들이 전철연을 통해 연대투쟁을 할 수밖에 없었던 이유는 조합과 시공사, 그리고 용역에 맞설 힘이 미비했기 때문이었다. 철거민 마음은 철거민이 가장 잘 안다는 동지애도 남달랐을 것이다. 전철연의 투쟁 방식에 대한 분명한 평가들이 필요하지만, 철거민들에게 어떤 선택지도 주어지지 않은 상황에서 그들이 버틸 수 있는 힘은 법도 제도도 아닌 같은 처지에 있는 사람들의 연대뿐이었던 거다.

박선영 용산 5가동도 용역들이 천막도 여러 번 부쉈다고 그러던데. 깡패들이 와서 애들한 테 뭐 아주 입에 담지 못할 말하고. 여러 번 부수면 또 전철연 식구들이 연대해 와서 (다 시 천막을) 지어 주고. 그래서 버틴 거죠. 전철연 연대 없으면 철거민 혼자는 도저히 못해 요. 없는 사람은 못해요. 약자들은 연대의 힘이 없으면 못해요. 뭉쳐야 해.

살아남은 사람들이 지켜 낸 1년, 남일당 24시

용산참사 현장에 처음 온 분들은 '남일당'이 뭐냐고 묻곤 한다. 지금은 흔적이 없지만, 분향소가 차려진 곳이 바로 '남일당'이라고 하는 금은방이 있던 자리다. 한강대교를 지 나 용산으로 넘어오다 보면 대로변에 남일당 건물이 서 있다. 용산 4구역 철거민들은 2009년 1월 19일 이곳 옥상에 망루를 지어 올렸다. 가장 잘 보이는 곳, 고립되지 않을 곳, 남일당 옥상에 망루를 세웠지만, 바로 그 이유로 공권력은 철거민들에게 단 하루의 여유도 허락하지 않았다.

"살아 보겠다고, 지켜 보겠다고 올라갔던 망루였다. 죽으러 간 것이 아니었다." 매 일같이 반복되는 용역들의 폭력을 피하고 싶었고, 아무리 신고해도 방관만 하는 경찰 을 더는 믿을 수 없어서 올라간 망루였다. 망루를 올리면 그토록 바라던 조합과 대화를 할 수 있을 것 같았다. 망루 4층 꼭대기에 〈용산4상공철거대책위원회〉 깃발이 올라갔을 때만 해도 그 이후에 벌어진 참혹한 결과를 아무도 예상하지 못했다. 누구는 망루 아래 동지들과 가족들에게 하트를 보내고, 누구는 핸드폰 불빛으로 서로의 존재를 확인하며 안도했다. 〈장안약국〉 앞 행상에서 과일을 팔던 아주머니도 평상시처럼 과일을 팔았다. "아줌마, 오늘은 여기서 과일 팔지 말고, 다른 곳으로 가요!"라고 옥상에서 소리쳤지만, 아줌마는 괜찮다며 계속 과일을 팔았다. 여느 때와 다름없는 일상이었다. 그러나 하루 도 지나지 않아 여섯이나 되는 사람들이 주검이 되어 내려왔다. 용산 철거민 두 분, 연 대하러 온 다른 지역 철거민 세 분, 그리고 특공대 대원까지⋯⋯.

"그렇게 참혹한 사고가 난 그 건물에 우리가 1년 동안 살고 있다는 게 끔찍해요. 아 직까지 고개를 들어 망루를 쳐다볼 수조차 없어요. 그날 너무 무섭고 두려웠어요. 그리 고 돌아가신 분들 생각으로⋯⋯" 3일 전만 해도 시장에서 순대국에 소주 먹으면서 "이 집 디게 맛있네. 며칠 있다 다시 옵시다" 그랬던 사람들이었다. 철거민 다섯 분은 돌아가셨지만, 살아남은 자들의 고통은 거기서 멈추지 않았다. 망루에서 떨어져 다친 사람들은 병원으로, 망루에 올랐던 사람들은 며칠 동안 경찰, 검찰 조사에 시달려야 했고, 결국 대부분 구속되었다. 망루 밖에서 특공대 진압 과정과 동지들이 떨어지고 죽어 나오는 모습을 목격했던 가족들과 철거민들은 충격에서 벗어날 틈도 없이 남일당 앞 차가운 바닥에 비닐을 치고 분향소를 만들고 길거리 투쟁을 시작했다.

김순옥 사고 나고, 시청 앞에 영정 들고 매일 나갔죠. 아이고 휴… 그 추운데, 상복 입고… 거기 가지고 밀고 땡기고 다치고, (광장에) 못 들어오게 하니까 상복을 싸 가지고 화장실에 가서 입고서 (경찰들) 뚫고 들어가 앉고…… 말할 수도 없었어요, 그 탄압…….

문춘이[2] 우리가 여기서(남일당) 생활을 하다 보니, 분향소 지킬 때에는 구정 때에도 집에 못 갔어. 분향소 규찰을 하다가 깜짝 놀라서 깨요. 혹시 향불이 꺼질까봐… 정신을 많이 집중하고 있지. 향불 꽂으면서 눈물이 흐르지. 미안합니다. 마음이 너무 아프다 보니까… 우리 열사분들 사진을 쳐다보면 옛날에 동지들하고 같이했던 거 떠오르니까…….

　　그렇게 남일당의 하루는 분향소의 향불을 붙이는 것에서부터 시작한다. 분향소 옆한 켠에 공동생활을 할 수 있는 공간을 마련하고, 참사 당일부터 같이 밥을 해 먹으면서 투쟁을 이어 왔다. 이곳 철거민 분들 대부분이 음식 장사를 해 오셨던 터라 음식솜씨가참 좋으시다. 적게는 50명에서부터 많을 때에는 300명까지, 그렇게 하루 세끼 일 년을 꼬박 밥투쟁을 해오셨다며 웃으신다. 왜 힘들지 않겠는가. 그래도 "우리가 가진 건 없어도 용산에 도움 주시는 분들한테 밥이라도 드릴 수 있어서 기쁘다"고 말하는 엄마들이다. 점심 12시가 되면, 박물관 식당 할머니가 레아로 오셔서 특유의 경상도 사투리로 "식사하세요~" 하고 외치신다. 계절별로 달라지는 밑반찬과 대구, 광주 지역에서까지 보내 준 맛있는 반찬들, 그리고 4구역 엄마들의 음식 솜씨가 더해져 이곳에 오면 배보다 마음이 더 풍요

2　문춘이(62세). 용산 4구역 철거민. 2001년부터 〈우동포차〉 운영.

로워진다. 공동식사 시간은 용산에 있는 모든 사람들이 모이는 자리이다. 사람들의 활동 공간이 남일당과 레아, 기도천막 등으로 나누어져 있다 보니, 용산에 있어도 다 함께 모일 기회가 많지 않다. 식사 시간에 모여 함께하고 있음을 느끼고, 서로 안부를 묻기도 하고, 새로운 정보도 나눈다. 힘겨운 투쟁 중이지만 밥 한술을 함께 나누는 것이 얼마나 즐겁고 힘나는 일인지를 남일당 식당은 보여 주었다.

공동식사 시간의 평화로움은 잠시일 뿐, 용산에서는 하루에도 몇 번씩 경찰, 용역, 구청직원들과 크고 작은 싸움이 일어났다. 봄날 예쁘게 꽃을 틔운 화분들을 받치던 받침대며, 철거민들이 간이로 사용했던 화장실, 비를 피하기 위해 쳐 놓은 텐트, 예술가들이 그려 놓은 그림까지 경찰들은 구청직원과 용역들을 대동하여 모두 철거해 갔다. 구호가 적혀 있는 현수막을 뺏기지 않기 위해 경찰, 용역들과 줄다리기를 얼마나 해댔던가. 그 덕분에 여름 내내 4구역 엄마들의 팔과 다리에는 온갖 종류의 파스들이 훈장처럼 붙어 있었다. 그 싸움의 와중에 4구역 분들 중 가장 최고령이신 정복례 할머니는 경찰한테 눈을 맞아 2번이나 수술을 하셔야 했고, 경찰들과 가장 최전선에서 싸웠던 유가족 엄마들이 구급차에 실려 가기도 여러 번이었다. 철거를 계속하려는 용역들의 포크레인과 덤프트럭을 막아서다 뚝배기와 벽돌에 머리를 찍히고, 발로 밟히고……. 이 참혹한 광경을 옆에서 지켜보기만 하는 경찰들의 수수방관에 치를 떨었다.

세상의 무관심과 계속되는 경찰의 탄압에 몸과 마음이 지쳐 가는 와중에서도 계절은 바뀌어 갔다. 여름 이후 유가족들은 순천향병원에서 용산 〈삼호복집〉으로 삶터를 옮겼고, 아이들은 이제 용산에서 학교를 다닌다. 남일당 앞에 노란 은행잎이 물들고, 추석 송편을 함께 만들고, 겨울을 나기 위해 김장을 하고, 재우 아저씨는 '용산참사 해결하라'가 적혀 있는 예쁜 군고구마통을 끌고 고구마를 팔았다. 모두가 잠든 아주 깊은 밤에 조용히 분향소를 찾아와 너무 늦게 찾아와 죄송하다며 울먹이던 시민들, 아무 말 없이 무언가를 살짝 놓고 가던 사람들, 우리는 그들을 남일당의 밤손님들이라 불렀다. 더운 여름 시작한 시청 앞 노숙투쟁은 가을을 넘겨 추운 겨울을 맞이했고, 초라하고 비참한 심정으로 노숙생활을 해야 했던 4구역 사람들의 마음을 녹여 준 것 역시 지나가는 시민들이 살며시 내민 따뜻한 캔커피와 베지밀이었다. 그 마음들의 온기가 꼬박 1년을 버틸 수 있는 힘을 주지 않았나 싶다.

문춘이 시청에서 노숙하면서 진짜 거기서는 초라한 모습이잖아. 피켓 걸고 앉아 있으면 내가 너무 불쌍하게 느껴져. 지나가는 사람들이 너무 안됐다고 따뜻한 캔커피, 베지밀

가져다 줬을 때의 그 고마움…… 그 캔커피 하나에 눈물이 날 정도로 그렇게 좋은 거야. ……근데 어린 경찰들 전경차 옆에 서서 겨울에 보초 서면서 콜록거리고, 발발발 떨고 있을 때 진짜 뛰쳐 나가서 뜨거운 물 한 잔이라도 주고 싶은데, 그걸 못하는 거야, 우리 가. 그럴 때 진짜 마음이 너무 아팠어.

의경들도 1년 동안 같은 공간에 그렇게 함께 살았다. 남일당 현장에서 경찰들과 수 도 없이 부딪치고 싸웠지만, 그들은 미사를 드릴 때에도, 1인 시위 음악회를 할 때에도 고정(?) 관객이었다. 12월 30일 협상 타결 다음날, 정말 거짓말 같이 소음과 매연을 내 뿜던 경찰차도 사라지고, 24시 경계근무를 서던 경찰들도 없어졌다. 그걸 보고 엄마들 이 한마디 한다. "아이구… 경찰들 없어지니 시원하기도 하지만, 허전허네. 우리가 1년 동안 같이 살기는 살았나봐. 참……."

평화를 빕니다!
길 위의 신부들

문정현 신부님이 두 손을 높이 들고 "평화를 빕니다"를 외치면, 사람들은 모두 한 목소 리가 되어 "평화를 빕니다" 하며 평화의 인사를 나눈다. 이곳 참사 현장에서 생명평화 미사를 드리면서 이 "평화를 빕니다" 목소리가 골목을 가득 채울 때, 사람들은 어느 때 보다 표정이 밝아진다. 유가족, 철거민 분들은 경찰들과 대치하고 싸워 온몸과 마음이 만신창이가 되었다가도 저녁 7시가 되면, 모두들 세상의 짐을 내려놓는 마음으로 남일 당과 〈장안약국〉 사이 골목에 조용히 앉는다. 모든 행동이 불법이라는 이름으로 금지 되었을 때, 미사만이 유일하게 숨통을 트여 주는 '해방구'였다.

김순옥 문 신부님이 3월 28일부터 오셨을 거야. 신부님들하고 진짜 너무 정들었고, 정말 그 분들이 아니었더라면 우리도 이렇게 못 버텼을 거예요. 경찰들하고 싸움 대치를 어떻 게 했겠어요. 너무나 탄압이 심해서…… 동지들 간에도 여럿이 있다 보니까 조금 안 좋 고 그런 일이 있잖아요. 저녁으로 미사 시간에 다 고백을 하는 거예요. 혼자 속으로……. 신부님 말씀하시는 게 꼭 나 들으라고 하는 소리 같아요. 처음에는 건성으로 그냥 앉아 있었어요. 어느 날부터 마음속에 와 닿더라구요. 지금은 시청에를 가나 어디를 가나 시 간이 되면 '아, 이 시간에 미사 드리겠다. 오늘은 또 무슨 소리를 하시는지 들어야 하는 데…….' 시청에 있다가도 거기 있는 동지한테 전화를 하지, 이강서 신부님이 한 말씀씩 꼭 하시잖아요. 신부님들 말씀이 우리가 잘못했을 때는 우리 들으라고 말씀 하시는 것 같고, 우리가 좀 잘했다는 표현을 하시면 행복감을 많이 느끼지.

노한나[3] 신부님이 오셔서 우리랑 같이 해주시니까 우리가 참, 기운이 났지. 하나님 원망 되게 많이 했어. 하나님이, 나는 능력이 굉장히 많으신 분이신 줄 알았어요. 그래서 하나님만 잘 믿으면 물질로 풍족하게 해주고 뭐든지 잘 되게 해주고 막 그러신 분이신 줄 알았는데, 여기 와서 아, 하나님은 그런 게 아니고 약자 편에서 약한 사람과 그냥 함께 있는 분이구나, 물질로 풍족하게 해주고 이러는 분이 아니라는 걸 알았어. 어, 그래, 맞아. 하나님이 제일 나약하고 약한 모습으로 오셔서 우리와 함께하시려고 오신 거구나. 하나님이 나를 버리지 않고 같이 계셨다는 게 너무 고마웠어. 그래서 미사 드리고 이럴 때 눈물이 많이 났어. 그 시간이 굉장히 행복했지.

참사 현장에서 매일 열렸던 생명평화 미사는 분노, 공포, 두려움, 절망에 가득한 철거민들의 마음을 어루만져 주는 의식이었다. 신부님들을 붙잡고 어린아이처럼 울던 유가족, 철거민들의 모습이 생생하다. 억울한 죽음 때문에 맺힌 한으로, 고된 투쟁으로 지치고 외롭고 힘들어 위로받고 싶었던 이들 옆에 신부님들은 묵묵히 함께했다. 경찰들과 용역의 탄압에 맞서 누구보다 앞서 싸웠고, 소리높여 외치지 않아도 조용하지만 끈질긴 기도의 힘으로 많은 사람들이 용산과 함께할 수 있도록 인도했다. 비가 억세게 퍼붓던 날에도, 손발이 꽁꽁 얼 정도로 추운 날에도 미사는 계속되었다. 전경들에 첩첩이 둘러싸인 상황에서도 신부님들이 하얀 띠를 이루어 사람들을 품어 주던 서울시청 광장 시국 미사를 잊지 못한다. 그리고 미사 준비를 함께해 주었던 신도들과 아픔을 함께 하고자 참사 현장을 찾아와 준 많은 사람들은 적게는 수십 명에서 많게는 천 명을 넘기도 했다.

매일 미사 말미에는 유가족들과 용산 4구역 철거민들이 발언하는 시간이 있었다. 특히 철거민들에게는 투쟁 발언이 아니라 자기 이야기를 할 수 있는 유일한 자리가 아니었나 싶다. 말 한마디 제대로 앞에서 해본 적 없다던 이 분들이 미사라는 자리를 통해서 자기가 느끼는 생각, 감정 그대로를 이야기할 수 있었던 그 시간은 스스로를 되돌아보며 성장할 수 있는 중요한 기회를 주었던 셈이다. 용산참사 현장에 있다 보면, 정말 가슴이 터질 것처럼 화가 나고, 속이 상하고 마음이 답답해져 올 때가 많다. 그럴 때마

---

3 노한나(53세). 용산 4구역 철거민. 2002년 1월부터 〈153 물고기 당구장〉 운영.

다 나는 제일 뒷자리에 조용히 앉아 미사를 드리곤 했다. 10월 28일 1심 판결이 나고, 모두 오열하며 법원을 나오던 날, 나도 용산에 돌아와 한동안 마음을 진정시키지 못하고 애써 눈물만 삼킬 뿐이었다. 그때 문정현 신부님이 조용히 해주신 말씀이 잊혀지지 않는다. "이 재판은 우리의 재판이 아니야. 정당한 재판이 아니었어. 그러니 이렇게 슬퍼할 필요도, 절망할 필요도 없어. 3천 쪽이 나오지 않는 재판을 우리 스스로 인정해 주면 안 되지." 스스로 길 위의 신부라 불렀던 문정현 신부님과 남일당 본당 주임신부 이강서 신부님, 그리고 함께 하셨던 많은 신부님과 사람들의 기도와 염원 때문이었을까? 꽁꽁 숨겨 두었던 검찰 수사기록 3천 쪽이 결국 공개되었다. 용산 기도는 힘이 세다!

복합투쟁문화공간 레아,
여기
사람이 모인다

아이들과 함께 할아버지가 운영하시던 레아에 갔다 왔습니다. 1층은 문화 공간으로 2층은 미디어 공간으로 되어 있는 모습 보면서 용산참사 유가족을 위하여 고생하시는 분들에게 다시 한 번 감사의 마음을 전합니다. 그 공간은 우리가족에게는 소중한 공간입니다. 겨울에 인테리어 공사를 시작하면서 무척 추웠습니다. 인테리어의 '인' 자도 모르는 가족이 함께 시작했습니다. 하나하나가 아버지 어머니의 손길이 오고 갔습니다. 벽돌을 나르고 나무를 자르고…….
그곳에 가면 나의 아버지가 더욱 그립습니다. 우리 꼬맹이는 할아버지의 손길이 그리운지 그곳에 가서 내내 고개를 못 들었습니다. 할아버지의 가게, 그리운 할아버지가 그리워 그곳에서 우리 아이들은 울었습니다. 아버지의 숨결이 숨어 있는 그 공간이 모든 사람들에게 용산참사를 다시 한 번 생각하게 하고 기억하는 공간이 되었으면 좋겠습니다.[4]

2009년 3월, 참사가 일어난 지 두 달 만에 레아를 찾았을 때, 그곳은 폐허였다. 깨진 유리창, 물이 가득한 지하 창고, 전기도 끊긴 어둠의 공간이었다. 미디어 활동가들과 미술 작가들의 주인을 잃은 레아를 새롭게 탄생시키기 위한 노력으로, 4월 3일 레아에는 다시 불이 켜졌다. 레아가 용산참사를 기억하는 공간, 많은 사람들이 모이는 공간이

---

4 용산참사로 돌아가신 이상림 씨의 며느리 정영신 씨의 글(〈용산참사 진상규명 및 재개발 제도 개선위원회〉 홈페이지 http://mbout.jinbo.net/webbs/view.php?board=mbout_4&id=1111&page=1)

되었으면 좋겠다던 그날의 바람들은 정말 놀랍게도 현실이 되었다.

갤러리 레아, 카페 레아, 촛불방송국 레아까지 모두 '레아'라는 이름을 이어받았다. 커피 볶는 향이 레아 건물 한가득 퍼지고, 1층 갤러리에서는 일주일마다 작가들의 릴레이 전시가 이어졌다. 남일당에 화장실이 생기기 전까지는 레아 화장실이 유일했기 때문에, 유가족·철거민·신부님들도 시시때때로 레아를 다녀갔다. 오고 가다 카페에서 직접 볶은 커피 맛에 길들여진 사람들은 레아 커피를 먹으러 레아에 오는 횟수가 잦아졌다. 봄에 일군 '행동하는 텃밭'에서는 고추·방울 토마토·오이가 열리고, 엄마들은 식사 때가 되면 상추·깻잎·쌈거리들을 따러 오셨다. 레아 1층 정면의 개방형 문을 열면 공연장이 되기도 하고, 상영공간이 되기도 했다. 1층의 문은 숙련된 전문가들 아니면 열고 닫기도 힘들어서 수도 없이 고장 나고 고치고 하는 수고로움을 감수해야 했다. 행동하는 라디오 '언론재개발' 부스 마이크 앞에서는 즉석 인터뷰가 이루어지기도 하고, 카페에서 커피를 마시며 떠는 수다에 녹음기만 갖다 대면 라디오 토크쇼 한 편이 뚝딱 나왔다. 〈장안약국〉 앞에서 1인 시위 음악회가 본격화되면서 1층 갤러리와 카페는 아주 훌륭한 음악 연습실로도 변신했다.

2층은 평상시에는 촛불방송국과 범대위 상황실이었지만, 기자들의 프레스 센터로 탈바꿈하기도 하고, 촛불 시민들 및 각종 모임의 회의 공간으로도 이용되었다. 여름 이후에는 100여 편 이상의 영상을 만들어 내어 인터넷을 뜨겁게(?) 달궜던 '용산픽처스'의 작업실이기도 했고, 연말에는 레아 지킴이들의 훌륭한 목소리 연기로 라디오 드라마 2편이 탄생하기도 했다. 상황실로 쓰인 2층 공간은 원래 촛불방송국의 스튜디오였는데, 이곳에서 용산 4구역 철거민 분들이 멋지게 '철거민뉴스' 앵커 데뷔를 했다. 2층 서랍장에는 근 1년 동안 용산현장 곳곳을 기록했던 카메라들과 촬영용 테잎이 쌓여 있고, 편집용 컴퓨터 앞에는 담배꽁초가 수북하다. 이곳에서 촛불방송국 활동가들은 여러 밤을 지샜다. 3층은 활동가들이 〈발의 평화〉라는 발안마소를 열어 철거민 분들의 쉼터로 잠시 운영되었고, 레아를 운영하셨던 고(故) 이상림 씨 가족의 생활공간이었던 4층은 용산을 찾아온 국내외 활동가들이 머무를 수 있는 훌륭한 게스트 하우스로 쓰였다.

레아는 쉼터이자, 용산을 알리기 위한 사람들이 갖가지 언어를 가지고 모여들던 곳이다. 레아는 끊임없이 무언가를 기획하고, 생산하고, 소통하고자 했던 사람들의 활기와 열정으로 넘쳤던 공간이다. 간혹 아무도 없는 레아에 혼자 있을 때 그 적막함은 이곳을 따뜻한 온기로 채웠던 것은 결국 사람들이라는 사실을 다시금 일깨워 줬다. 그리고 이런 활동들이 참사 이후 힘겨운 싸움을 계속해 온 유가족들과 철거민들에게 용기와 삶의 활력을 준 것만은 분명한 것 같다.

유송옥 고마운 사람들이 너무 많이 가지고 다 말로 표현할 수가 없어. 우리는 맨날 치고 받고 싸우는 그것만 알았지, 이렇게 레아 미디어팀에서 하는 활동, 예술가들이 하는 활동…… 이런 게 다들 투쟁과 이어져서 한다는 거. 참 새로운 걸 많이 알았어요. 그래서 그 한 분 한 분한테 너무 감사한 마음이고, 내가 받은 만큼 내가 살면서 내가 작은 힘이지만 꼭 보태 주고 싶은 마음이 생겼고, 내 인생관을 바꾸게 된 계기가 됐어요.

1주기 추모제를 마치고 나서 레아를 정리하던 날, 많은 사람들이 아쉬워했다. 나도 기억하고 싶은 하나 하나를 찾아 카메라 셔터를 연신 눌러 댔다. 레아를 다시 열 때만 해도 잘 몰랐다. 사람이 모일 수 있는 거점, 공간이 얼마나 중요한가 하는 사실을 말이다. 용산이 재개발되지 않았으면, 맥주 한 잔 하러 오는 손님들로 북적댔을 이 곳. 주인을 잃어 슬픈 레아였지만, 지난 10개월 동안 사람 냄새 물씬 풍겼던 이 공간에서 뿌린 씨앗들이 또 언젠가 새로운 현장에서 레아와 같은 공간으로 다시 싹트지 않을까.

우리가 떠나면, 저들은 이곳을 부자들의 천국으로 만들겠지요

철거민에게 철거는 남아 있는 모든 것을 소거하는 것이다. 모든 기억과 역사를 깨끗이 지우는 것이다. 과거와 현재를 지우고, 미래에 대한 어떤 기대와 희망도 용인하지 않는 것이다. 뿌리 뽑힌 도시의 삶은 나의 역사를 온전히 기록할 수 없게 만든다. 평가관이 눈으로 대충 훑어 보고 단 몇 분 만에 매긴 평가금액에는 용산 4구역 사람들이 세월을 쌓으며 만들었던 그 소중한 기억과 역사에 대한 평가는 단 1원도 계산되어 있지 않다.

정옥자 순옥이가 살던 데는 여기 첫머리였고, 나는 두번째 집. 골목 하나 사이에 두고 여긴 이 사람 집 여기는 내 집. 다 헐어 버리고 하나도 없네.
김순옥 아이구 다 헐어 버렸네. 우리 집 지하실만 남아 있네. 구덩이 판 것만 남아 있네.

세월의 흔적을 고스란히 남기며 살았던 이모들의 집은 이제 없다. 몇 년 후, 용산 4구역을 다시 찾는다면, 우리는 어떤 흔적을 발견할 수 있을까? 함께 미사를 드리던 그 골목도, 파란 망루를 지었던 남일당 건물도, 레아도 이제 조금 있으면 모두 사라지겠지.

1년 동안 사람들의 힘으로 멈춰 세웠던 포크레인과 덤프트럭이 이곳을 모두 메우고 나면 하늘 높은 건물들이 올라갈 것이다. "우리가 용산을 떠난다면 언제 그런 일이 있었냐는 듯, 이곳을 부자들의 천국으로 만들겠지요. 우리 같은 서민들이 이곳에 살았는지 기억도 못할 정도로 화려한 용산을 만들겠지요."

우리는 용산투쟁으로 이 살인적 재개발을 막아 내지는 못했다. 하지만, 우리는 어떻게 연대하고 어떻게 저항해야 하는지를 배웠다. 우리의 힘은 결국 나만 살아남겠다는 이기심이 아니라, 함께 살아야겠다는 연대와 공동체 의식에서 나온다는 것도 알았다. '가게를 지키기 위해', '정당한 보상을 받기 위해' 나 개인의 생존권 투쟁을 시작했던 용산 4구역 철거민들이 1년의 투쟁을 거치면서 가장 큰 변화라고 한목소리로 말하는 것도 바로 그 공동체 의식이었다. "장사를 하다 보면 딱 이 테두리 안에만 있어요. 세상이 어떻게 돌아가는지도 모른 채 앞만 보고 나와 내 가족만을 위해 살았어요. 여기에서 1년 동안 인생 공부 많이 했어요. 나중에 길을 가다가 피켓을 하나 들고 있으면, 그냥 지나치지 말자. 투쟁을 한다 그러면 악수라도 해주자. 가야할 자리는 꼭 가야겠다. 그렇게 1년 동안 참 인생 공부 많이 했습니다."

용산 철거민들이 망루로 내몰리기 전에 더 많은 사람들의 관심과 지지와 연대가 있었더라면……. 이 사회에서 배제된 사람들이 더 이상 망루를 세우지 않아도 되는 그런 세상을 만들기 위해서, 어떻게 이 연대망을 더욱 끈끈하고 촘촘히 엮을 것인가 하는 과제가 우리에게 남겨져 있다.

고병권
〈수유너머 R〉 연구원. 맑스와 니체, 스피노자를 좋아한다. 최근 코뮤주의, 민주주의 등을 개념화하는 데 많은 관심을 갖고 있다. 저서로는 『니체, 천 개의 눈 천 개의 길』, 『니체의 위험한 책, 차라투스트라는 이렇게 말했다』, 『화폐 마법의 사중주』, 『추방과 탈주』 등이 있다.

김우자
재일조선인 3세. 전공분야는 사회학이며, 식민주의, 젠더 연구, 소수자 연구이고 한국의 국민/민족주의와 재외 '동포'를 둘러싼 문제에 관심이 있다. 『異郷の身体-テレサ・ハッキョン・チャをめぐって』(人文書院, 2006), 『歩きながら問う — 研究空間「スユ+ノモ」の実践』(インパクト出版会, 2008)을 썼고, 『폭력의 예감』을 공역했다.

박정수
〈수유너머 R〉 연구원. 서강대 불문과를 졸업하고 같은 대학 국문과에서 박사학위를 받았다. 지은 책으로는 『현대소설과 환상』이 있고, 『부커진 R2 : 전지구적 자본주의와 한국사회―다시 사회구성체론으로?』, 『코뮤주의 선언』 등도 함께 썼다. 옮긴 책으로는 『HOW TO READ 라캉』, 『누가 슬라보예 지젝을 미워하는가?』, 『잃어버린 대의를 옹호하며』 등이 있다.

박채은
"Voice of the voiceless" 목소리 없는 사람들이 목소리를 내는 미디어운동을 하고 있다. 영상미디어센터 미디액트에서 풀뿌리미디어, 공동체미디어에 대한 연구와 네트워크 일을 해오다가 용산참사 현장에서 촛불방송국 레아 활동을 했다. 마을마다 공동체미디어가 활발해지는 시점을 상상하며 운동하고 있다.

신지영
연설, 좌담회 연구로 박사학위를 받았고 현재 도쿄외국어대학에 연구자로 머물면서 동아시아 정치사상을 공부하고 있다. 동아시아의 난민의 문제와 소수자 마을에 주목하고 있다. 『저 여기에 있어요』, 『주권의 너머에서』 등을 옮겼다.

오선민
〈수유너머 구로〉 연구원. 근대 초기 동아시아 유학생들의 행보에 관심이 많고 언젠가는 이들을 주인공으로 하는 소설을 쓰리라 마음먹고 있다. 『국민국가의 정치적 상상력』과 『문화정치학의 영토들』을 함께 썼다.

오하나
〈수유너머 N〉에서 공부하며 통역과 번역을 하고 있다. 사카이 다카시(酒井隆史)의 『자유론』(그린비출판사, 근간)을 번역했다.

윤여일
〈수유너머 R〉 연구원. 서울대 사회학과 박사과정을 수료했다. 동아시아 사상사에 관심을 갖고 있으며, 옮긴 책으로는 『다케우치 요시미라는 물음』, 『리저널리즘』, 『반일과 동아시아』(공역) 등이 있고, 함께 지은 책으로는 『세계의 사회주의자』, 『촛불은 민주주의다』 등이 있다.

이진경
현재 연구자들의 코뮤넷 '수유+너머'에서 〈수유너머 N〉을 새로 만들어 활동하고 있으며, 박태호라는 이름으로 서울산업대 기초교양학부 교수로 강의하고 있다. 지은 책으로 『사회구성체론과 사회과학방법론』, 『철학과 굴뚝청소부』, 『맑스주의와 근대성』, 『노마디즘』, 『미-래의 맑스주의』, 『외부, 사유의 정치학』, 『역사의 공간』 등이 있다.

정정훈
〈수유너머 N〉 연구원. 이주노동자의 정치적 주체성을 주제로 석사논문을 쓰던 시절 〈연구공간 수유+너머〉에 접속한 이후 이곳에서 계속 공부를 하고 있다. 주된 관심사는 코뮤주의 정치철학과 현대 자본주의에 대한 문화이론적 해석이다. 현재 후자의 관심사를 바탕으로 중앙대학교 문화연구학과에서 박사논문을 준비중이다.

조정환
현재 〈다중지성의 정원〉 대표, 웹저널 『자율평론』 상임만사, 〈도서출판 갈무리〉 공동대표로 활동하고 있다. 『공통도시』, 『아우또노미아』, 『카이로스의 문학』, 『제국기계 비판』 등을 썼고, 『들뢰즈 맑스주의』, 『디오니소스의 노동 1, 2』, 『신자유주의와 화폐의 정치』 등을 옮겼다.

현민
2009년 11월 병역거부를 선언했다. 2010년 6월 현재 영등포구치소 수감중이다. 『부커진R 1 : 소수성의 정치학』과 『문화정치학의 영토들』을 함께 썼다. 후원카페 : 현민에게 힘을 실어주기(cafe.daum.net/supporthyunmin)